VOCABULARY VOYAGER

An Expedition into English Words

한양실용영어 시리즈 | 어휘편

VOCABULARY VOYAGER

이광희
지음

An Expedition into English Words

한양대학교 출판부

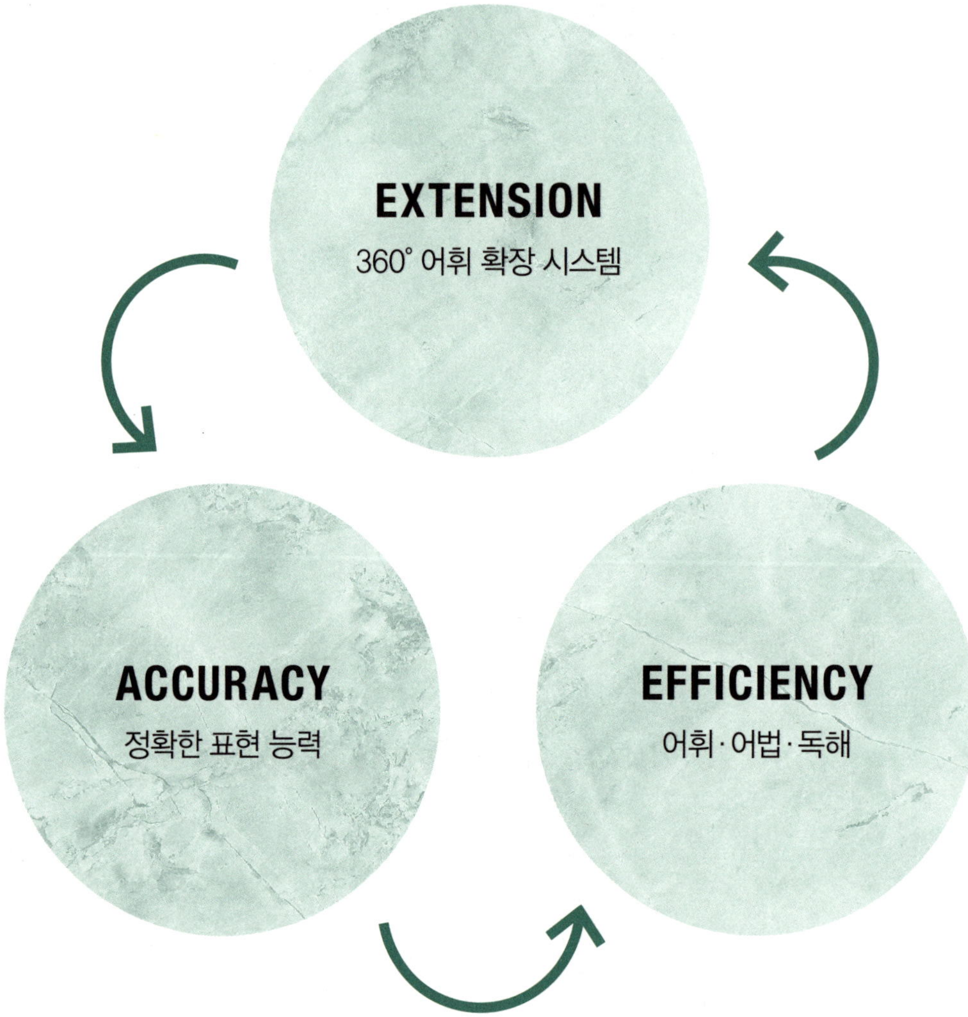
EXTENSION
360° 어휘 확장 시스템
ACCURACY
정확한 표현 능력
EFFICIENCY
어휘·어법·독해

머리말

"구슬이 서 말이라도 꿰어야 보배(Nothing is finished until it's finalized)"라는 말이 있습니다. 어휘 학습과 관련하여 이 속담이 시사하는 바는, 첫째, 일단 **꿰어야 할 구슬**이 있어야 한다는 것입니다. 어휘의 양적 확보가 우선 이루어져야 한다는 말이지요. 둘째, 확보된 **구슬을 제대로 엮을 실**이 있어야 한다는 것입니다. 이제 양적으로 풍성해진 어휘를 상황에 맞게 사용할 수 있는 질적 효용성, 즉 유창성(fluency)과 정확성(accuracy) 말입니다. 이렇듯 **잘 꿰어진 구슬**을 목표로 한 이 책의 의도는 다음과 같습니다.

1. 다각도로 확장될 수 있을 것!

영한, 한영, 영영, 어원, 동의·반의어 등, 주어진 표제어에 접근하는 최적의 방식을 채택하여 그 확장(extension)이 최대한 이루어질 수 있도록 하였습니다. 경직된 단순 암기식 학습이 우리의 기억 연쇄를 끊는 데 일조했었다는 것을 상기한다면 **360° 확장 시스템**이 왜 필요한지 알 수 있을 것입니다.

2. 표현 능력의 향상을 궁극적 목표로 할 것!

외국어 구사란 보고 듣는 수용적(receptive)인 것뿐 아니라 말하고 쓰는 **생산적(productive) 능력까지**를 의미합니다. 영어로 글을 쓰거나 말을 하려고 하는데 앞이 캄캄한 적이 있습니까? 일단 한 구절, 한 문장이라도 제대로 써야 단락이 만들어지는 것입니다. 한 단어, 한 문장도 놓치지 말고 적극적으로 표시해가며 학습하기 바랍니다.

3. 뒤처지는 학습자가 없도록, 허리를 강화할 것!

시대의 영향인지는 몰라도 영어를 잘하는 학생과 그렇지 못한 학생의 격차가 갈수록 벌어지는 것 같습니다. 허리를 단단하게 만드는 것, 영어를 강의하는 교수로서 이 책을 집필하게 된 중요한 목적 중의 하나입니다. 교양인으로서 좋은 영어를 구사한다면, 그때쯤 외국어는 학습의 대상이 아니라 **세상을 바라보는 또 하나의 눈**이 되어 있을 것입니다. 부디 자신감 잃지 말기를 바랍니다.

각 Unit의 구성 (총 40 Unit)

Step 1 [진단] Diagnostic Pretest

학습할 내용 일부를 사전 제시하여 학습자의 현 상태를 진단하고 내적 동기를 부여하는 코너입니다. 하단에 주어진 모범 답안으로 채점을 한 후, 다음 단계인 Words & Expressions에서 자세한 설명을 확인합니다.

Step 2 [확장] Words & Expressions

25개의 기본 표제어를 이용해 어휘를 본격적으로 확장하기 시작합니다. 어원, 영영, 영한, 한영, 동의어, 반의어 등 상황별 최적의 효율성을 모색합니다. 표제어만 보고 지나가서는 안 됩니다. 인쇄된 모든 내용은 학습의 대상입니다.

Step 3 [활용] Comprehension Checkups

영어 정의에 해당하는 어휘 찾기, 우리말을 영어 표현으로 옮기기 등, 학습한 어휘의 체계적 복습과 활용을 위한 20문항으로 구성되어 있습니다. 기억이 잘 나지 않는 것은 자연스러운 현상입니다. 언제든 이전 단계로 돌아가 확인하면 됩니다.

Step 4 [특훈] Vocabulary Special

Words by Topic
주제별 어휘 학습 (Unit 1~20)

삶에는 다양한 상황이 있고, 익혀야 할 지식도 참 많습니다. 이를 잘 이용하면 훨씬 더 유의미한(meaningful) 학습 신경망이 구축됩니다. 주제별로 20개씩 총 400개를 수록하였습니다. 예문을 이용해서는 간단한 독해 연습도 겸할 수 있습니다.

English by Context
맥락으로 익히는 영어 (Unit 21~40)

틈틈이 써서 언론에 기고했던 칼럼입니다. 흥미로 읽어도 되지만 표현의 일부를 영어로 옮기는 훈련을 하면 어떨까 해서 수록했습니다. 맥락의 흐름 속에서 표현을 익히는 것만큼 효과적인 외국어 학습법도 없기 때문입니다.

차례

Unit 1

UNIT GUIDE

- ✓ Diagnostic Pretest
- ✓ Words and Expressions
- ✓ Comprehension Checkups
- ✓ Words by Topic: Disease and Medicine

—

Listen when your father corrects you. Don't neglect your mother's instruction. What you learn from them will crown you with grace and be a chain of honor around your neck.

Diagnostic Pretest

Correct the grammatical error(s) (* marks), fill in the blank(s), or choose the correct expression in the square.

[1] 문장 앞의 별표(*)는 비문법(ungrammatical)을 의미한다. 언어학의 보편적 규례이므로 다른 용도로 잘못 사용하지 않도록 주의한다.

1 *I can't endure some noise.[1]

2 (권유) Would you like [some / any] candy?

3 *He reached in London.

4 You should be economical ________ your time!

5 Get him [to polish / polish] my shoes.

6 Let me ________ charge of the financial problem.

7 I owe my success ________ Prof. Kim.

주관식 문항은 복수의 정답이 가능할 수 있습니다만 해당 단원에 대한 학습 성취도 측정의 목적상 각 Unit의 Words and Expressions에서 언급한 내용을 우선적인 정답으로 제시하도록 하겠습니다.

Answer

1 some → any | 2 some | 3 in 삭제 / reached → arrived | 4 of | 5 to polish | 6 take | 7 to

Words and Expressions

1 **realistic**

✓ 실제적인, 현실적인

0001 There is no ***realistic*** need for it.

그것에 대한 현실적인 필요가 없다. → 현실적으로 그것은 필요 없다.

= real, authentic, genuine, literal, practical, pragmatic

⇔ fake, abstract, idealistic

ⓥ realize ⓝ reality

*prac, prag*는 'make, do'를 뜻하는 그리스어(Greek)에서 유래

---

2 **any ≒ some**

any는 some과 의미적으로는 비슷하다. some은 긍정문, any는 의문·부정·조건문에서 사용하는 것이 보통이다. 그러나 상황에 따라 긍정문에서 any를 사용할 수도, 의문문에서 some을 사용할 수도 있으므로 주의가 필요하다.

✓ 의문문에서

0002 Do you have ***any*** questions?

무슨 질문이 있습니까?

✓ 부정문에서

0003 I can't endure ***any*** noise.

나는 어떤 소음도 참을 수가 없다.

✓ 조건문에서

0004 If ***any*** one calls, tell him to leave a message.

누군가가 찾거든 메시지를 남겨달라고 하시오.

✓ 긍정문에서 : 어떤 ~이라도

0005 ***Any*** plan will be O.K.

어떤 계획이든지 좋다.

0006 ***Any*** time is no time.

어떠한 시간은 아무 시간도 아니다.

→ (속담) 언제든지 된다고 생각하면 결국 못 하게 된다.

some은 긍정의 느낌이 강하므로 의문문에서는 쓰지 않는 것이 원칙이나 상대에게 무언가 권할 때는 긍정의 대답을 예상하여 some을 쓰는 것이 공손하다.

Would you like ***some*** candy?
사탕을 조금 드시겠습니까?
Would you please lend me ***some*** money?
돈을 좀 빌려주시겠습니까?

---

3 reach

✓ vt. 도달하다, 이르다

0007 a dress that ***reaches*** the floor
방바닥까지 닿는 옷 (물리적 도달)

0008 ***reach*** middle age
중년에 이르다 (추상적 도달)[2]

[2] 영단어를 외우는 가장 좋은 방법은 이미지를 머리에 그린 후(상징, symbolization), 그것을 다양한 개념으로 응용(확장, extension)하는 것이다. 인간은 의미를 공간에서 시작에서 추상적 영역으로 확장한다. '상징과 확장', 이 원리를 꼭 기억해두기 바란다.

*He reached in Seoul. (타동사이므로 in을 빼야 맞는 표현)

그러나 reach가 항상 타동사로만 쓰이는 것은 아니며, 자동사 reach는 전치사 for, after, to 등을 동반하여 '~을 잡으려 뻗(치)다, (범위가) ~에 미치다'를 뜻한다.

reach for a book
손을 뻗쳐 책을 집다

reach after frame
명성을 얻으려고 하다

a building ***reaching to*** the skies
하늘에 닿을 듯한 건물

타동사 reach의 경우 주어가 목적어를 향하여 직접 움직임으로써 도달하는 데 반해, 자동사 reach는 주어가 자기 자리에 그대로 있으면서 목적어를 향해 뻗으려 하는 느낌이 든다.

---

4 for example

✓ 예를 들면, 예컨대

= for instance, to take an instance, e.g.[3]

보다 구체적인 예를 언급할 경우는 in particular를 쓴다.

I love science fiction ***in particular***.
나는 공상과학 소설을 특히 좋아한다.

[3] e.g.은 라틴어 exempli gratia의 줄임말로, [iːdʒíː] 또는 for example로 읽는다.

---

5 get

✓ 잡다, 받다: 행위자(주어)의 영역으로 끌어오는 행위

0009 I know where you can ***get*** a good haircut.
네가 좋은 이발을 받을 곳을 알고 있어. → 머리를 잘 깎는 곳을 알고 있어.

0010 Where did you ***get*** that skirt?
그 치마 어디서 샀니?

0011 How much are you expecting to ***get*** for your old house?

당신의 오래된 집을 얼마 받으리라 예상하나요?

0012 It's fairly uncommon for adults to ***get*** measles.

어른이 홍역을 잡는[홍역에 걸리는] 것은 상당히 흔치 않은 일이다.

✓ 움직이다(move)

0013 ***get*** to

도착점을 향하여(to) 움직이다 → 도착하다

0014 ***get*** in(to)

안으로(in(to)) 움직이다 → 들어가다

0015 ***get*** out

밖으로(out) 움직이다 → 나가다

0016 ***get*** off

떨어져서(off) 움직이다 → 내리다

0017 ***get*** up

위로(up) 움직이다 → 일어나다

0018 ***get*** down

아래로(down) 움직이다 → 하강하다, 넘기다

0019 ***get*** around

둘레로(around) 움직이다 → 돌아다니다

즉 get 다음의 불변화사(particle)가 방향성을 결정

✓ (~상태로) 되다 (동작, 변화), … 에게 ~ 하도록 시키다 (사역)

0020 ***get*** angry[cold, lost, caught]

화나다, 추워지다, 길을 잃다, 잡히다

0021 ***Get*** him to wash my car.

그에게 나의 차를 세차하도록 하시오.

get이 '사역(使役)'의 의미일 때에는 let, have, make와는 달리 목적보어로 to부정사를 수반

기본 동사의 의미를 잘 정리해 놓는 것은 원활하고 부드러운 독해와 청취의 밑거름이 된다. get은 원래 영국과 이웃해 살던 Scandinavia계통의 말인데 위의 예처럼 폭넓은 확장성을 가지는 대단히 일상적인 어휘로서, 덴마크의 저명한 언어학자인 Otto Jespersen은 '영국 사람은 get 없이 일어나지도 눕지도 못한다'라고 말할 정도였다.

6 likely

✓ ~할 것 같은

0022 He is ***likely*** to resign his position soon.
그는 곧 사임할 것 같다.

위의 예문은 아래와 같이 바꾸어 쓸 수 있다. 밑줄 부분은 하나의 단어처럼 기억하여 학습하는 것이 좋다. 그러면 독해나 청취를 할 때 한 묶음으로 인식되어 이해의 속도를 증가시킬 수 있다.

He seems[appears, is apt] to resign his position soon.
It is likely[possible, probable, liable] that he will resign his position soon.

그러나 다음의 표현은 불가하므로 주의를 요한다.

***It is probable for him to resign his position soon.**
(possible은 가능)
***He is probable[possible] to resign his position soon.**

대체로 possible, likely, probable의 순으로 확실성이 강함

It is *possible*, but is not *probable*.
이치상으로는 일어날 수 있으나, 실제로는 가망성이 희박하다.

---

7 even

✓ ad. 심지어 (~조차도)

0023 ***Even*** now it is not too late to study English.
심지어 영어 공부하기에 늦지는 않았다. (not too ~ to … 에 유의하여 번역)[4]

0024 He can't ***even*** use a computer.
그는 심지어 컴퓨터조차도 쓰지 못한다.

[4] cf. He is *too* wise *not to* know it. 그는 매우 현명하여 그것을 알 수밖에 없다.

✓ adj. 평평한, 수평의

0025 a rough but ***even*** surface
거칠거칠하지만 평평한 표면

0026 Going up the slope, we came to ***even*** ground.
언덕을 오른 우리는 평탄한 땅에 이르렀다.

동사로 사용된 even

even (out) the ground
땅을 고르다

even out the trade imbalance
무역 불균형 문제를 바로잡다.

8 **부분부정 (partial negation)**

✓ 부정어 + all, every, both, always, necessarily 등 전체를 나타내는 말

0027 ***Not everyone*** likes him.
모두가 그를 좋아하는 것은 아니다.

0028 I do***n't*** love ***both*** of them.
그들 둘 다를 사랑하는 것은 아니다(둘 중의 한 쪽만 사랑한다).

cf. I love ***neither*** of them.
그들 둘 다 사랑하지 않는다.

0029 ***All*** is ***not*** gold that glitters.
(속담) 빛나는 것이라고 모두 금은 아니다.

0030 He is ***not always*** here.
그가 언제나 이곳에 있는 것은 아니다.

---

9 **willing**

✓ (서술적) 기꺼이 … 하는; (한정적) 자발적인

0031 I am ***willing*** to go with you.
기꺼이 당신과 동행하겠습니다.

0032 a ***willing*** sacrifice
자진해서 행하는 자기희생

0033 Do not spur a ***willing*** horse.
〈속담〉 가고자 하는 말에 박차를 가하지 마라(쓸데없는 참견을 하지 마라).

---

10 **어떻게든**

✓ anyway, anyhow, somehow (or other), by some means (or other) by any means[5], at any rate, in any case, in any event

[5] 여기서 means는 '수단, 방법'의 뜻, 즉 '어떠한 수단에 의하여서든지' → '어떻게든'의 과정으로 이해할 수 있음. 나머지의 표현도 마찬가지. 이처럼 습관적인 덩어리 표현들(fixed expression)은 무작정 외우려 하지 말고 일단 개별 어휘를 하나씩 새겨보는 식으로 받아들여 익숙해 지도록 하는 것이 좋다.

11 charge

[6] 명사와 동사의 형태가 같은 경우로서, 품시를 전환하는 파생접사 (derivational affix)가 붙지 않는 경우로 영어에서는 아주 흔한 현상이다.

✓ 책임, 의무(를 지우다)[6]

0034 Let me take ***charge*** of the problem.
제가 문제의 책임을 지겠습니다.

0035 ***charge*** a person with a task
아무에게 임무를 부과하다.

0036 I am ***charged*** to give you this document.
당신에게 이 문서를 전하도록 분부 받았습니다.

charge는 기본적으로 '짐마차에 짐을 싣다'라는 어원에서 출발하였으며, 그래서 '짐을 싣다, 책임을 지우다, (탄환을) 장전하다, 부과하다, 비난하다, 충전하다' 등의 뜻으로 그 의미가 확장되었다. 따라서 반의어인 discharge는 '짐을 부리다, 면제하다, 해임하다, 제대시키다, 방전하다' 등 채워지는 것의 반대 느낌으로 이해할 수 있다. 핵심어의(core meaning)는 어원과 깊은 관련을 맺고 있는 법이다.

---

12 때때로

✓ at times, sometimes, (every) now and then[again], occasionally, (every) once in a while, at intervals, from time to time

0037 I jump to conclusions ***at times***.
나는 가끔 성급히 결론을 내린다.

0038 Fair, ***occasionally*** cloudy
맑은 후, 때때로 흐림

0039 Write to me ***once in a while*** and let me know how you are.
가끔 편지로 안부를 알려 주십시오.

---

13 help

0040 May[Can] I ***help*** you?
무엇을 도와 드릴까요?

0041 I ***helped*** my mother (to) wash the dishes.
어머니가 설거지하시는 것을 거들었다

help의 목적격보어로 to를 생략한 원형부정사를 쓰는 경향이 있는데 이것이 바로 help를 때로 준(準)사역동사라고 부르는 이유이다. 또한 help는 아래의 예문에서와 같이 목적어로도 원형동사[원형부정사]를 취할 수 있다.

Someone's wealth can ***help (to) accumulate*** his fame.
재산은 명성을 쌓는 데 도움이 된다.

[7] 화살표(→)를 사용해 어원적으로 계통이 같은 말을 확장 연습하기로 한다.

= aid, assist, serve, facilitate

→ facile(용이한), facility(용이, 편의, 시설)[7]

---

14 **요컨대**

✓ to be brief, in a word, to sum up, in short[brief], to make[cut] a long story short, to make short of a long story, in fine, after all, when all is said and done, in the final analysis

0042 ***To make a long story short[To make short of a long story]***, I'd like you to get over here right away.
간단히 말하면, 당신이 당장 이리로 왔으면 합니다.

0043 ***In the final analysis[When all is said and done]***, he is the only one who can do it.
요컨대 그가 그것을 할 수 있는 유일한 사람이다.

---

15 **en**

✓ 형용사 또는 명사의 앞 혹은 뒤에 붙어 동사를 만듦 (동사파생접사)

0044 hard***en***(딱딱하게 하다), length***en***(길게 하다)

0045 ***en***courage(용기를 주다), ***en***sure(보증하다)

기타 동사파생접사
-ize: hospital***ize***, crystall***ize***
-ate: activ***ate***, captiv***ate***
-fy: intensi***fy***, beauti***fy***

---

16 **what ~ like**
= how

0046 ***What***'s the weather ***like*** today?
= ***How*** is the weather today?
오늘 날씨가 어떻습니까?

0047 ***What***'s it ***like*** going there alone?
그곳에 혼자 가는 것은 어떠한 기분인가요?

---

17 **among others [other things]**

✓ (다른 것들 중에서도) 특히

0048 What fruits do you like?
무슨 과일을 좋아하십니까?

I like strawberries ***among others***.
특히 딸기를 좋아합니다.

0049 Both countries signed agreements to cooperate on energy and trade policies, ***among others***.
양국은 특히 에너지 및 무역 정책들에 관한 협력협정에 서명하였다.

---

18 **economy**

✓ 경제

0050 a national ***economy***
국민 경제

0051 the actual condition of the Korean ***economy***
한국 경제의 실태

economical 검소한
an ***economical*** housewife 알뜰한 주부
be ***economical*** of one's time 시간을 절약하다

economic 경제(상)의
an ***economic*** policy 경제 정책
economic principles 경제 원리

---

19 **automobile**

✓ 자동차

= (motor) car, auto (pl. autos), motor vehicle, wheels

스스로(auto) 움직이는(mobile) 것 → mob(폭도), immobilize(고정하다←움직이지 않게 하다), mobile phone(휴대전화), book mobile(이동도서관)

---

20 **electronics**

✓ 전자공학

cf. electrical engineering 전기공학

electron이 '전자'라는 뜻이고, -ics는 학문명을 나타낸다.

21 **등등(等等)**

✓ and so on, and so forth, and the like
and all that sort of thing(s), and what not, et cetera (略 etc.), and others

0052 A happiness index related to health, finance, friends, ***and so on*** was similar across the city.
건강, 경제, 친구 등등과 관련한 행복지수는 도시 전역에 걸쳐 비슷했다.

0053 Like where do you get it from and how would you fill the room ***and all that sort of thing***.
가령 어디서 그것을 구입했으며 어떤 식으로 방을 채울 것인지 등등 말입니다.

---

22 **unify**

✓ 하나로 하다, 통합하다

0054 ***unify*** the divided country again
분단된 국가를 다시 통합하다

= ally, combine, consolidate, incorporate, join

uni-는 '하나' 또는 '공동'의 의미를 가진 접두사 → uniform, class reunion(동창회), unicorn(뿔이 하나 달린 전설 속의 말), unification(통일), reunification(재통일), unite(연합하다)

---

23 **role**

✓ 배역, 역할(part)

0055 the ***role*** of the King
왕의 배역

0056 play[do, perform, fill] a ***role*** in
~에서 역할을 하다

role의 단편적인 의미보다 그것이 play, do 등의 동사와 '어울려' 쓰인다는 점이 중요하다. 이렇듯 서로 어울려 쓰이는 말을 연어(collocation)라고 하며 진정한 영어 실력의 가늠자라고 해도 과언이 아니다. 가령 '파티를 열다'라고 할 때 a party 앞에 어떤 동사를 쓸지 또는 '연고를 바르다'라고 할 때 an ointment 앞에는 어떤 동사를 쓸 것인지 등의 질문에 자연스럽게 답이 떠오르지 않는다면 어휘 학습에 대한 전체적인 방향을 수정할 필요가 있다.[8]

[8] '파티를 열다'라고 할 때에는 give[throw] a party라고 하지, *open[hold] a party라고 하지는 않는다. 또한 '연고를 바르다'라고 할 때에는 apply an ointment라고 하며, *paint an ointment같은 표현은 영어가 아니다.

24 **diligent**

✓ 근면한, 부지런한

0057 He is ***diligent*** in his studies.

그는 열심히 공부한다.

= assiduous, hard–working, industrious, sedulous, studious, unflagging

sid, sed(앉다) → sedentary(앉아 있는, 이주하지 않는), preside(사회를 하다, 관리하다←앞에 앉다), reside(살다, 거주하다)

⇔ lazy, idle, indolent, neglectful, shiftless, slothful, inactive, lethargic, passive, sluggish

---

25 **owe A to B**

✓ A를 B에게 빚지다

0058 I ***owe*** my success ***to*** Prof. Kim.

내가 성공하게 된 것은 김 교수님 덕분이다.

0059 He ***owes*** his excellent health ***to*** abundant exercise and good food.

그가 좋은 건강을 유지하게 된 것은 충분한 운동과 좋은 음식 덕택이다.

cf. His death ***is due to*** pneumonia.

그의 사인은 폐렴이다. (원인)

Comprehension Checkups

[1~10] Choose the word from the box below that best fits each definition.

abundant	unify	fame	willing	glitter
occasionally	diligent	measles	encourage	resign

1 disposed or inclined; eagerly compliant ________

2 sometimes but not often ________

3 to shine brightly with little flashes of light, like a diamond ________

4 to officially tell somebody that you are leaving your job, an organization, etc. ________

5 to join people, things, parts of a country, etc. together ________

6 to give somebody support, courage or hope ________

7 showing care and effort in your work or duties ________

8 an infectious disease, especially of children, that causes fever and small red spots that cover the whole body ________

9 existing in large quantities; more than enough ________

10 the state of being known and talked about by many people ________

Answer

1 willing | 2 occasionally | 3 glitter | 4 resign | 5 unify | 6 encourage | 7 diligent | 8 measles | 9 abundant | 10 fame

[11~20] Fill in each blank so that the two language expressions match each other.

11 그가 좋은 건강을 유지하게 된 것은 충분한 운동과 적절한 식사 덕분이다.
He o___ his excellent health t_ abundant exercise and good food.

12 무슨 과일을 좋아하십니까? 특히 복숭아를 좋아합니다.
What fruits do you like? I like peaches a_____ o______.

13 (속담) 빛나는 것이라고 모두 금은 아니다.
________________________________.

14 그는 이따금 우리 사무실을 찾아온다.
O__________ he drops in at our office.

15 심지어 아직도 그 시험을 준비하는 것은 안 늦었다.
E___ n__ it is n__ t__ late to prepare for the test.

16 그들 둘 다를 사랑하는 것은 아니다.
I do ___ love _____ of them.

17 그녀는 새로 산 노트북을 집으려고 손을 뻗었다.
She r_______ ___ her new laptop computer.

18 그는 돈을 절약한다.
He is e_________l o_ money.

19 오늘 그곳 날씨는 어떻습니까?
W_____ is the weather l___ there today?

20 이번 구조조정에 정부는 관여하지 않았다.
The government p______ no r___ in this restructuring.

Answer

11 owes / to | 12 among / others | 13 All is not gold that glitters | 14 Occasionally | 15 Even / now / not / too | 16 not / both | 17 reached / for | 18 economical / of | 19 What / like | 20 played / role

Words by Topic

Disease and Medicine

1 **rash** 두드러기, 발진(發疹)
My mother breaks out in a ***rash*** if she eats seafood.

2 **bruise** 타박상
Most of the injuries were just cuts and ***bruises***.

3 **chicken pox** 수두(水痘), 작은마마
Chicken pox is an infectious disease that most children get once, in which the skin is covered with red spots.

4 **sprain** (발목, 손목 따위를) 삐다(wrench)
You'll need strong walking boots in the mountains, if you don't want to ***sprain*** an ankle.

5 **hemorrhage** 출혈
There was a car accident last night, and he died of a massive brain ***hemorrhage***.

6 **placebo** 위약(僞藥, 환자를 안심시키기 위해 주는 약)
With such diseases, it is less obvious how the ***placebo*** effect works.

7 **injection** 주사(액)
Mrs. Wilson, I'm going to give you an ***injection*** to help you relax.

8 **plaster** 석고, 깁스
The bone has failed to knit properly and his hand must remain in ***plaster***.

9 **insurance** 보험
Many Americans cannot afford health ***insurance*** because it is too expensive.

10 **discharge** 퇴원
Nurses visit the mother and baby for two weeks after their ***discharge*** from the hospital.

11 **attack** 발병, 발작

A cigarette smoker has two to three times the risk of having a heart ***attack*** than a nonsmoker.

12 **asthma** 천식

There are a number of medications available to treat ***asthma*** attacks and to prevent attacks in the first place.

13 **hospitalize** 입원시키다

Roger was ***hospitalized*** after a severe asthma attack.

14 **quarantine** (전염병 환자 등을) 격리하다

The workers were not ***quarantined***, but their temperatures were taken each day.

15 **large intestine** 대장(大腸), 큰창자

Among our digestive organs, it is the ***large intestine*** that removes most of the water.

16 **rectum** 직장(直腸)

In a few cases, it may be necessary to look at and take samples from the ***rectum***.

17 **appendix** 충수(蟲垂), 맹장

Normally, the ***appendix*** has no particular use and is removed in a medical operation if it becomes infected.

18 **diagnose** 진단하다

Several years ago, she was ***diagnosed*** as having Alzheimer's disease.

19 **appendicitis** 충수염, 맹장염

Doctors diagnosed ***appendicitis*** and she was operated on.

20 **duodenum** 십이지장

Liver and pancreatic juices mix with food in the ***duodenum***.

Unit 2

UNIT GUIDE

- ✓ Diagnostic Pretest
- ✓ Words and Expressions
- ✓ Comprehension Checkups
- ✓ Words by Topic: Science and technology

Diagnostic Pretest

Correct the grammatical error(s) (* marks), fill in the blank(s), or choose the correct expression in the square.

---

1 *He looks so palely today. Why is that?

2 Why don't you find a job ________ her?

3 [Did you ever go / Have you ever been] to London when you were in Paris?

4 No matter ________ happened, the gentle smile remained on his face.

5 She was scared to death [of / to] her husband.

6 In medicine, a ________ ________ is a disease that is long-lasting or recurrent.

7 *It looks like her bed wasn't sleeping in.

Answer

1 palely → pale | 2 for | 3 Did you ever go | 4 what | 5 of | 6 chronic disease | 7 sleeping → slept

Words and Expressions

26 **look**

✓ (~처럼) 보이다, ~인 듯하다(seem, appear)

0060 ***look*** (to be) pale
창백하게 보이다

이 경우 '창백하게'라고 번역된다고 해서 palely로 쓰면 비문법적인 표현이 된다. 창백한 것은 보이는 방식이 아니라 주어인 명사의 상태를 설명하므로 형용사의 형태를 취하는 것이 올바른 표현이기 때문이다.

그렇게 놓고 보면 pale은 주어의 상태를 설명하므로 주격보어가 되는 것이고, 보어를 필요로 하는 look은 2형식의 불완전자동사가 되는 것이다. 따라서 '불완전자동사이므로 형용사 보어를 취해야 한다'라는 설명은 논의의 순서상 맞지 않다.

---

27 **keep[bear] in mind**

✓ 암기하다

= learn[get, know] ~ by heart[rote][9], commit ~ to memory, memorize

[9] rote로 표현할 경우는 특히 '기계적인 단순 암기'를 의미한다.

✓ 마음에 새기다, 소중히 하다

cherish, appreciate, esteem, prize, treasure, adore, love, revere, value

preci 가격 → precious, depreciate, appraise

---

28 **지나가는 by**

이때의 by는 부사로서 '곁을 지나감, 때가 흘러감'의 느낌을 준다.

0061 in days[years] gone ***by*** 옛적엔
0062 as time goes ***by*** 시간이 흐름에 따라
0063 when the ceremony was ***by*** 식이 끝났을 때
0064 The car sped ***by***. 차가 (옆을) 스치듯 질주했다.
0065 A boy saw him pass ***by***. 소년은 그가 지나가는 것을 보았다.
0066 Time goes ***by***. 시간은 흐른다.
0067 Let me ***by***! 실례합니다. (사람을 제치고 지나가면서)

29 **mayor**

✓ the head of government of a city, town, borough, or municipal corporation

0068 a deputy ***mayor*** 부시장

→ depute 위임하다

0069 Lord ***Mayor*** (런던 등 대도시의) 시장

---

30 **find의 다양한 쓰임**

✓ 3형식 〈물건을〉 발견하다(discover), 찾아내다

0070 ***find*** a gold mine
금광을 발견하다

✓ 4형식 [find A B] A에게 B를 찾아주다

0071 ***find*** him a job[= ***find*** a job ***for*** him]
그에게 직업을 얻어 주다

✓ 5형식 〈…이 ~라는 것을〉 (경험에 의하여) 알다, 깨닫다

0072 I ***found*** my car missing.
차가 없어진 것을 알았다.

그러므로 동사의 형식을 암기하는 것은 별 의미가 없는 일이라고 볼 수 있다. 오히려 동사에 후속하는 요소들의 배열이 선행 동사의 의미에 관여하며, 이를 구조적 의미(constructional meaning)라고 한다. 영어권 아이들의 경우 이와 같은 '구조 자체가 주는 의미'를 의외로 대단히 빠른 시기에 습득한다고 한다. 현대영어는 굴절(inflection)이 거의 상실된 언어이므로 술어동사를 기준으로 한 어순(word order)이 매우 중요한 역할을 한다.

---

31 **don't have to ~**

✓ ~할 필요가 없다(need not ~)

= there is no necessity[call] ~ing, there is no need to V, there is no use (in) ~ing

0073 You ***don't have to*** worry about it.
너는 그것에 관하여 걱정할 필요가 없다.

= You ***need not*** worry about it. You ***don't need to*** worry about it.

cf. must not ~해서는 안 된다(강한 금지)

32 cure

✓ 치료(약), 치료(법)

0074 a rest[sun] ***cure*** 안정[일광] 요법

0075 a ***cure*** for a headache 두통약(a headache pill[tablet])

ache 통증 → bellyache, toothache, earache, stomachache

0076 effect[work, provide] a ***cure*** 치료하다

0077 a certain[known, sure] ***cure***
특효약(miracle[wonder] cure[drug]), 확실한 치료(법)

0078 a complete ***cure*** 완치

0079 a spontaneous ***cure*** 자연 치유

---

33 disease

✓ (질)병

0080 an acute[a chronic] ***disease*** 급성[만성] 질환

0081 infectious[contagious] ***diseases*** 전염병 [10]

0082 a hereditary ***disease*** 유전병

0083 a ***disease*** carrier 보균자

[10] infectious는 공기, 물 등 '매개'에 의한 전염을, contagious는 '접촉'에 의한 전염을 의미한다. contagious에서 contact이라는 어근이 보인다면 쉽게 구별될 수 있는 문제이다.

= ailment, illness, infirmity, malady, sickness, affliction, disorder

→ ail 괴롭히다; 아프다

---

34 invent

✓ to produce or contrive something previously unknown by the use of ingenuity or imagination 발명의 재주 혹은 상상력을 사용하여 이전에 알려지지 않는 무엇인가를 생산하거나 고안하다 → 발명하다

영영사전을 이용하면 일석이조(一石二鳥, killing two birds with one stone)의 효과를 누릴 수 있다. 그 자체로 훌륭한 번역[독해] 공부가 됨은 물론이고 단어의 보다 정확한 의미와 뉘앙스, 그리고 용법을 깨닫게 해준다. 처음에는 시간도 많이 걸리는 것 같고, 또 답답한 느낌이 들기도 하지만, 어느 정도 익숙해지면 표현력이 풍부해지고 자연스러워진다는 점에서 그 노력은 충분히 보상받을 수 있다.

35 **약(藥)**

✓ (a) medicine, a drug, a remedy, a powder(가루약), a pill(환약), a tablet(정제), a capsule

medicine은 일반적인 단어, drug는 medicine과 같은 뜻으로 쓰이지만 치료용이 아닌 약물, 특히 '마약'의 뜻으로도 쓰이기도 하므로 주의

---

36 **ever**

✓ 〈긍정문〉 언제나, 항상(always)

0084 ***ever*** since (then) 그 후 줄곧

0085 be (as) talkative as ***ever*** 여전히 수다스럽다

0086 an ***ever***-increasing demand 끊임없이 증대하는 수요

✓ 〈부정문, 의문문, 조건문〉 행동의 가능성 (혹시, 언젠가, 이전에, 지금까지)

0087 If you ***ever*** come to LA, look me up.
LA에 오는 일이 있으면 나한테 들러주시오.

0088 Have you ***ever*** been to Mud Festival?
머드축제에 가본 적이 있습니까?

0089 Nothing exciting ***ever*** happens to me.
내게는 신나는 일이 전혀 일어나지 않는다.

'Have you ever + 과거 분사', 'Did you ever + 원형동사'의 구문은 거의 비슷한 의미이지만, 과거를 나타내는 종속절을 수반할 때는 후자의 형태를 쓴다. 현재완료형은 현재시제의 한 상(aspect)이기 때문이다.
Did you ever go to London when you were in Paris?
파리 체재 시에 런던에 간 적이 있나요?

✓ 〈비교급, 최상급 등을 강조하여〉 이전에, 일찍이, 지금까지

0090 He is the best student I have ***ever*** taught.
그는 내가 지금까지 가르친 학생 중에서 가장 우수하다.

0091 This novel is his best[worst] ***ever***.
지금까지 그의 소설 중 이것은 최고[최악]이다.

---

37 **수감하다**

✓ put ~ in jail[prison], cast[throw] ~ into prison, imprison

38 **scared**

✓ 두려워하는

0092 be ***scared*** at the strange noise
이상한 소리를 듣고 무서워하다

0093 I am ***scared*** to death of the amusement park rides.
나는 놀이기구 타는 것이 무서워 죽겠다.

0094 He was ***scared*** (that) you would shoot him.
그는 네가 자기를 쏘지 않을까 겁을 먹고 있었다.

0095 The poor kid is ***scared*** to come home.
그 가엾은 아이는 집에 돌아오는 것을 무서워한다.

0096 She is not ***scared*** of taking big risks.
그녀는 대담한 짓을 서슴지 않고 한다.

scared 다음에 at, of, that절, to부정사로 이어지는 표현에 주목

= afraid, terrified, horrified, frightened, alarmed, shocked, startled

→ horror(공포), horrid(무서운)

---

39 **priest**

✓ 성직자

clergyman은 보통 영국 성공회에서, minister는 다른 종파, 특히 감리교, 침례교회 등에서 씀

보통 목사님은 pastor라고 하며, 이름 앞에 Rev. 를 붙여 경의를 표하기도 함

reverend의 약어
→ revere(존경하다)

---

40 **the Presbyterian Church**

✓ 장로교회

the Methodist Church 감리교회, the Baptist Church: 침례교회
the Holiness Church: 성결교회, the (Roman) Catholic Church 가톨릭교회

41 **no matter**

✓ ~든지

0097 ***No matter*** what happened, the gentle smile remained on his face.
= What***ever*** happened, the gentle smile remained on his face.
무슨 일이 발생하든지 온화한 미소가 그의 얼굴에 머물렀다.

no matter when 언제든지(whenever), no matter which 어느 것이든지(whichever)
no matter how 어떻게든지 → 아무리 ~해도(however)

---

42 **매우, 대단히**

✓ so, very, (very) much, a great deal, greatly, extremely immensely, highly, seriously, terribly, awfully

이러한 강의어(intensifier)는 시간이 흐를수록 그 강도가 낮게 느껴지게 된다. 영어는 물론이고 세상의 모든 언어에 이런 표현들이 유독 많은 이유 중의 하나가 바로 그와 같은 이유 때문이다. 사람들은 계속 점점 더 강한 자극을 원하는 것이 아닐까싶다.

---

43 **다소, 어느 정도**

✓ a bit, a little, some, somewhat, to some[a certain] extent[degree], kind of, sort of

0098 a man of ***some*** note 다소 이름이 알려진 사람
0099 be ***a bit*** cold 다소 춥다
0100 be ***a little***[***kind of***] tired 다소 피로하다

---

44 **newspaper routes**

✓ 신문배달구역

route가 '길, 노선, 통로'라는 의미에서

45 **concentrate (up)on ~**

✓ ~에 집중하다(focus upon)

0101 He ***concentrated*** all his attention ***on*** the project.
그는 그 프로젝트에 그의 모든 주의를 집중했다.

어근 center가 보인다. → eccentric(보통과 다른), concentric(중심이 같은; 집중적인)

---

46 **결국**

✓ after all, consequently, eventually, finally, in the end, in conclusion, in the long run

---

47 **initiative**

✓ the power or ability to begin 시작할 수 있는 힘이나 능력 → 앞에 나서서 무언가를 주창하고 이끌어 나갈 수 있는 자질 혹은 능력 → 발의, 발기, 선창; 창시, 솔선; 주도(主導); 창의, 진취적 기상, 솔선하는 정신, 독창력[11]

0102 have the ***initiative*** 주도권을 가지다

0103 on one's own ***initiative*** 자발적으로

0104 take the ***initiative*** 솔선하다

= enterprise, leadership, self-motivation, aggressiveness, determination

[11] 이 많은 뜻을 순서대로 다 외우라는 게 아니다. 영영사전의 정의를 배경으로 그 느낌과 심상을 이미 알고 있는 친근한 우리말로 표현해보라는 것이다. '단어를 느낀다'라는 수준은 아주 바람직한 어휘 학습의 목표라고 할 수 있다.

---

48 **from**

✓ 유래(source)

0105 Where are you ***from***? [= Where do you come ***from***?]
어디 출신이십니까?

0106 Skill comes ***from*** practice
숙련은 연습으로 이루어진다.

Where did[have] you come from?은 이미 출신지를 알고 있는 사람에게 '어디서 오는 길인지'를 묻는 말

---

49 **nervous**

✓ having a feeling of unease 불안의 느낌을 가지고 있는 → 불안한, 긴장되는

0107 ***nervous*** moments before an entrance examination
입학시험 전의 긴장되는 순간

→ nerve(신경, 불안)

= uneasy, anxious, insecure, uncertain

50 like

✓ ~과 같이, ~처럼(just as, as)

0108 It's nice, just ***like*** you say.
말씀처럼 멋지군요.

0109 It looks ***like*** her bed wasn't slept in.
그녀의 침대는 사람이 잔 흔적이 없는 것 같다.

> 이때의 like는 전치사가 아니라 접속사이다.
> '~처럼'의 뜻으로 사용된 like를 전치사로만 알고 있는 경우가 많은데, 보다시피 전혀 그렇지 않다.

회화에서는 it을 생략하여 Looks like ~로 되는 일이 많다. 문어체의 영어에서는 like대신에 as if를 쓰기도 한다.

Comprehension Checkups

[1~10] Choose the word from the box below that best fits each definition.

carrier	attention	mayor	initiative	invent
priest	tablet	disease	scared	nervous

1 the power or ability to begin ________

2 to contrive something unknown by the use of imagination ________

3 having a feeling of unease ________

4 the act of listening to, looking at or thinking about something carefully ________

5 a person who is qualified to perform religious duties and ceremonies ________

6 an illness affecting humans, animals or plants, often caused by infection ________

7 a small round solid piece of medicine that you swallow ________

8 a person or animal that passes a disease to other people or animals but does not suffer from it ________

9 afraid, apprehensive, fearful ________

10 the head of the government of a town or city elected by the public ________

Answer

1 initiative | 2 invent | 3 nervous | 4 attention | 5 priest | 6 disease | 7 tablet | 8 carrier | 9 scared | 10 mayor

[11~20] Fill in each blank so that the two language expressions match each other.

11 그녀는 대담한 짓을 서슴지 않고 한다.
She is not s____d of taking big r___s.

12 사람들은 그를 다소 이름이 알려진 사람이라고 생각하는 것 같다.
People seem to think of him as a man of s___ n___.

13 아무도 주가 되어서 일하는 사람이 없다.
None takes the i_______ in working.

14 우리는 결국 정의가 승리한다는 공통된 역사적 교훈을 명심해야 할 것이다.
We should keep in ____ the universal lesson of history that justice will prevail __ the ____ run.

15 그는 1988년 체포되어 그 이후 수감되어 있다.
He was arrested in 1988 and has been p__ in p_____ since then.

16 정신병은 그 집안의 유전이다.
There is h_______y insanity in the family.

17 이 책에는 한 페이지가 빠져 있다.
There is a page m______ in this book.

18 그것에 관해 걱정할 필요가 없다.
You _____ h___ to worry about it.

19 그는 그 프로젝트에 그의 모든 주의를 집중했다.
He con_______ all his attention __ the project.

20 그는 내가 지금까지 가르친 학생 중에서 가장 우수하다.
He is the best student I have e___ taught.

Answer

11 scared / risks | 12 some / note | 13 initiative | 14 mind / in / long | 15 put / prison | 16 hereditary | 17 missing | 18 don't / have | 19 concentrated / on | 20 ever

Words by Topic

Science and technology

1 **genetic engineering** 유전공학

Korea has been known to the world as one of the top leading countries in the field of ***genetic engineering***.

2 **information technology** IT

Moreover, we can safely assume that ***information technology*** and biotechnology will get cheaper, more interesting, and more prevalent.

3 **bioclimatology** 생물기후학

Bioclimatology is the study of climate as it affects human.

4 **astrophysics** 천체물리학

Modern ***astrophysics*** studies the formation, structure and evolution of stars and galaxies and of the Universe itself.

5 **cybernetics** 인공두뇌학

Experts in ***cybernetics*** have even made it possible to electrically connect artificial limbs to human muscles.

6 **cutting-edge** 최첨단(의)

These new models are at the ***cutting edge*** of this year's computer design.

7 **patent** 특허

He had a ***patent*** and had earned millions of dollars in royalties.

8 **technicality** (어떤 일, 작업 등과 관련된) 세부적인 내용

I don't really want to get into discussing the ***technicalities*** of laser printing.

9 **optical fiber** 광(光)섬유

Optical fiber is a very thin string made from a special type of glass and used in telephone and computer systems for sending information in the form of light.

10 **breakthrough** (과학, 기술 등의) 획기적인 진보

Scientists have made a major ***breakthrough*** in the treatment of cancer.

11 **the theory of relativity** 상대성이론

The theory of relativity is also called "Einstein Theory."

12 **gravitation** 인력, 중력

Another major contribution by Newton was of course his law of ***gravitation***.

13 **inertia** 관성

Inertia is the force that keeps an object in the same position or keeps it moving until it is moved or stopped by another force.

14 **dynamics** 역학

Dynamics is the science relating to the movement of objects and the forces involved in movement.

15 **meteorology** 기상학

A new school of ***meteorology*** was founded to explain the mystery.

16 **molecule** 분자

A ***molecule*** is the smallest amount of chemical substance which can exist by itself.

17 **atom** 원자

When we say an ***atom***, it is the smallest part of an element that can exist alone or can combine with other substances to form a molecule.

18 **proton** 양성자

A ***proton*** is a very small piece of matter with a positive electrical charge that is in the central part of an atom.

19 **neutron** 중성자

The nucleus of an atom is composed of protons and ***neutrons***.

20 **natural selection** 자연도태 (적자생존의 법칙)

Natural selection is the process by which only plants and animals that are naturally suitable for life in their environment will continue to live and breed, while all others will die out.

Unit 3

UNIT GUIDE

- ✓ Diagnostic Pretest
- ✓ Words and Expressions
- ✓ Comprehension Checkups
- ✓ Words by Topic: Press and Media

—

If you can help your neighbor now, don't say, "Come back tomorrow, and then I'll help you."

Diagnostic Pretest

Correct the grammatical error(s) (* marks), fill in the blank(s), or choose the correct expression in the square.

---

1 *She sat there with her eyes closing.

2 They took [turns / runs] in telling a story.

3 *Paths made by animals goes through the woods.

4 *No sooner had he heard the news when he shouted with joy.

5 Could you possibly give me a [ride / seat] home?

6 Rome was not built in _ day.

7 *A rule that has few exception is almost impossible.

Answer

1 closing → closed | 2 turns | 3 goes → go | 4 when → than 또는 No sooner → Hardly[Scarcely] | 5 ride | 6 a | 7 exception → exceptions

Words and Expressions

51 with 정리

✓ 동반

0110 I would like to go ***with*** you.
당신과 함께 가고 싶습니다.

✓ 대상

0111 help him ***with*** his homework
숙제에 대해 그를 도와주다 → 그가 숙제하는 것을 도와주다

0112 What do you want ***with*** me?
나에 대해 무엇을 원합니까? → 어떡하란 말입니까?

✓ 도구, 재료

0113 write ***with*** a pencil 연필로 쓰다

0114 fill a glass ***with*** water 글라스를 물로 채우다

✓ 원인

0115 She is in bed ***with*** a cold.
그녀는 감기 때문에 침대에 누워 있다.

✓ 소유

0116 a book ***with*** a red cover
빨간 표지를 가진 책 → 표지가 빨간 책

✓ with + 추상명사 = 부사

0117 ***with*** skill = skillfully 능숙하게

0118 ***with*** care = carefully 주의 깊게

cf. of + 추상명사 = 형용사
a man ***of*** wisdom = a wise man
a matter ***of*** importance = an important matter

✓ with + 목적어 + 목적보어 = 부대상황 (~인 상태로)

0119 Don't speak ***with*** your mouth full.
입이 꽉 찬 상태로 말하지 마라. → 입에 음식물을 넣고 말하지 마라.

0120 She sat there ***with*** her eyes closed.
그녀는 눈이 닫힌 상태로 거기에 앉아 있었다. → 그녀는 눈을 감고 거기에 앉아 있었다.

0121 He walked ***with*** a pipe in his mouth.
그는 입에 파이프(담배)를 물은 채로 걸었다.

52 **It's[That's] none of your business.**

✓ 네가 상관할 바가 아니다. 너의 일이나 잘해라.

= **Mind your own business.**

구어체에서 종종 사용하는 MYOB가 바로 이 표현에서 온 것이다.

Keep your nose out of my business.
Just go about your business.
Do your job.

---

53 **turn**

✓ 회전

0122 a ***turn*** of the wheel 바퀴의 한 회전

✓ 차례

0123 by ***turns***, in ***turn*** 차례로

'–s'가 붙고 안 붙음에 유의

0124 take ***turns*** (in) ~ing[to V] 차례로[번갈아] ~하다

---

54 **afford**

✓ 〈can과 함께〉 ~할 여유가 있다

0125 I can't ***afford*** to waste even one cent.
단 한 푼조차도 낭비할 여유가 없다.

✓ [afford A to B / afford B A] A를 B에게 주다

0126 Music ***affords*** great pleasure to many [= ***affords*** many great pleasure].
음악은 많은 사람들에게 큰 기쁨을 준다.

---

55 **shrug**

✓ 으쓱하다[12]

0127 ***shrug*** one's shoulders
어깨를 으쓱하다

[12] 단순히 반복하여 기계적으로 외우는 학습 방법에서 한 걸음 더 나아가, 가능하면 그 모습을 떠올리며 시연하여보는 소위 전신반응교수법(total physical response)은 특히 동사를 익히는데 큰 도움이 된다. 인간의 운동감각(kinesthesia)을 자극하는 이와 같은 학습법은 우리가 수동적인 학습 방법에서 탈피하여 보다 적극적이고 능동적으로 학습에 임할 필요가 있음을 시사한다.

56 **잠시 동안**

✓ for a moment[time, while], for some time

이 경우 a moment, a while, a time은 '짧은 시간'을 의미

---

57 **nod**

✓ 머리를 끄덕이다

0128 ***nod*** in the affirmative 찬성하여 머리를 끄덕이다

> 어근 firm이 보이는가? 찬성하는 것은 의견에 한 표를 보태어 '강화'시키는 것이다.

0129 ***nod*** at a person 남에게 머리를 끄덕이다

---

58 **I (really) can't thank you enough.**

✓ 나는 당신에게 충분히 감사할 수 없다.
→ 뭐라고 감사의 말씀을 드려야 할지 모르겠습니다.

= I have no words to express my gratitude.
나의 감사를 표현할 말이 없습니다.
I can't find the words to thank you.
감사할 말을 찾을 수 없습니다.

---

59 **alliance**

✓ (국가 간의) 동맹

0130 a dual[a triple] ***alliance*** 2[3]국 동맹
0131 an offensive and defensive ***alliance*** 공수 동맹
0132 an ***alliance*** among the neutral nations 중립국간 동맹

ⓥ ally

> '묶다'라는 의미의 라틴어에서 유래 → alloy(합금)

---

60 **path**

✓ a way or track made by the action of people walking

0133 ***Paths*** made by animals go through the woods.
동물에 의해 만들어진 길은 숲을 통해(through) 간다.
→ 동물들이 지나다녀서 만들어진 길은 숲으로 통한다.

61 threaten

✓ 위협하다

= intimidate, scare, menace, bully

'두려워하는'이라는 의미의 형용사 timid에 동사파생접두어 in-이 붙은 구조

62 hand over

✓ 넘기다

0134 He will ***hand*** me ***over*** to the police.
그는 나를 경찰에 넘길 거야.

0135 Will you ***hand over*** the secret folders?
비밀 서류철을 넘길 건가?

목적어가 대명사인 경우와 일반명사인 경우의 어순에 유의

= turn over, deliver

63 in exchange for

✓ ~과 교환으로, ~대신에

0136 I'll give you my notebook computer ***in exchange for*** the jacket.
그 재킷 대신 내 노트북을 드리지요.

64 그 소식을 듣자마자 그는 기쁨에 소리를 질렀다.

0137 ***As soon as[The moment, The instant]*** he heard the news, he shouted with joy.

0138 ***On*** hear***ing*** the news, he shouted with joy.

0139 ***No sooner*** had he heard the news ***than*** he shouted with joy.

0140 ***Hardly[Scarcely]*** had he heard the news ***when[before]*** he shouted with joy.

no sooner와 when[before]는 호응하지 않음

no sooner, hardly, scarcely가 문두에 있을 경우 도치된 과거완료가 후속

65 **possibly**

✓ 〈긍정문〉 어떻게든지 해서, 될 수 있는 대로

0141 He wanted to build the best car he ***possibly*** could.
그는 할 수 있는 한 최고의 차를 만들고 싶었다.

✓ 〈의문문〉 혹시

0142 Could you ***possibly*** give me a ride home?
혹시 집까지 태워주실 수 있겠습니까?

✓ 〈부정문〉 도저히

0143 I couldn't ***possibly*** afford a ticket.
차표를 살 여유는 도저히 없었다.

위의 possibly는 모두 조동사 can[could]와 주로 어울리고 있다.

---

66 **at one's convenience [leisure]**

✓ when one has free time

0144 I'll return the call ***at my convenience***.
봐서 편할[한가할] 때 전화 드리지요.

---

67 **serious**

✓ 진지한; 중요한, 심각한

0145 Are you ***serious***? 진심이세요?

0146 a ***serious*** wound 중상

= important, significant, consequential, weighty, crucial

물론 '결과로서 일어나는(consequent)'이라는 의미가 일차적이다. 어근 seque는 '따르다'라는 라틴어에서 온 말이다. → sequent(연속하는), sequence(연속)

---

68 **damage**

✓ 손해(를 입히다), 손상(을 주다)

0147 Sulfuric acid can ***damage*** the vessel in which it is stored.
황산은 보관되는 용기에 손상을 줄 수 있다.

보통 사물에 대해 쓰므로 *The truck collision damaged the driver라고 하지는 않음

harm은 사람, 물건에 두루 쓰이고, injure는 보통 사람에 대해 쓰임

69 부정관사 (indefinite article)의 정리

✓ 〈가산명사의 단수를 표시〉

0148 I have ***a*** pen.
펜을 가지고 있다.

0149 Rome was not built in ***a*** day.
〈속담〉 로마는 하루에 이루어진 것이 아니다.

✓ 〈총칭〉

0150 ***A*** dog is a faithful animal.
개는 충실한 동물이다.[13]

[13] 이 때 a dog대신 the dog을 써도 되고 아니면 아예 복수형으로 Dogs are faithful animals라고 해도 된다. 일반적으로 복수형으로 종족 전체를 말하는 경우가 가장 선호되는 형태이다.

✓ 〈고유 명사와 함께〉

a. ~라는 사람

0151 ***A*** Mr. Green is asking to see you.
그린 씨라는 분이 뵙기를 청합니다.

b. ~집안의 사람; ~의 작품[제품]

0152 ***a*** Smith 스미스네 사람

0153 ***a*** Rodin 로댕의 작품

0154 ***a*** Ford 포드 자동차[14]

[14] 즉 부정관사는 '경계성'을 의미하는 일종의 표지(marker) 역할을 하는 것으로 이해할 수 있다.

c. ~같은 사람

0155 ***an*** Edison 에디슨 같은 사람

✓ ~마다(per)

0156 once ***a*** week 일주일에 한 번

✓ 동일한(the same)

0157 Birds of ***a*** feather flock together.
〈속담〉 유유상종(類類相從)

---

70 before long

✓ 머지않아

= soon, presently, in a short time, by and by

---

71 시작합시다.

✓ Let's get started. Let's start.
Let's roll. Let's begin.

72 **bend**

✓ to force into a curve 곡선이 되도록 힘을 가하다 → 구부리다

0158 ***bend*** the wire
철사를 구부리다

0159 ***bend*** one's head in worship
존경심에서 머리를 구부리다(숙이다)

---

73 **steady**

✓ not shaking

0160 Hold that candle ***steady***.
그 양초를 흔들리지 않도록 잡아라.

ⓝ steadiness

---

74 **few**

✓ 〈관사 없이〉 〈부정적인 뜻으로〉 거의 없는

0161 a rule that has ***few*** exceptions
예외가 거의 없는 규칙

✓ 〈a ~〉 〈긍정적인 뜻으로〉 약간의

0162 ***a few*** minutes later
조금 있다가

few, a few 모두 복수명사와 호응하고 있음에 주의[15]

[15] 언급되는 있는 개체수의 절대적 차이가 아니라 상황을 바라보는 화자의 관점 차이로 이해해야 하기 때문이다. 불가산명사와 호응하는 little과 a little도 마찬가지로 생각할 수 있다.

---

75 **stretch**

✓ 〈손발, 날개 등을〉 뻗다[펴다]

0163 ***stretch*** one's limbs
팔다리를 쭉 뻗다

0164 ***stretch*** out a helping hand
원조의 손을 뻗치다

elongate, expand, lengthen, extend

ex 밖으로 + *tend* 늘이다 → intend(안으로 뻗다 → 의도를 가지다), attend(~로 뻗어가다 → 참석하다), tense(팽팽한, 긴장한)

Comprehension Checkups

[1~10] Choose the word from the box below that best fits each definition.

wound	candle	bend	path	threaten
steady	affirmative	crucial	stretch	alliance

1 a way or track made by the action of people's walking ________

2 to force into a curve ________

3 not shaking or likely to fall down ________

4 to put arms or legs out straight ________

5 an agreement or a confirmation ________

6 an agreement between countries or political parties to work together ________

7 to say that you will cause trouble if you do not get what you want ________

8 an injury to part of the body ________

9 very important and essential ________

10 a stick of hard wax with a piece of string called a wick through the middle ________

Answer

1 path | 2 bend | 3 steady | 4 stretch | 5 affirmative | 6 alliance | 7 threaten | 8 wound | 9 crucial | 10 candle

[11~20] Fill in each blank so that the two language expressions match each other.

11 입에 음식물을 넣고 말하지 마라.
Don't speak ____ your mouth f___.

12 너의 일이나 잘해라.
M___ your own b_______.

13 그들은 번갈아 이야기했다.
They took t_____ __ telling a story.

14 단 한 푼도 낭비할 여유가 없다.
I can't ______ to waste even one cent.

15 그녀는 찬성하여 머리를 끄덕였다.
She n_____ in the af_______.

16 정말 뭐라고 감사의 말씀을 드려야 할지 모르겠군요.
I have no words to ex_____ my _____tude.

17 동물들이 지나다녀서 만들어진 길은 숲으로 통한다.
P____ made by animals go _______ the woods.

18 비밀 서류철을 넘길 건가?
Will you hand ____ the secret f_____s?

19 차표를 살 여유는 도저히 없었다.
I couldn't p_______ a_____ a ticket.

20 중상을 입은 병사들은 후송되었다.
S_______ w______ soldiers were sent back to the rear.

Answer

11 with / full | 12 Mind / business | 13 turns / in | 14 afford | 15 nodded / affirmative | 16 express / gratitude | 17 Paths / through | 18 over / folders | 19 possibly / afford | 20 Seriously / wounded

Words by Topic

Press and Media

1 **soap opera** (주부들을 위한 주간의) 연속 라디오[TV] (멜로)드라마

She looks very much like an idiot, though her hair is cut and tinted like a ***soap opera*** actress.

2 **documentary** 기록영화, 다큐멘터리

Film-maker Mandy Jacobson was working on the ***documentary*** at the time and had run out of money.

3 **commercial** 광고[상업]방송, 시엠(CM)

Thank you very much for joining our radio show! We'll be right back with you after a ***commercial*** break.

4 **satellite dish** 위성수신 안테나

The service is provided for free to the subscribers who own ***satellite dish***.

5 **DMB - Digital Multimedia Broadcasting**

Now that I have a ***DMB*** phone, I can go anywhere watching my favorite TV program.

6 **article** 기사

Did you read that ***article*** on the Middle Eastern peace process?

7 **editorial** (신문의) 사설, 논설

Their ***editorials*** always criticize the government, whatever it does.

8 **correspondent** (신문, 방송 등의) 특파원, 통신원, 기자

Martin Bell worked for many years as the BBC's war ***correspondent***, covering conflicts all over the world.

9 **public opinion** 여론

Times change, issues change, ***public opinion*** changes and, of course, politicians change.

10 **periodical** 정기간행물

Periodicals are magazines, especially serious or academic ones, that are published at regular intervals.

11 **neutral** 중립의, 공평한

What if language is not a ***neutral*** system capable of objective description and analysis?

12 **exclusive** 특종, 독점기사

The newspaper has a reputation for good reporting and world ***exclusives***.

13 **tabloid** 타블로이드판 신문, 그림을 넣은 소형신문 (주로 연예기사를 다룸)

Her latest affair was splashed across the cover of the supermarket ***tabloids***.

14 **scandal** 추문, 스캔들; 부정사건

The company has been damaged by a series of financial ***scandals***.

15 **location** 〈영화〉 로케이션, 야외 촬영(지)

The reason why the movie feels so real is that most of it was shot on ***location*** in Africa.

16 **censor** 검열하다, 검열하여 삭제하다

The government ***censored*** all letters going abroad during the war.

17 **critic** 비평가, 평론가

I don't think the book is as bad as the ***critics*** said it was.

18 **freedom of speech** 언론의 자유

You seem not to understand this notion correctly. ***Freedom of speech*** is not a right to tell a lie.

19 **feature** 특집기사(로 다루다)

The front page of the newspaper ***featured*** the air disaster.

20 **showbiz** 연예계, 연예산업(show business, entertainment industry)

How do your parents feel about your being in ***showbiz***?

Unit 4

UNIT GUIDE

- ✓ Diagnostic Pretest
- ✓ Words and Expressions
- ✓ Comprehension Checkups
- ✓ Words by Topic: Literature and Art

Diagnostic Pretest

Correct the grammatical error(s) (* marks), fill in the blank(s), or choose the correct expression in the square.

---

1 * I'll check farther into the matter.

2 Christmas is near at hand, I mean, Christmas is just around the ________.

3 * We preferred red wine to white one.

4 Make ________ while the sun shines.

5 Too many ________ spoil the broth.

6 There [would / used] to be a lake just in front of our house.

7 Young ________ she was, she was brave.

Answer

1 farther → further | 2 corner | 3 one → 삭제 또는 wine | 4 hay | 5 cooks | 6 used to | 7 as

Words and Expressions

76 **straighten**

✓ straight + -en → ~을 곧게[바르게] 하다

→ stretch, stark(빳빳해진; 완전한)

0165 ***straighten*** one's arm 팔을 뻗다

0166 She ***straightened*** up in her seat.
그녀는 의자에서 자세를 바르게 했다.

---

77 **further**

✓ 더 멀리, 더 저쪽에 (물리적 거리)

0167 go ***further*** away 더 멀리 가다

0168 A little ***further*** on I came across another bridge.
조금 더 가다 또 하나의 다리를 만났다.

✓ 더욱더, 더 한층, 그보다도 더 (추상적 거리)

0169 I'll check ***further*** into the matter.
그 문제를 깊이 검토하겠습니다.

farther와 더불어 far의 비교급 중의 하나로서, farther는 '실제 거리'에 further는 '정도, 양'에 구분해서 써야 한다고 주장하는 이들도 있으나, 위의 예처럼 further가 양쪽으로 다 쓰이는 경향이 있다.

---

78 **be just around the corner**

✓ 모퉁이를 막 돌면 있다 → 임박하다

= draw near, approach, impend, be at hand

pend 매달려[걸려] 있다 → pendant, pendulum(진자), appendix(부속물, 부록; 맹장)

---

79 **citizen**

✓ a person who lives in a particular city or town, esp. one who has voting or other rights there
특정 도시나 마을에 사는 사람으로, 특히 그 곳에서 투표권이나 기타의 권리를 가지는 자 → 시민, 주민

= civilian, denizen, inhabitant, resident, townsman, villager

80 **one(s)**

✓ 셀 수 있는 명사의 반복을 피할 때 사용[16]

0170 The voyage was a tough ***one*** against the wind.
그 항해는 바람을 맞서 나아가는 매우 힘든 것이었다. (one → voyage)

0171 There are many lawyers in this town, and John is ***one***, too.
이 마을에는 변호사가 많은데, 존도 그 중 하나이다. (one → a lawyer)

0172 His new book has its good points as well as its bad ***ones***.
그의 신간에는 단점뿐만 아니라 장점도 있다. (ones → points)

[16] 즉 *I like red wine better than white one은 문법에 어긋난 표현이 된다. 불가산명사 wine을 one이 대체할 수 없기 때문이다. white wine이라고 하든지 아니면 one을 빼고 그냥 white만 남겨두는 것이 맞는 표현이다.

---

81 **no doubt**

✓ 의심할 여지없이, 확실히

= absolutely, definitely, positively, undeniably, undoubtedly, unquestionably, certainly, surely

---

82 **man**

✓ ~에 인원을 배치하다

0173 ***man*** a ship
배에 선원을 승선시키다

영어에는 이처럼 파생접사 없이 품사가 전환되는 현상이 빈번하다 (conversion). 학자에 따라서는 이를 영접사(zero suffix)가 붙은 것이라고 설명하기도 한다.

ink (a contract) ***butter*** (the bread) ***ship*** (the package)
nail (the door shut) ***button*** (the shirt)

---

83 **thanks to**

✓ ~덕분에, ~때문에

= due to, owing to, because of, on account of

---

84 **do**

✓ 대동사(代動詞)로 쓰여

0174 "Did you read the book?"
"Yes, I ***did***[= read the book]."

cf. You do not have to go unless you want ***to***. (대부정사)

85 day 관련 표현

0175 one ***day*** (과거 혹은 미래의) 어느 날

> one day를 과거의 표현으로만 알고 있는 경우가 많은데 보다시피 미래의 표현으로도 쓰인다.

0176 some ***day*** (미래의) 어느 날

0177 (the) ***day*** after tomorrow 모레

0178 (the) ***day*** before yesterday 그저께

0179 the ***other*** day 며칠 전, 요전 날

0180 all ***day*** long 하루 종일, 온종일

0181 every other[second] ***day*** 하루걸러

0182 What ***day*** is it today? 오늘은 무슨 요일이지?

---

86 frown

✓ to bring the eyebrows together in anger
화가 나서 눈썹을 모으다 → 눈살을 찌푸리다, 인상 쓰다

0183 Mom ***frowned*** with displeasure as she read my school report.
엄마는 나의 성적표를 보자 화가 나서 눈살을 찌푸리셨다.

---

87 go

✓ ~을 하러 가다

0184 ***go*** hiking[swimming , mountain-climbing, shopping, skating]
하이킹[수영, 등산, 쇼핑, 스케이트]하기 위해 가다

0185 ***go*** for a ride[a swim , a walk]
승마[수영, 산책]하러 가다

> 이처럼 두 가지 표현이 가능한 경우도 있다.

0186 ***go*** on a picnic[a journey, a voyage]
피크닉[여행, 항해]을 떠나다

0187 ***go*** to see a doctor
진찰 받으러가다 (= go and see a doctor, go see a doctor)

88 **hay**

✓ 꼴, 건초

0188 Make[It is good to make] ***hay*** while the sun shines.
〈속담〉 해가 나 있는 동안에 건초를 만들어라; 호기를 놓치지 마라.

---

89 **spoil**

✓ 망치다

0189 ***spoil*** one's fun
즐거운 한때를 망치다

0190 Too many cooks ***spoil*** the broth.
〈속담〉 요리사가 많으면 수프 맛이 없다; 사공이 많으면 배가 산으로 올라간다.

= ruin, mar, destroy, wreck

---

90 **옛날에**

✓ many years ago, long ago, a long time ago, once upon a time

---

91 **사실**

✓ in fact, actually, really, as a matter of fact, to tell[confess] the truth
frankly[candidly] (speaking), in truth, truly

---

92 **무엇을 도와 드릴까요?**

✓ May[Can] I help you?

= What can I do for you?
May I be of service to you?

---

93 **오랫동안**

✓ long, for a long time[while], for ages

---

94 **harvest**

✓ the act or time of gathering the crops 작물을 거두어들이는 행동이나 그 시간 → 추수, 수확

0191 We all helped with the ***harvest***.
우리 모두가 추수하는 것을 거들었다.

= crop, produce, yield, outcome, product, result

95 **plow**

✓ 〈땅을〉 쟁기(로 갈다)

0192 ***plow*** a field 밭갈이하다

---

96 **turn**

✓ 향하다 〈to, toward〉

> turn의 기본 의미인 '회전'의 확장이라 할 수 있다. 단어의 기본 의미가 주는 '상징과 그것의 확장'을 잊지 말자!

0193 ***turn*** toward home
발길을 돌려 집으로 향하다

0194 The wind ***turned*** to the south.
풍향이 남쪽으로 바뀌었다.

---

97 **bury**

✓ to place in the ground 땅 속에 위치시키다 → 매장하다, 묻다

0195 ***bury*** a bone 뼈를 묻다

> 고대영어 '지키다'라는 의미에서 온 말이다. '자치시'를 뜻하는 borough도 '시민을 지키는 성'이라는 의미에서 같은 어원에 속하는 말이다.

---

98 **conscience**

✓ 양심

0196 A good[clear] ***conscience*** is a soft[good] pillow.
〈속담〉 마음이 편하면 잠자리도 편하다.

> *con* 함께 + *science* 알고 있는 것 = 양심 → science

---

99 **would의 용법 정리**

✓ 과거에서 본 미래

시제의 일치에 따라 will이 과거형으로 된 것

0197 He told me that he ***would*** participate in the fund-raising campaign.
그는 모금운동에 참여할 것이라고 내게 말했다.

✓ 과거의 습관

0198 When we were children, we ***would*** go out into the lake every Sunday.
우리는 어렸을 적에 매주 일요일마다 호수로 나가곤 했다.

이 경우의 would는 used to로 바꾸어 쓸 수 있다. 하지만 would는 일반적으로 과거의 상태(state)를 나타내는 동사와는 함께 쓰이지 않는다. 따라서 아래의 예문에서는 used to를 would가 대체할 수 없다. be는 대표적인 상태동사이기 때문이다.

There ***used to*** be a lake just in front of our house.
(* There ***would*** be a lake ~ .)
우리 집 바로 앞에는 호수가 하나 있었다.

✓ 과거의 고집

0199 My car ***would*** not start this morning.
오늘 아침에 차가 시동이 걸리지 않았다.

✓ 현재시제와 어울려 쓰인 would

0200 I really miss her. If I were a bird, I ***would*** fly to her.
나는 정말로 그녀가 그립다. 내가 새라면 그녀에게 날아갈 텐데. (가정법 과거)

0201 What do you think of his opinion? It ***would*** be true.
그의 의견에 대해서 어떻게 생각하십니까? 그건 아마도 사실일 겁니다. (불확실한 추측)

0202 ***Would*** you please come closer to me so that people can pass?
사람들이 지나갈 수 있도록 제게 조금 더 가까이 와 주시겠습니까? (공손)

따라서 would를 무조건 will의 과거형으로만 인식하는 것은 문제가 있다. 조동사의 과거형은 상기의 예문들처럼 '화자의 약화된 심적 상태'를 표현할 수도 있기 때문이다.

---

100 접속사 as의 주요 의미

[17] 이 문장의 경우 앞의 as는 부사 fast를 수식하므로 부사이다.

✓ 동등비교

0203 I can't run as fast ***as*** I used to.[17]
나는 예전만큼 빨리 달릴 수가 없다.

✓ 양태 (~처럼)

0204 Do ***as*** I told you before!
내가 전에 말한 것처럼 해라!

✓ 때 (~할 때, ~하면서)

0205 I saw him ***as*** I was waiting for the bus.
버스를 기다리면서 나는 그를 보았다.

0206 ***As*** dogs get older, they make five classes of sounds.
개는 나이를 먹으면서 다섯 가지의 부류의 소리를 낸다.

✓ 이유

0207 ***As*** I was tired, I took a shower and went to bed earlier.
피곤했기 때문에 나는 샤워를 하고 일찍 잠자리에 들었다.

✓ 양보 (비록 ~이지만)

0208 Young ***as*** she was, she was brave.
비록 그녀는 어렸지만 용감했다.[18]

[18] 문맥에 따라서 이러한 구조는 '이유'의 의미로 번역할 수도 있다.

Comprehension Checkups

[1~10] Choose the word from the box below that best fits each definition.

frown	spoil	class	displeasure	bury
harvest	plow	citizen	hay	conscience

1 a person who lives in a particular city or town, esp. one who has voting or other rights there ________

2 to bring the eyebrows together in anger ________

3 the act or time of gathering the crops ________

4 to place in the ground ________

5 the part of your mind that tells you whether your actions are right or wrong ________

6 to change something good into something bad, unpleasant, useless, etc. ________

7 grass that has been cut and dried and is used as food for animals ________

8 a large piece of farming equipment with one or several curved blades, pulled by a tractor or by animals ________

9 the feeling of being upset and annoyed ________

10 a group of people, animals, or things that are considered together because they are similar in some way ________

Answer

1 citizen | 2 frown | 3 harvest | 4 bury | 5 conscience | 6 spoil | 7 hay | 8 plow | 9 displeasure | 10 class

[11~20] Fill in each blank so that the two language expressions match each other.

11 (속담) 사공이 많으면 배가 산으로 올라간다.

________________________________.

12 무엇을 도와 드릴까요?

May I b_ of s______ to you?

13 오늘은 무슨 요일이지?

W___ d__ is __ today?

14 오늘 아침에 차가 시동이 걸리지 않았다.

My car w____ not s____ this morning.

15 나는 예전만큼 빨리 달릴 수가 없다.

I can't run __ fast as I u___ to.

16 최소한 이틀에 한 번은 가려고 노력하고 있습니다.

I try to get there at least e____ o____ d__.

17 옛날에 Midas라는 이름을 가진 어느 왕이 있었다.

____ upon a ____, there was a king whose name was Midas.

18 그 제안에는 단점뿐만 아니라 장점도 있다.

The proposal has its good points as well __ its bad o___.

19 어두워지고 있었으므로 우리는 발길을 돌려 집으로 향했다.

As it was getting dark, we t_____ toward home.

20 택시에서 내리면서 나는 그를 보았다.

I saw him a_ I was g______ o__ the taxi.

Answer

11 Too many cooks spoil the broth | 12 be / service | 13 What / day / it | 14 would / start | 15 as / used | 16 every / other / day | 17 Once / time | 18 as / ones | 19 turned | 20 as / getting / off

Words by Topic

Literature and Art

1 **satire** 풍자

This is her first serious novel; up till now she has only written political ***satires***.

2 **mythology** 신화

Greek ***mythology*** holds that the gods lived on Mt. Olympus.

3 **anecdote** 일화

Personal ***anecdotes*** have no place in an academic essay.

4 **epigram** 경구(警句); (짧은) 풍자시

In Emerson, almost every sentence is an anecdote, a picture or an ***epigram***.

5 **folklore** 민간전승(傳承), 민속

In ***folklore***, the snake is often a symbol of evil.

6 **verse** 운문, 시(詩)

Satiric ***verse*** is a part of the literature or folklore of many peoples.

7 **prose** 산문, 단조로운 문장

Poets seem to write more easily about love than ***prose*** writers.

8 **theme** 주제, 화제, 논지

George Eliot shows real concern for religious and moral ***themes***.

9 **contemporary** 현대의, 당대의

I'm not very impressed by the works of many ***contemporary*** artists.

10 **assessment** 평가

Like those of many contemporary novelists, his works are a strict ***assessment*** of present day society.

11 **brevity** 간결

Brevity is the soul of wit. (Shakespeare)

12 **mirror** 비추다, 반영하다

Art and literature ***mirror*** the philosophies and ideas of the changing era.

13 **stately** 당당한; 위엄 있는, 장중한; 품위 있는

The ***stately*** music of the minuet was very popular for social dancing in the 18th century.

14 **postmodernism** 포스트모더니즘

Postmodernism is a style of building, painting, writing, etc. developed in the late 20th century, that uses a mixture of old and new styles as a reaction against modernism.

15 **architecture** 건축술[학]

We spent most of our time in Barcelona just looking at the ***architecture***.

16 **avant-garde** 전위적인

Avant-garde music, literature, etc. is extremely modern and often seems strange or slightly shocking.

17 **curio** 골동품; 진품(珍品)

이 말은 curiosity를 잘라서 만들었다.
골동품이 호기심을 자극했나보다.

The street is lined with shops selling souvenirs and ***curios***.

18 **replica** 복사, 모사(模寫), 복제

The building is an exact ***replica*** of the original Globe Theatre.

글로브 극장 (1599년 런던에 세워진 Shakespeare극의 초연 극장)

19 **gallery** 화랑

The museum's new ***gallery*** will be named after Dr. Lee.

20 **calligraphy** 서예, 서체학

He spent the rest of his life collecting antiques and artwork and writing ***calligraphy*** in his smoke-filled room.

Unit 5

UNIT GUIDE

- ✓ Diagnostic Pretest
- ✓ Words and Expressions
- ✓ Comprehension Checkups
- ✓ Words by Topic: At Home

—

A wise person is hungry for knowledge, while the fool feeds on trash.

Diagnostic Pretest

Correct the grammatical error(s) (* marks), fill in the blank(s), or choose the correct expression in the square.

---

1 We can't live ________ air alone.

2 He is twenty years ________ age.

3 *I am starting knitting a scarf.

4 He was [furious / excited] to learn that his paycheck had been lost.

5 *I wish it is morning now.

6 Is laughter a [quality / quantity] of man only?

7 I would ________ die than live in disgrace.

Answer

1 on | **2** of | **3** knitting → to knit | **4** furious | **5** is → were | **6** quality | **7** rather

Words and Expressions

101 **reject**

✓ to refuse to accept

ⓝ rejection

> *re* 뒤로 + *ject* 던지다 → deject(낙담시키다), project, jet, inject, abject(비참한), eject, interject(끼워 넣다), object, subject

102 **entreat**

✓ ask for earnestly; petition for

ⓝ entreaty

= beg, supplicate, solicit, implore

103 **seem**

✓ (~ 인 것 같이) 보이다, 생각되다

0209 She ***seems*** (to be) a very old woman.

그녀는 나이가 아주 많은 것 같다.

seem은 말하는 이의 주관적 판단이 강조된다. appear, look은 겉으로 드러나는 인상을 부각하며, sound는 듣거나 읽어서 느끼는 인상에 주로 사용된다.

104 **judg(e)ment**

✓ 판단, 판정

0210 make[require] a fair ***judgement***

공정한 판단을 내리다[필요로 하다]

= adjudication, decision, conclusion

> 어근 judge가 보인다면 judgement하고 같은 계통의 말임을 알 수 있다. → judicious(판단력 있는), jury(배심원)

105 **puzzled**

✓ 당황한, 어리둥절한

= perplexed, bewildered, embarrassed, surprised

106 **live[feed] on**

✓ ~을 먹고살다

0211 ***live on*** one's salary[a pension]
월급[연금]으로 살아가다

> 휴양지 등의 숙박시설을 일컫는 '펜션'도 이 말을 쓴다. 고대 프랑스어에서 유래한 말로 '무게를 달다 → 돈을 지급하다'라는 의미에서 유래되었다. '연금'이라는 뜻도 결국은 '지급된 돈'에서 나온 말이다.

0212 We can't ***live on*** air alone.
아무 것도 먹지 않고는 못 산다.

0213 Bees ***feed on*** the flowers of garden plants.
벌은 정원 화초들의 꽃을 먹고 산다.

---

107 **sigh**

✓ to exhale audibly in a long, deep breath, as in weariness or relief
피곤하거나 안도했을 때와 같이 길고 깊은 호흡으로 들을 수 있을 정도로 내쉬다 → 한숨 쉬다

---

108 **deserve**

✓ ~할 가치[자격]가 있다

0214 You ***deserve*** it! 자업자득이다.

> 문맥에 따라서는 '당신은 그것을 받을 자격이 있다'라는 인정의 뜻으로 사용될 수도 있다.

0215 The problem ***deserves*** solving.
그 문제는 풀어볼 만한 가치가 있다.

0216 His conduct ***deserves*** to be praised.
그의 행위는 칭찬받을 만하다.

= be entitled to, be worthy of

---

109 **of**

✓ 〈관련, 한정〉 ~에 대해

0217 be short ***of*** breath
숨에 관해서 짧다 → 숨이 차다

0218 be hard ***of*** hearing
듣기에 관해서 어렵다 → 귀가 멀다

0219 be blind ***of*** one eye
한쪽 눈에 관해서 멀다 ➜ 한쪽 눈이 보이지 않다

0220 be twenty years ***of*** age
나이에 관해서 이십 년이다 ➜ 나이는 스물이다

---

110 **to**

✓ 〈형용사적 용법〉 ~하는, ~해야 할, ~하기 위한

0221 There are a lot of things ***to*** be done.
해야 할 일이 많다.

0222 They had nothing ***to*** wear.
그들에게는 입을 옷이 없었다.

0223 We are looking for an apartment ***to*** live in.
우리는 거처할 아파트를 찾고 있다.

앞에 있는 명사를 미래적 의미로 수식

---

111 **gloomy**

✓ 우울한, 침울한

0224 feel ***gloomy*** about one's future
자기의 장래를 비관하다

= desolate, melancholy, morose, woeful

---

112 **start**

✓ 시작하다

0225 I was ***starting*** to knit a scarf.
나는 스카프를 뜨기 시작했어요.

start는 목적어로 동명사와 부정사를 모두 취할 수 있으나 start 자체가 진행형일 때는 부정사형을 사용하는 것이 좋다. starting knitting ~ 은 어감상 좋지 않다.

= begin, commence, initiate

---

113 **bitter**

✓ 〈맛이〉 쓴

0226 a ***bitter*** taste 쓴맛

✓ 격렬한, 통렬한; 신랄한

0227 ***bitter*** irony 통렬한 비꼼

> '속내를 터놓지 않는 사람'이란 뜻의 그리스어에서 유래하였다. 비슷한 말로 sarcasm, satire 등이 있다.

0228 have a ***bitter*** tongue 독설가이다

---

114 의문사 + to부정사

0229 I don't know ***what to do***.
나는 뭘 해야 할지 모르겠다.

0230 Will you advise me ***which to choose***?
어느 것을 선택해야 할지 조언해 주시겠습니까?

0231 Tell me ***when to stop*** it.
그것을 언제 그만두어야 할지 말해 주십시오.

0232 I forgot ***how to operate*** this machine.
나는 어떻게 이 기계를 작동해야 할지 잊어버렸다.

의문사의 원뜻과 to부정사의 미래지향적 의미를 살리면서 순차적으로 번역

---

115 work out

✓ to solve

0233 ***work out*** the equations
방정식을 풀다

> 참고로 '부등식'은 '불평등'의 의미로도 쓰이는 inequality라는 말을 사용한다.

✓ to engage in strenuous exercise

0234 So you guys ***work out*** together?
그럼 너희들 운동도 같이 하는 거야?

---

116 furious

✓ full of or characterized by extreme anger; raging

0235 He was ***furious*** to learn that his paycheck had been lost.
그는 자신의 봉급 수표가 없어진 것을 알고 펄펄 뛰었다.

ⓝ fury, furiousness

117 **자화상**

✓ a (self-)portrait

0236 a **portrait** of our generation[times] 우리 시대의 자화상

> *pour* 앞에 + *traire* 끌다, 그리다 = 앞에서 그려낸 것
> → portray, trait(특성←그려진 것) trace, attract, extract, contract, tract(넓이; 도관←끌려 나온 것)

0237 The most famous ***self-portrait*** would be Vincent van Gogh's.
가장 유명한 자화상은 아마도 빈센트 반 고흐의 자화상일 것입니다.

---

118 **voluntary**

✓ 자발적인

= free-will, noncompulsory, deliberate, intentional, willful, spontaneous

> 당연히 compulsory는 반의어로 '강제적인'이라는 뜻이다. '강요하다'라는 의미의 동사 compel에서 왔다.

---

119 **wish**

✓ 〈가정법을 이끌어〉 …라면 좋(았)을 텐데

후속하는 절은 가정법으로, 가정법과거이면 본동사와 동일 시제, 가정법과거완료이면 본동사보다 하나 앞선 시제를 의미한다.

0238 I ***wish*** I were[was] a bird.
내가 새라면 좋겠는데.

0239 I ***wish*** I had saved some money.
돈을 좀 모아 놓았어야 했는데.

---

120 **quality**

✓ (특)질, 속성

0240 Is laughter a ***quality*** of us human beings only?
웃음은 우리 인간만의 특성인가?

> '특정 종류'를 의미하는 라틴어에서 온 말. qualify(자격을 주다)도 같은 계통이다.

= attribute, property, characteristic, feature, trait

121 **appeal**

✓ 호소하다 ⟨to⟩

0241 Dr. Lee's novels ***appeal*** to college students.
이 박사의 소설은 대학생들에게 인기다.

---

122 **draw**

✓ 끌다

0242 ***draw*** a person's attention
남의 주의를 끌다

0243 ***draw*** a person into a plot
남을 음모에 끌어들이다

= haul, lug, pull, tow, extract, attract

고대영어 때부터 사용된 말. drag, draft(끌어서 그려진 것 → 초안)도 동일 어원에서 출발한 것들이다.

---

123 **would rather A than B**

✓ B하느니 차라리 A하겠다

0244 I ***would rather*** be a Korean pauper ***than*** become the Prime Minister of the enemy.
나는 적국의 수상이 되느니 차라리 한국의 빈민이 되겠다.

→ poor

선택에 있어서의 취향을 나타냄. 참고로'~하는 게 좋다'라는 의미로 많이들 알고 있는 had better는 강력한 충고(strong advice)로서 경우에 따라서는 협박(threat)의 어조로 들려 상대방의 불쾌감을 유발할 수도 있으므로 그 사용에 신중할 필요가 있다.

You ***had better*** give up my girl friend!
내 여자 친구에게서 손 떼는 게 좋을 걸!

124 **spirit**

✓ 〈~s〉 감정, 기분

0245 **raise[lose] one's *spirits***
사기를 드높이다[낙심하다]

0246 **He is in high[great] *spirits*.**
그는 의기양양하다[신명이 나 있다].

'정신, 영혼'을 일차적으로 의미하는 이 단어는 '호흡하다'를 뜻하는 라틴어 spirare에서 유래하였다. 개인적인 추측으로 인간의 영혼과 감정은 아마도 호흡과 밀접하지 않을까싶다. 하나님도 흙으로 사람을 빚어 그 코에 호흡을 불어넣지 않으셨는가? 영혼이 호흡을 잘 하는 것, 그것이 바로 기분이 될 것이다. → respire(호흡하다), expire(호흡이 끝나다→기한이 만료되다), suspire(한숨 쉬다), conspire(함께 숨 쉬다→공모하다), aspire(열망하다)

---

125 **company**

✓ a group of people combined together for business, art, friendship, etc.

그래서 사업을 위해 모였으면 '회사', 예술을 위해 모였으면 '회합, 협회, 극단', 우정을 위해 모였으면 '친구, 동아리' 등의 뜻이 되는 것이다. 사물과 관념을 바라보고 그것을 문자로 기호화는 방식이 한국어와 영어가 서로 다르기 때문에 이런 현상이 자꾸 일어나는 것이다. 요컨대 영미인들은 '어떤 이유로든 사람들이 모였다는 것' 그것을 company로 부르기로 기호화한 것이다. 이런 상징과 기호의 상호 메커니즘을 올바로 이해하지 못하면 외국어의 바른 학습, 특히 어휘의 정복은 요원해지고 만다.

= assembly, band, congregation, aggregation, gathering

이 두 단어에서 group이라는 어근이 보인다.

Comprehension Checkups

[1~10] Choose the word from the box below that best fits each definition.

furious	judgment	puzzled	gloomy	entreat
pension	sigh	portrait	attribute	operate

1 petition for ________

2 a sum of money paid regularly as a retirement benefit or by way of patronage ________

3 full of extreme anger ________

4 an opinion that you form about something after thinking about it carefully ________

5 to take and then let out a long deep breath that can be heard ________

6 nearly dark, or badly lit in a way that makes you feel sad ________

7 a painting, drawing or photograph of a person, especially of the head and shoulders ________

8 a quality or feature of something ________

9 to use or control a machine or make it work ________

10 unable to understand something or the reason for something ________

Answer

1 entreat | 2 pension | 3 furious | 4 judgment | 5 sigh | 6 gloomy | 7 portrait | 8 attribute | 9 operate | 10 puzzled

[11~20] Fill in each blank so that the two language expressions match each other.

11 그녀는 나이가 아주 많은 것 같다.
She s____ t_ be a very old woman.

12 아무것도 먹지 않고는 못 산다.
We can't live on a__ a____.

13 그 문제는 풀어볼 만한 가치가 있다.
The problem d________ s_______.

14 그는 한쪽 눈이 보이지 않았다.
He was b_____ o_ one eye.

15 먼저 당신들의 개인적인 차이를 해결하십시오.
First, w___ o__ your personal differences.

16 그는 애정의 꾸밈없는 표현에 능숙하다.
He is good at a sp_______ous expression of affection.

17 내가 새라면 좋으련만.
I w___ I____ a bird.

18 그의 소설은 젊은이들에게 인기다.
His novels a_____ t_ young people.

19 그를 당신의 음모에 끌어들이지 마시오.
Don't att_____ him into your p___.

20 그는 신명이 나 있다.
He is in h__ h s_____s.

Answer

11 seems / to | 12 air / alone | 13 deserves / solving | 14 blind / of | 15 work / out | 16 spontaneous | 17 wish / were | 18 appeal / to | 19 attract / plot | 20 high / spirits

At Home

1 **utility room** 다용도실

Are the kitchen and ***utility room*** large enough to take your washing machine, dryer, refrigerator, etc?

2 **shed** 헛간, 광; 가축우리, 작업장

Jimmy was sitting in the ***shed*** sharpening a scythe.

3 **attic** 다락방

All these hazards, winter and summer, are the reasons an ***attic*** should be well ventilated.

4 **cellar** 지하(저장)실

Store the finished product in a cool dark pantry or ***cellar***.

5 **landing** (계단의) 층계 꼭대기 혹은 사이 공간

A ***landing*** means the floor at the top of a set of stairs or between two sets of stairs.

6 **porch** 현관

A ***porch*** is a sheltered area at the entrance to a building. It has a roof and sometimes has walls.

7 **patio** 파티오(보통 집 뒤쪽에 만드는 테라스)

A ***patio*** is an area of flat blocks or concrete next to a house, where people can sit and relax or eat.

8 **first aid kit** 구급상자

A ***first aid kit*** is a special bag or box containing bandages and medicines to treat people who are injured or become ill suddenly.

9 **power point** 콘센트

A ***power point*** is a place on a wall where electrical equipment can be connected to the electricity supply.

이 말은 한국식 영어이다. power point를 미국에서는 주로 (wall) socket[outlet]이라고 한다. '콘센트에 플러그를 꽂다'라는 표현은 간단하게 plug in이라고 하면 된다.

10 **corkscrew** 코르크 마개 뽑는 기구

A ***corkscrew*** is a tool made of twisted metal that you use to pull a cork out of a bottle.

11 **grater** 강판

Josie's hand slipped on the ***grater*** and a bright bead of blood swelled out of her forefinger.

12 **cutlery** 칼붙이 (나이프, 포크 등)

Cutlery consists of the knives, forks, and spoons that you eat your food with.

13 **tableware** 식탁용 식기류

Cornelia Park in the Stanford Shopping Center is a light-hearted store overflowing with eye-popping ***tableware***, beautifully painted dining furniture and glassware.

14 **chopstick** 젓가락

Another guy was so thin and pale that he looked like a ***chopstick*** with ink on top.

15 **dental floss** 치실

In the bathroom she slid ***dental floss*** in and out between her teeth.

16 **dish towel** 행주

Her thin denim jacket was sodden and clung to her like a wet ***dish towel***.

17 **coaster** 받침

A ***coaster*** is a small thin object on which you put a glass, or cup, to protect a table from heat or liquids.

> coast가 '연안(을 향해[비행]하다)'라는 뜻이므로, coaster는 '연안 여객선'이란 뜻이 기본적이다. 우리가 알고 있는 놀이공원의 '롤러코스터'도 이 말을 써서 영어로는 roller-coaster라고 한다.

18 **bedsit** (침실과 거실을 겸한) 방(bedsitter, bedsitting room)

He was living alone in a dingy ***bedsit*** in London.

19 **time-share** 공동 소유[사용]

A ***timeshare*** is a property with a particular form of ownership, in which multiple parties hold rights to use the property.

20 **condo(minium)** 분양 맨션[아파트]

A ***condominium*** is an apartment building in which each apartment is owned by the person who lives there.

Unit 6

UNIT GUIDE

- ✓ Diagnostic Pretest
- ✓ Words and Expressions
- ✓ Comprehension Checkups
- ✓ Words by Topic: Religion

Diagnostic Pretest

Correct the grammatical error(s) (* marks), fill in the blank(s), or choose the correct expression in the square.

1 Do you know that she is fond ________ ballet?

2 Take ________ easy for a few days and you should be all right.

3 *I live at Seoul now.

4 I was [about / around] to call you when your letter arrived.

5 It rains cats and ________, that is, the rain is pouring down.

6 *You are not supposing to park here, Madam!

7 *I first met her in the morning of January 1.

Answer

1 of | 2 it 또는 things | 3 at → in | 4 about | 5 dogs | 6 supposing → supposed | 7 in → on

Words and Expressions

126 **fond**

✓ having a strong affection

0247 be ***fond*** of ballet
발레를 좋아하다

0248 be ***fond*** of my nieces and nephews
조카딸과 조카를 좋아하다

---

127 **overshadow**

✓ to make someone or something else seem less important

> 이 뜻은 물론 '그림자를 드리우다(over + shadow)'라는 일차적 의미의 확장된 의미이다.

= eclipse, cloud, darken, obscure, veil

---

128 **Take it[things] easy!**

✓ 느긋하게 해라; 걱정하지 마라, 침착해라

0249 ***Take it easy***. Nothing bad is going to happen.
걱정 마. 잘못되지는 않을 테니까.

또는 헤어질 때의 인사로 쓰기도 함

---

129 **selfish**

✓ 이기적인

0250 It was ***selfish*** of him to leave all the work to you.
그가 그 모든 일을 네게 맡긴 것은 이기적이었다.

= egocentric, egoistic, egotistic, self-centered, self-indulgent

---

130 **pessimistic**

✓ 비관적[염세적]인

0251 Young people have a ***pessimistic*** view of politics.
젊은이들은 정치에 대해서 비관적인 견해를 가지고 있다.

⇔ optimistic

> *optimus* best → optimize(최적화하다),
> optimum(최고의; 최적조건↔pessimum)

131 **ambitious**

✓ 야심적인; 의욕적인

0252 an ***ambitious*** politician
야심적인 정치가

0253 Boys, be ***ambitious***!
젊은이여, 야망을 가져라! (W.S. Clark)

---

132 **~한 지 오래되다**

✓ It's been a long time since ~

✓ It's a long time since ~

0254 ***It is[has been] two years since*** I left school.
학교를 나온 지 2년이 되었다.

= Two years have passed since I left school.

since절 내의 동사(left)가 과거형임에 주목

---

133 **miss**

✓ 그리워하다

0255 I'll ***miss*** you when you are gone.
네가 가면 그리울 거야.

0256 Our house is nice but I still ***miss*** the old one.
우리 집도 좋지만 그래도[여전히] 예전 집이 그립다.

---

134 **determined**

✓ 결심한 〈to do, on ~ing〉

0257 She was ***determined*** to make no mention of the accident.
그녀는 사건에 대해 아무 말도 않기로 굳게 결심했다.

0258 The boy was firmly ***determined*** on becoming a novelist.
소년은 소설가가 되기로 굳게 결심하고 있었다.

발음에 유의. [ditə́ːrmind]이지 [ditə́ːrmaind]가 아니다.

135 **in**

✓ 살고 있는 곳은 작은 마을이라도 그 속에 싸여 있다는 느낌이 따르기 때문에 in을 씀

0259 I live ***in*** Seoul. (~~at Seoul~~)

> 바꾸어 말하면 in은 3차원적 공간 내에 '포함되어(contained)' 있는 느낌이다. 아울러 on은 2차원적 평면, at은 1차원적 선 혹은 점을 나타낸다.

---

136 **시간의 전치사 at, on, in**

✓ at은 한 점, on은 특정일, in은 기간

0260 ***at*** three o'clock 3시에 / ***on*** Monday 월요일에 / ***in*** May 5월에

오전, 오후, 저녁은 일반적으로는 in을 쓰나, 특정일인 경우 on을 사용

on the morning of January 1

정월 초하루의 아침에

---

137 **include**

✓ to take in or contain as part of something larger

include vs. comprise

The book ***comprises*** 15 chapters.

(즉 16장은 없다는 의미)

I have lots of friends ***including*** you and you.

(기타 친구가 더 있을 수 있다는 의미)

---

138 **advice**

✓ opinion about what could or should be done about a situation or problem

ⓥ advise [ədvaiz]

= counsel, guidance, recommendation, suggestion, admonition, caution, warning

---

139 **be about to V**

✓ 막 ~하려고 하다(be on the point[verge] of ~ing)

0261 We ***are about to*** leave.

막 출발하려는 참이다.

0262 The concert ***is about to*** start.

음악회는 막 시작하려 하고 있다.

임박한 미래에 대해서 쓰므로 tomorrow 등 때를 나타내는 부사와는 쓰지 않음

'was[were] about to'의 형태로 실현되지 않은 과거의 행위를 나타냄
I ***was about to*** call you when your letter arrived.
전화를 걸려던 참에 네 편지가 도착했다.

---

140 **It rains cats and dogs.**

✓ 비가 억수같이 퍼붓는다.

= It rains heavily[in torrents].

cf. Those two sisters always ***fight like cats and dogs***.
저 두 자매는 항상 으르렁댄다.

---

141 **on and on**

✓ 계속해서

= ceaselessly, incessantly, endlessly, successively, without stopping, continuously

---

142 **might**

✓ may보다 낮은 가능성

0263 It ***might*** rain before evening.
(아마 그렇지 않으리라고 생각하지만) 어쩌면 저녁 되기 전에 비가 올지 모른다.

0264 He ***might*** have missed the train.
그는 기차를 놓쳤을지도 모른다. (현시점에서의 조심스러운 짐작)

즉 may와 might는 현재와 과거의 문제일 수도 있지만, 상기의 예와 같이 강·약의 문제일 수도 있다. 따라서 확실한 과거의 표현은 have p.p.를 붙여서 한다.

---

143 **come**

✓ (상대방이 있는 곳 또는 가는 곳으로) 가다

0265 Can I ***come*** to your party?
당신네 파티에 가도 될까요?

0266 I'm ***coming***.
(부름을 받았을 때) 곧 가겠습니다.

> 즉 '화제의 중심'으로 근접함을 나타내는 말이다. 반대로 go는 화제의 중심에서 멀어지는 느낌이다. 그렇기 때문에 경우에 따라 come이 '가다'로 번역될 수도 있는 것이다.

I'm going은 '외출합니다'라는 의미

144 **be supposed to ~**

✓ ~ 라고 생각되다

0267 He ***is*** widely ***supposed to*** support the revolution.
그는 혁명을 지지한다고 널리 생각되고 있다.

✓ ~ 하기로 되어 있다 (예정, 약한 의무)

0268 He ***was supposed to*** call her at ten.
10시에 그녀에게 전화하기로 되어 있었다.

0269 You ***are not supposed to*** park here.
이곳에 주차해서는 안 됩니다.

---

145 **educate**

✓ to impart knowledge or skill

= teach, instruct, train, school, discipline, drill

---

146 **than ever [before, usual]**

✓ 여느 때보다, 전보다

0270 He came earlier ***than*** usual[ever].
그는 여느 때보다 일찍 왔다.

0271 The park has become cleaner ***than*** before.
그 공원은 전보다 깨끗해졌다.

cf. as before[usual, always, ever] 여느 때처럼, 늘 그러하듯

---

147 **upset**

✓ 뒤집어엎다 → 마음을 뒤엎다 → 당황하게 하다

0272 The dog has ***upset*** its saucer of milk.
개가 우유 접시를 뒤엎었다.

0273 Your letter ***upset*** her.
네 편지로 인해 그녀는 크게 당황했다.

---

148 **depress**

✓ 〈남을〉 의기소침[낙담]시키다, 우울하게[슬프게] 하다

0274 The news ***depressed*** us.
그 소식에 우리는 낙담했다.

0275 He is ***depressed*** by the bad news.
그 나쁜 소식을 듣고 그는 우울해 있다.

149 **chatter**

✓ to talk rapidly, incessantly, and on trivial subjects

cf. mutter, murmur 중얼거리다

---

150 **comb**

✓ 〈머리를〉 빗다

0276 ***comb*** one's hair back

머리칼을 빗질하여 뒤에 갖다 붙이다

✓ (빗질하여) 제거하다

0277 comb ***dissidents*** out of the group

반대자를 그룹에서 제거하다

Comprehension Checkups

[1~10] Choose the word from the box below that best fits each definition.

overshadow	advice	torrent	include	miss
educate	chatter	selfish	depress	pessimistic

1 to take in or contain as part of something larger ________

2 opinion about what could or should be done about a situation ________

3 to make someone or something else seem less important ________

4 to impart knowledge or skill ________

5 to talk rapidly, incessantly, and on trivial subject ________

6 expecting that bad things will happen in the future ________

7 to make someone feel very unhappy ________

8 a large amount of water moving very quickly and strongly in a particular direction ________

9 caring only about yourself and not about other people ________

10 to feel sad because someone you love is not with you ________

Answer

1 include | 2 advice | 3 overshadow | 4 educate | 5 chatter | 6 pessimistic | 7 depress | 8 torrent | 9 selfish | 10 miss

[11~20] Fill in each blank so that the two language expressions match each other.

11 나는 조카와 조카딸을 무척 좋아합니다.
I am very much fond of my n_____s and n____s.

12 그는 자기밖에 모르는 사람이다.
He is a s______ person.

13 나는 학교를 떠난 지 2년이 되었다.
It h__ been two years s____ I left school.

14 우리 집도 좋지만 여전히 예전 집이 그립다.
Our house is nice but I still m___ the old o__.

15 소년은 화가가 되기로 굳게 결심하고 있었다.
The boy was firmly d________d on becoming a painter.

16 음악회가 막 시작하려 하고 있다.
The concert is o_ t__ p____ of starting.

17 비가 억수같이 퍼붓는다.
It rains c___ and d___.

18 머리를 빗질해서 뒤로 붙이지 그러니?
Why don't you c___ your hair b___?

19 당신 파티에 가도 되겠습니까?
Can I ____ to your party?

20 그 공원은 전보다 깨끗해졌다.
The park has become cleaner t___ b_____.

Answer

11 nephews / nieces | 12 selfish | 13 has / since | 14 miss / one | 15 determined | 16 on / the / point | 17 cats / dogs | 18 comb / back | 19 come | 20 than / before

Words by Topic

Religion

1 **apostle** 사도

James was beheaded in Jerusalem, the first ***apostle*** to be martyred.

2 **John the Baptist** 세례 요한

요단강에서 예수에게 세례를 주었음; 마태복음 3:13–17

For ***John the Baptist*** the importance of his task is emphasized by the lack of concern for things like clothes and food.

3 **Confucianism** 유교

Confucianism is a Chinese way of thought which teaches that you should be loyal to your family, friends, and rulers and treat others as you would like to be treated.

4 **dogma** 교의, 교리(doctrine)

Though I had my doubts about all religious ***dogmas***, still I retained the habit of prayer.

5 **Eucharist** 성찬(Communion)

I remember in particular going with the local bishop to an early morning ***Eucharist***.

6 **friar** (탁발) 수사(修士)

A ***friar*** means a member of a religious group of Catholic men, who travelled around in the past teaching about Christianity.

7 **heresy** 이교, 이단

He spent his life defending the Catholic faith against ***heresy***.

8 **previous incarnation** 전생

She believes she was an Egyptian queen in a ***previous incarnation***.

in + *carn* 육체 = 육체로 태어남, 인간의 모습을 취함

9 **Judaism** 유대교

Judaism is the Jewish religion based on the sacred books known as the Hebrew Scriptures.

10 **karma** 인과응보, 업보(業報), 숙명(론); 인연

산스크리트어(고대 인도·아리안 말)에서 '행위'를 뜻하는 말

In religions such as Hinduism and Buddhism, ***karma*** is the belief that your actions in this life affect all your future lives.

11 **meditation** 묵상, (종교적) 명상; 숙고, 고찰

Yoga involves breathing exercises, stretching, and ***meditation***.

12 **nirvana** 열반; 해탈(의 경지)

karma처럼 이 말도 산스크리트에서 유래

In the Hindu and Buddhist religions, ***Nirvana*** is the highest spiritual state that can possibly be achieved.

13 **oratory** 작은 예배당, 기도실

The wedding will be at the ***oratory*** next month.

14 **penance** 참회, 회개

As ***penance***, Gandhi fasted three days and asked his followers to fast twenty-four hours.

15 **Presbyterian** 장로교인

The ***Presbyterians*** were spiritual heirs of John Calvin.

16 **requiem** 죽은 이를 위한 미사(곡), 위령곡, 레퀴엠

A ***requiem*** is a Christian ceremony for a person who has recently died, at which people say prayers for his or her soul.

17 **Sabbath** 안식일 (유대교에서는 토요일, 기독교는 일요일)

The law stated, for example, that no work could be done on the ***Sabbath***.

18 **taboo** (종교상의) 터부, 금기

Sickness may be considered to be a punishment inflicted for neglect of certain ***taboos***.

19 **Virgin Birth** 성모 마리아의 처녀 잉태(설)

Virgin Birth is the doctrine that Jesus Christ had no human father but was conceived solely by the direct intervention of the Holy Spirit so that Mary remained miraculously a virgin during and after his birth.

20 **Zen Buddhism** (불교) 선(禪), 선종(禪宗)

마음을 고요히 가라앉히고 무아의 경지에 드는 일

Zen or ***Zen Buddhism*** is a form of the Buddhist religion that concentrates on meditation rather than on studying religious writings.

Unit 7

UNIT GUIDE

- ✓ Diagnostic Pretest
- ✓ Words and Expressions
- ✓ Comprehension Checkups
- ✓ Words by Topic: Astronomy

—

A person without self-control is like a city with broken-down walls.

Diagnostic Pretest

Correct the grammatical error(s) (* marks), fill in the blank(s), or choose the correct expression in the square.

---

1 A whale is no ________ a fish than a horse is.

2 Journalists protested that the trial was being held ________ closed doors.

3 *Tell me the way how it happened.

4 He owes ________ he is solely to his father.

5 Perfume is to a woman ________ bait is to a trapper.

6 A: Where shall I sit?
B: It doesn't m ________ to me where you sit.

7 A: What do you call the smallest finger in English?
B: Oh, we call it the ________ finger.

Answer

1 more | 2 behind | 3 the way how → the way, how, the way in which, the way that | 4 what | 5 what 또는 as | 6 matter | 7 little

Words and Expressions

151 **groom**

✓ 신랑(bridegroom)

✓ 〈머리털, 수염, 옷을〉 깔끔하게 다듬다

0278 be well[ill] ***groomed*** 몸치장이 잘되다[잘 안 되다]

---

152 **no more A than B = not A any more than B**

✓ A가 아님은 B가 아님과 같다, B가 아님과 같이 A가 아니다(A가 아님을 강조하는 표현)

0279 A whale is ***no more*** a fish ***than*** a horse is.

고래도 말과 마찬가지로 물고기가 아니다.

= A whale is ***not*** a fish ***any more than*** a horse is.

than 이하에 부정어가 없다는 것에 유의

0280 Study is ***not*** the object of life ***any more than*** play is.

학업도 놀이와 마찬가지로 인생의 목적은 아니다.

cf. no less A than B

She is ***no less*** beautiful ***than*** her elder sister.

그 여자는 자기 언니 못지않게 아름답다.

Our soldiers fought with ***no less*** daring ***than*** skill.

우리 병사들은 기술 못지않게 용기를 가지고 싸웠다.

---

153 **behind closed door(s)**

✓ 비밀히, 비밀리에

= secretly, confidentially, in secret[secrecy], privately, in private

'자기 것으로 하다'라는 의미에서, deprive(완전히 자기 것으로 하다→빼앗다)라는 말도 생겨났다.

---

154 **defiance**

✓ 저항, 반항

0281 ***defiance*** of established authority

기성 권위에 대한 반항

0282 Jeans was once a symbol of ***defiance*** against authority.
청바지는 한때 권위에 대한 반항의 상징이었다.

ⓥ defy ⓐ defiant

155 **tease**

✓ 놀리다, 괴롭히다

0283 ***tease*** a person about his accent
남의 사투리를 놀리다

즉 accent는 '어떤 음성적 패턴'을 의미한다. '강세'는 stress라는 말을 쓴다.

156 **harsh**

✓ 가혹한, 모진

0284 a ***harsh*** punishment 가혹한 벌

0285 He was ***harsh*** with his students.
그는 학생들에게 엄했다.

= cruel, ruthless, uncharitable, austere, spartan, stern, strict, inclement, severe

원래는 '날씨가 혹독한'이라는 뜻이다. 미국에서는 조금만 눈이 오거나 날씨가 추워도 inclement weather라는 표현을 쓰며 휴교 통지를 한다. 안전을 중시하는 까닭이다.

157 **vicious**

✓ 악의 있는

0286 a ***vicious*** look 고약한 눈초리

0287 ***vicious*** remarks 악의 있는 말

ⓝ vice

158 **compress**

✓ to press together

0288 ***compress*** one's lips
입술을 꼭 다물다

→ depress(우울하게 하다), downpress(억압하다), express, impress, oppress, repress, suppress

159 **hold back**

✓ back(뒤로) + hold(잡다) → 막다, 저지하다, 억누르다

0289 I ***held back*** my tears.
나는 (나오려는) 눈물을 억지로 참았다.

---

160 **strive**

✓ 노력하다, 분투하다

0290 ***strive*** to be impartial[=for impartiality]
불공평하지 않도록 노력하다

0291 ***strive*** for victory[after an ideal]
이기려고[이상을 추구하려고] 노력하다

---

161 **beg**

✓ 구(걸)하다

0292 ***beg*** from door to door 집집마다 구걸하다

0293 ***beg*** for help[mercy] 원조[자비]를 청하다

beggar로부터의 역성(back-formation)

---

162 **pneumonia**

✓ 폐렴

0294 acute[bronchial] ***pneumonia*** 급성[기관지] 폐렴

---

163 **price**

✓ (팔리는 물건의) 가격

cf. charge 서비스 행위의 가격, fare 차, 배 등의 요금
fee 입장료(admission fee); 수업료(tuition fee)

---

164 **besides**

✓ 첨가

0295 It is too late; (and) ***besides***, you are tired.
시간도 늦었고 게다가 자넨 지쳤네.

0296 ***Besides*** the mayor, many other notables were present.
시장 외에도 많은 명사들이 참석했다.

= what is more, moreover, in addition, additionally, furthermore, likewise

✓ 제외 (부정·의문문)

0297 No one knows it ***besides*** me.
그것은 나 말고는 아무도 모른다.

0298 Who ***besides*** her would say that?
그녀 말고 누가 그런 말을 하겠는가?

= except (for), excepting, exclusive of, with the exception of, save, but

They knew nothing about him save (for) his name.
그들은 이름 말고는 그에 대해 아무 것도 모른다.
I have no choice but to sign the document.
나는 그 서류에 서명할 수밖에 없었다.

---

165 court

✓ 법원

0299 a civil [a criminal] ***court*** 민사[형사] 법정

✓ (테니스, 농구 등의) 코트

0300 a tennis ***court*** 테니스 코트

아직도 사용되는 뜻이지만 court는 '궁정'을 뜻하는 라틴어 cohors에서 유래하였다. 귀족과 왕족들은 그들만의 놀이를 궁정에서 하였을 것이다.

---

166 matter

✓ 중요하다

0301 It ***matters*** little if[whether] I love this country or not.
내가 이 나라를 사랑하든 안 하든 대수로운 일이 아니다.

0302 It doesn't ***matter*** to me where you start.
어디에서 시작하시든 상관없습니다.

0303 Your nationality doesn't ***matter***.
당신의 국적은 문제가 안 됩니다.

0304 What does it ***matter***?
그것이 어쨌다는 것인가? 무슨 상관이야?

= count

count for much[little]
중요하다[하지 않다]

Every customer ***counts***.
〈게시〉 고객은 누구나 소중한 분들입니다.

167 **first name**

✓ 이름

= a given[personal] name, (세례명) a Christian name

cf. 성(姓): a surname, a family name, a last name

---

168 **civics**

✓ the branch of political science that deals with the rights and duties of citizens

cf. ethics(윤리학)는 moral(도덕)을 가르치는 것

---

169 **way**

✓ 방법, 수단(means, manner, fashion)

0305 ***ways*** of doing business
사업을 하는 방법

0306 the best ***way*** to learn English
영어를 배우는 최상의 방법

0307 This is the ***way*** (that[in which]) I did it.
나는 그것을 이런 방식으로 했소.

그러나 *the way how로 쓰는 것은 틀림

---

170 **how**

✓ ~하는 방법

0308 Tell me ***how*** to do it.
그것을 어떻게 하는지 가르쳐 주시오.

0309 This is ***how*** it happened.
일의 발단은 다음과 같다.

마찬가지로 how앞에 the way를 쓰면 틀림

정리 (~하는 방법)
the way ~
how ~
the way in which ~
the way that ~
*the way how ~

---

171 **the other way (about [around])**

✓ 거꾸로, 반대로

0310 to put it ***the other way around***
반대로 말한다면

= over the left (shoulders), IOW(in other words), to state it differently, that is to say

172 what

✓ 〈관계 대명사〉 ~ 것

0311 Our military strength is not ***what*** it was.
우리나라의 군사력은 옛날의 그것이 아니다.

0312 He owes ***what*** he is to his father.
오늘날의 그는 아버지 덕택이다.

✓ A is to B what[as] C is to D – A:B=C:D

0313 Perfume is to a woman ***what***[as] bait is to a trapper.
여성에게 있어서의 향수는 덫을 놓는 사람에게 미끼와 같은 것이다.

---

173 own

✓ 소유격 다음의 강조어로서

0314 a car of my (very) own
나만 사용하는 차

0315 Mind your ***own*** business.
남의 일에 참견하지 마라.

0316 I built my ***own*** house.
나는 집을 내 손으로 지었다.

---

174 along with A

✓ A와 함께, 더하여

0317 He made the plan ***along with*** his colleagues.
그는 동료들과 함께 그 계획을 만들었다.

0318 A bill came ***along with*** the package.
소포와 함께 청구서가 날아왔다.

0319 ***Along with*** this, he was gentle.
더구나 그는 점잖기도 했다.

164번 besides 참조

175 **palm**

✓ **the inner surface of the hand that extends from the wrist to the base of the fingers**

cf. 엄지손가락 the thumb
집게[둘째]손가락 the forefinger, the index[first] finger
가운뎃손가락 the middle[long/second] finger
넷째[약/반지]손가락 the third[medical/ring] finger
새끼손가락 the little finger

✓ **야자나무(palm tree)**

'손바닥'을 뜻하는 라틴어 palma에서 온 말. 야자 잎이 손바닥과 닮았다는 데서 '야자나무'의 뜻도 생겨나게 되었다.

Comprehension Checkups

[1~10] Choose the word from the box below that best fits each definition.

tease	groom	fare	palm	colleague
civics	confidential	pneumonia	vicious	besides

1 the inner surface of the hand that extends from the wrist to the base of the fingers ________

2 the branch of political science that deals with the rights and duties of citizens ________

3 a man at the time he gets married, or just after he is married ________

4 to laugh at someone and make jokes in order to have fun by embarrassing them ________

5 very unkind in a way that is intended to hurt someone's feelings ________

6 a serious illness affecting one or both lungs that makes breathing difficult ________

7 with the exception of ________

8 a person that you work with, especially in a profession or a business ________

9 meant to be kept secret and not told to or shared with other people ________

10 the money that you pay to travel by bus, plane, taxi, etc. ________

Answer

1 palm | 2 civics | 3 groom | 4 tease | 5 vicious | 6 pneumonia | 7 besides | 8 colleague | 9 confidential | 10 fare

[11~20] Fill in each blank so that the two language expressions match each other.

11 저는 이 문제에서 불공평하지 않도록 노력했습니다.
I tried to be _____tial in this matter.

12 시장 외에도 많은 명사들이 참석했다.
B_____s the mayor, many other no______ were present.

13 그녀는 내일 법정에 출두할 것입니다.
She will appear i_ c____ tomorrow.

14 노동도 놀이와 마찬가지로 인생의 목적이 아니다.
Work is not the object of life a__ m___ t___ play is.

15 청바지는 권위에 대한 반항의 상징이 되었다.
Jeans became a symbol of d_______ against a_______y.

16 그의 목소리는 단호했고 입술은 굳게 다물어져 있었다.
His voice was grim and his lips were c_________.

17 소포와 함께 청구서가 날아왔다.
A bill came a____ w___ the package.

18 나는 그것을 이런 방식으로 했습니다.
This is the w__ i_ w____ I did it.

19 그 반대면 어떡해요?
What __ it's the o____ way around?

20 그는 이전의 그가 아니다.
He is not w___ he once w__.

Answer

11 impartial | 12 Besides / notables | 13 in / court | 14 any / more / than | 15 defiance / authority | 16 compressed | 17 along / with | 18 way / in / which | 19 if / other | 20 what / was

Words by Topic

Astronomy

1 **astrology** 점성학[술]

Since 2010 is the Year of the Tiger according to Oriental ***astrology***, fortunetellers believe it will be full of fortune and vigor.

2 **cluster** 성단(星團)

Most galaxies are found in ***clusters*** rather than in isolation.

> 같은 것들의 무리를 나타내는 말로 '송이, 집단' 등의 뜻이 일차적이다.

3 **cosmology** 우주론

Modern ***cosmology*** believes the Universe to have come into existence about fifteen billion years ago.

4 **eclipse** (해, 달의) 식(蝕)

On Wednesday there will be a partial ***eclipse*** of the sun.

5 **equinox** 주야 평분시, 춘[추]분; 분점(分點)

There are four seasons, or rather four solar points of the year, the solstices and ***equinoxes***.

> 하지(summer solstice)와 동지(winter solstice)

6 **light-year** 광년

A ***light-year*** is the distance that light travels in one year, about 9,460,000,000,000 kilometers, used for measuring distances between stars.

7 **lunar** 달의, 태음(太陰)의(↔ solar)

Today is the ***lunar*** New Year's day, a holiday for us Koreans.

8 **meteor** 유성(流星), 별똥별(shooting[falling] star)

The comets, ***meteors*** and other bodies were regarded as waste material.

9 **asteroid** 소행성(minor planet, planetoid)

Two large ***asteroids*** have passed alarmingly close to Earth in the past few years.

> 한 번 낫질한 자취; 띠 모양을 이루는 것

10 **Milky Way** 은하(Galaxy)

The ***Milky Way*** cast a bright swath across the heavens.

11 **nebula** 성운(星雲)

A ***nebula*** is a mass of gas and dust among the stars, which often appears as a bright cloud in the sky at night.

12 **nova** 신성(新星)

A ***nova*** is a star that unexpectedly becomes very bright and then returns to its normal brightness over a period of months or years.

13 **observatory** 천문[기상]대; 전망대

The Royal Greenwich ***Observatory*** was founded to observe and catalogue the stars.

14 **orbit** 궤도

The telecommunications satellite went into ***orbit*** at the end of last year.

15 **(artificial) satellite** 인공위성

On October 4, 1957, a Soviet rocket blasted into space, carrying the world's first ***artificial satellite***.

16 **space shuttle** 우주왕복선

The ***space shuttle*** uses specially designed ceramic tiles with very high thermal resistances to prevent conduction during reentry.

17 **soft landing** 연착륙

A ***soft landing*** is a situation in which a spacecraft comes down onto the ground gently and without any damage.

무리하게 결말을 짓지 않고 사전에 협의하여 신중하게 일을 진행하는 비유적 의미로도 사용된다.

18 **weightless** 무중력 상태의

"For someone like me whose muscles don't work very well, it was bliss to be ***weightless***,"said Hawking.

19 **astronaut** 우주비행사

He has logged almost 678 hours in space and is now retired as an ***astronaut***.

20 **zodiac** 12궁(宮) ; 12궁도(圖)

The ***zodiac*** is an imaginary area of the sky containing twelve groups of stars that some people believe affect your character according to their positions when you are born.

Aries(양), Taurus(황소), Gemini(쌍둥이), Cancer(게), Leo(사자), Virgo(처녀), Libra(천칭), Scorpio(전갈), Sagittarius(궁수), Capricorn(염소), Aquarius(물병, Water Bearer), Pisces(물고기)

Unit 8

UNIT GUIDE

- ✓ Diagnostic Pretest
- ✓ Words and Expressions
- ✓ Comprehension Checkups
- ✓ Words by Topic: Chemistry and Physics

Diagnostic Pretest

Correct the grammatical error(s) (* marks), fill in the blank(s), or choose the correct expression in the square.

---

1 A: Thank you very much.
B: Not a________ a________.

2 When someone ch________, they lie or behave dishonestly to get something.

3 He [struck / attacked] fear, not respect, into his children.

4 * His farm was robbed of him by them.

5 This is a shop [of / to] long standing.

6 He is far better [off / of] than he was three years ago.

7 Our family came from Russia and [settled / saddled] in New Jersey.

Answer

1 at all | 2 cheats | 3 struck | 4 He was robbed of his farm by them | 5 of | 6 off | 7 settled

Words and Expressions

176 at all

✓ 〈부정문〉 조금도, 전혀

0320 "Thank you very much." "Not ***at all***."
"고맙습니다." "천만에요."

0321 The machine did not work ***at all***.
기계는 조금도 움직이지 않았다.

✓ 〈의문문〉 도대체

0322 Why do you have to go ***at all***?
도대체 왜 네가 가야 하는 거야?

✓ 〈조건절〉 적어도, 조금이라도

0323 It snows here very rarely if ***at all***.
이곳에서는 눈이 온다고 해도 아주 드물다.

부정·의문·조건 자체에 대한 강조의 개념으로 이해할 수 있다. 즉 위 예문들에서 밑줄 친 not, why, if의 의미를 세게 하는 것이다. 따라서 구태여 '조금도, 도대체, 적어도' 따위의 뜻을 기계적으로 암기하는 것 보다는, 강화되는 어감을 느껴보는 것이 좋다.

---

177 turn in

✓ 제출하다

0324 The student ***turned in*** the final exam.

= hand in, give over, submit

✓ 자수하다

0325 The criminal ***turned*** herself ***in***.

= inform on, deliver[surrender] oneself (to the police)

---

178 cheat

✓ When someone cheats, they lie or behave dishonestly in order to get or achieve something.

0326 It doesn't pay to ***cheat***, kids.
얘들아 컨닝은 도움이 안 돼.

0327 She is accused of attempting to ***cheat*** the taxman.
그녀는 세무서를 속이려 했다는 혐의를 받고 있다.

defraud, entrap, swindle, deceive

> fraud가 '사기'라는 뜻으로 '속임수'를 뜻하는 라틴어 fraus에서 유래하였다. → frustrate(속이다→망치다)

---

179 **우유부단한** ✓ irresolute, indecisive, hesitant

---

180 **융통성 있는** ✓ adaptable, flexible

---

181 **까다로운** ✓ fussy, fastidious, picky, choosy

---

182 **자상한** ✓ detailed, minute, meticulous

> 이 말은 부정적인 어감이 좀 강해서 '지나치게 세심한, 소심한, 너무 신중한'의 뜻으로 잘 쓰인다.

---

183 **쾌활한** ✓ cheerful, merry, jolly, gay, vivacious

> viva는 이태리·스페인어로 '만세'를 뜻하는데, 원래 라틴어에서 '살다'를 의미하는 vivere에서 유래하였다.

마음속에 해당되는 영상(이미지)을 그려보며 또박또박 발음해 보도록 한다.

---

184 **report card** ✓ academic record, grade sheet, (official) transcript

---

185 **look over** ✓ to check or examine

0328 He ***looked*** the machine ***over***.
그 기계를 (대충) 살펴보았다.

186 **strike**

✓ 때리다 → 머리를 강한 인상으로 때리다 → 생각나게 하다 → 불어넣다

0329 It ***strikes*** me that I have forgotten to tell him.
그에게 말하는 것을 잊고 있었음이 생각난다.

'내게 ~한 생각이 난다[떠오른다]'의 표현으로 it occurs to me that ~, I hit on ~ 등이 있다.

0330 He ***struck*** fear, not respect, into his students.
그는 학생들에게 존경심이 아니라 공포심을 불어넣었다.

---

187 **sweep**

✓ to clear a surface of

0331 She ***swept*** the dust off his desk.
0332 The waves ***swept*** over the beach.

---

188 **out of**

✓ ~의 안에서 밖으로 → ~ 출신의 → ~의 출처로부터

0333 I sprang ***out of*** bed.
나는 침대에서 뛰쳐나왔다.

0334 a boy ***out of*** the fishing village
어촌 출신의 소년

0335 The project was financed ***out of*** the reserve fund.
그 프로젝트의 경비는 예비비에서 충당되었다.

---

189 **fierce**

✓ having a savage and violent nature

0336 Be careful! This is a ***fierce*** animal.
0337 Two ***fierce*** eyes glared at them.
0338 The move is likely to face ***fierce*** opposition from patients' groups, however.

= barbarous, ferocious, wild, brutal, cruel, ruthless

---

190 **raid**

✓ 습격(하다)

0339 The bandits made a ***raid*** on the village.
산적이 그 마을을 습격했다.

0340 The team ***raided*** the enemy encampment.
그 팀은 적의 진지를 습격했다.

0341 be ***raided*** by the police
경관의 불시 단속[수색]을 받다

= assault, foray, invasion, onslaught, (sudden) attack

---

191 **take[attack] ~ by surprise**

✓ ~을 기습하다, 불시에 공격하다

0342 Back in 1950, Kim, Il-sung ***attacked*** South Korea ***by surprise***.

---

192 **inland**

✓ into the interior of a country or region

0343 Seabirds sometimes fly ***inland***.
해조는 때때로 내륙으로 날아간다.

0344 He lives about a mile ***inland***.
그는 내륙 쪽을 향해 1마일쯤 되는 곳에 살고 있다.

cf. outland 지방(의); 외국(의)

그래서 outlandish라는 형용사가
'이국풍의, 색다른'의 뜻이 되는 것이다.

---

193 **on**

✓ 접촉(contact)

0345 a handle ***on*** the door 문의 손잡이
0346 a fly ***on*** the ceiling 천장에 붙은 파리
0347 a painting (hanging) ***on*** the wall 벽에 걸린 그림
0348 a bucket ***on*** the rope 밧줄에 매단 양동이
0349 keep a dog ***on*** a chain 개를 사슬에 매어놓다
0350 a child ***on*** his back 등에 업힌 아이

방향성과는 관계없이 공간상에서 무언가에 '접촉'되어 있음을 나타낸다. 따라서 전치사 on을 그저 단순히 '~위에'라는 식으로 생각하는 것은 옳지 않다.

194 **rob**

✓ If someone robs you, they steal something from you

0351 The only way I can get the money is to ***rob*** a few banks.

0352 You ***robbed*** me of my moment of glory.

이 경우 목적어는 me이므로 of 이하의 명사구를 수동문의 주어로 하는 것은 틀림

I was robbed of my moment of glory ~ .

* My moment of glory was robbed of ~ .

> 정리하자면 'A에게서 B를 훔치다'라는 표현은 rob A of B나 steal B from A를 사용할 수 있다. 어순과 전치사의 사용에 유의하도록 한다.

---

195 **steal**

✓ 훔치다

0353 ***stolen*** goods 장물

0354 ***steal*** the money from the safe 금고에서 돈을 훔치다

cf. steel 강철(iron)

---

196 **성질·상태의 of**

✓ 주로 추상명사와 함께 쓰여 형용사적 역할

0355 a man ***of property[importance]***
재산가[중요 인물]

0356 a shop ***of long standing***
오래된 점포

0357 a look ***of anger***
화난 표정

0358 His accent was ***of the country***.
그는 시골 사투리가 있었다.

> 이 경우 추상명사는 아니지만, 정관사 the로 인해 country의 추상적 속성이 부각된 것으로 볼 수 있다.

0359 We are ***(of) the same age***.
우리들은 동년배다.

0360 We have a daughter ***(of) your age***.
당신과 동갑인 딸이 하나 있소.

age, size, color 등을 쓴 표현에서는 of를 종종 생략함

197 **be better off**

✓ 더 잘 살다

0361 He is far ***better off*** than he was three years ago.
3년 전보다 훨씬 잘 살고 있다.

⇔ be worse off

이때의 off는 '형편'을 나타낸다. 한편 be better off의 원급은 be well off이고, be worse off의 원급은 be badly[ill] off이다.

---

198 **commerce**

✓ the buying and selling of goods, especially on a large scale, as between cities or nations

= business, exchange, industry, trade

com 함께 + *merce* 상품 = 상품을 함께 매매하기 → merchant, merchandize, mercy, mercury(상업의 신), mercenary(용병; 돈만 바라는)

---

199 **settle**

✓ to move in, to make home

0362 Our family came from Russia and ***settled*** in New Jersey.

---

200 **reason**

✓ 이유

0363 for no ***reason*** 이유 없이

0364 We have ***reasons*** for believing that he is honest.
그가 정직하다고 믿는 근거가 몇 가지 있다.

0365 There is no ***reason*** to wear a suit to the meeting.
모임에 양복을 입고 갈 이유는 없다.

0366 I like children. That's the ***reason*** (why) I became a teacher.
나는 어린이를 좋아한다. 그것이 교사가 된 이유이다.

0367 The ***reason*** that you failed was that[because] you did not try hard.
네가 실패한 것은 열심히 노력하지 않았기 때문이다.

✓ 이성

0368 based on ***reason*** 이성에 근거하여

0369 appeal to ***reason*** 이성에 호소하다

고대 프랑스어 raison에서 온 말로 원뜻은 '고려하다, 생각하다'이다.

Comprehension Checkups

[1~10] Choose the word from the box below that best fits each definition.

property	foray	fierce	bandit	cheat
sweep	commerce	safe	reason	inland

1 lie or behave dishonestly in order to get or achieve something ________

2 to clear a surface of ________

3 having a savage and violent nature ________

4 in, toward, or into the interior of a country or region ________

5 the buying and selling of goods on a large scale between nations ________

6 the thing or things that someone owns ________

7 a strong metal box with special locks where you keep valuable things ________

8 the power of the mind to think in a logical way ________

9 a member of an armed group of thieves who attack travellers ________

10 a short sudden attack made by a group of soldiers ________

Answer

1 cheat | 2 sweep | 3 fierce | 4 inland | 5 commerce | 6 property | 7 safe | 8 reason | 9 bandit | 10 foray

[11~20] Fill in each blank so that the two language expressions match each other.

11 도대체 왜 가지 않으면 안 되지?
Why do you have to go a_ a__?

12 그런 우유부단한 태도로 이 문제를 해결할 수는 없다.
Such an ir________ attitude cannot settle this matter.

13 그녀는 자신의 복장에 세심하다.
She is meti______ in her dress.

14 고등학교 성적증명서를 꼭 동봉하도록 하십시오.
Be certain to include your high school t________t.

15 그 계획의 경비는 예비비에서 충당되었다.
The project was fi_____d out of the re___ve f___.

16 그 팀은 적의 진지를 습격했다.
The team made a r___ on the enemy encamp____.

17 잊지 말고 개를 사슬에 매어 놓아라.
Don't forget to keep the dog __ a c____.

18 노상강도가 여행자에게서 돈을 강탈했다.
A highwayman ro____ the traveler __ his money.

19 그는 가끔 이유 없이 버럭 화를 낸다.
He often just flies off the handle f__ n_ r_____.

20 너만 한 아들이 있다.
I have a son o_ y___ a__.

Answer

11 at / all | 12 irresolute | 13 meticulous | 14 transcript | 15 financed / reserve / fund | 16 raid / encampment | 17 on / chain | 18 robbed / of | 19 for / no / reason | 20 of / your / age

Words by Topic

Chemistry and Physics

1 **alloy** 합금

The pipes are made of an ***alloy*** of copper and zinc.

2 **asbestos** 석면

Asbestos is a grey mineral that does not burn easily, that was used in the past as a building material or in protective clothing.

3 **bifocal** 이중 초점의; 이중 초점 렌즈

When I first saw Mrs. Lee, she wore thick ***bifocal*** lenses.

4 **carbohydrate** 탄수화물

The diets were reformulated to include more vitamins, minerals, and ***carbohydrates***.

carbon 탄소 +
hydrate 수화물

5 **corrosion** 부식(작용), 침식

To keep metal garbage cans free from ***corrosion***, coat them lightly with used motor oil.

6 **density** 밀도; 비중

In science, the ***density*** of a substance or object is the relationship between the mass of something and its size.

7 **elastic** 탄성이 있는, 탄성체의

Children's bones are far more ***elastic*** than adults'.

8 **ferment** 발효시키다, 발효하다

Dissolve yeast in warm water, stir vigorously, and allow to ***ferment*** for 5 to 10 minutes.

9 **gunpowder** 화약

Gunpowder is an explosive substance which is used to make fireworks or cause explosions.

10 **inertia** 관성

Inertia is the force that keeps an object in the same position or keeps it moving until it is moved or stopped by another force.

11 **kinetic** 운동의, 운동에 의한; 동역학(kinetics)의 (↔ static)

It is well known in ***kinetic*** theory that reaction rates increase rapidly with increases in temperature.

12 **metabolism** 물질[신진]대사

After about age 30, your ***metabolism*** slows down and you start to gain weight.

13 **nuclear reactor** 원자로

Plutonium is a by-product of burning uranium in a ***nuclear reactor***, and is separated out in a chemical reprocessing plant.

14 **potassium** 칼륨, 포타슘(금속 원소, 기호 K, 번호 19)

Potassium is a soft silvery-white chemical element, which occurs mainly in compounds. These compounds are used in making such things as glass, soap, and fertilizers.

15 **proton** 양성자

The mass of the ***proton*** is 1836 times that of an electron, yet their electrical charges equate.

16 **(theory of) relativity** 상대성이론

Einstein's original equations of general ***relativity*** predicted that the universe was either expanding or contracting.

17 **saturated** 포화 상태가 된

As a result of this, the amount of calories, fat and ***saturated*** fat is very much reduced.

18 **thermal** 열의, 열량의, 온도의

Runners were given ***thermal*** blankets to prevent heat loss at the end of the race.

19 **ultraviolet rays** 자외선 (cf. infrared rays 적외선)

High up in the sky is a protective layer of gas that screens out dangerous ***ultraviolet rays*** from the sun.

20 **velocity** 속도

The speedboat reached a velocity of 120 mph.

Unit 9

UNIT GUIDE

- ✓ Diagnostic Pretest
- ✓ Words and Expressions
- ✓ Comprehension Checkups
- ✓ Words by Topic: History

—

Wise people don't make a show of their knowledge, but fools broadcast their folly.

Diagnostic Pretest

Correct the grammatical error(s) (* marks), fill in the blank(s), or choose the correct expression in the square.

1 The student became desperate / exasperate in his attempt to pass the exam.

2 A: Would you ________ me a favor?
B: Sure, of course. What is it?

3 As the proverb [takes / goes], "United We Stand, Divided We Fall."

4 * Please remind me for the time of the meeting.

5 If someone is g________y, they have committed a crime.

6 His speech bored me [of / to] death.

7 A: What is a g________y?
B: It's a store selling foodstuffs and various household supplies.

Answer

1 desperate | 2 do | 3 goes | 4 for → of | 5 guilty | 6 to | 7 grocery

Words and Expressions

201 **adventure**

✓ 모험

0370 a story of ***adventure*** 모험담

0371 He is full of ***adventure***.
그는 모험심이 많다.

> *ad* ~으로 + *vent* 오다 = 누군가에게 다가오는 일
> → 모험 → advent(출현), venture

---

202 **pack**

✓ When you pack, you put your belongings into a bag, because you are leaving.

이런 식으로 학습 어휘를 정의의 일부로 넣어 설명하는 소위 Cobuild식 설명은 특히 회화를 위주로 공부하는 학습자들에 큰 도움을 주는 것으로 알려져 있다.

---

203 **packed**

✓ If people or things are packed into a place, there are so many of them that the place is full.

= crowded, congested, bustling

---

204 **part**

✓ When two people part, they leave each other.

0372 A year ago they had ***parted*** forever.

---

205 **separate**

✓ If a group of people or things separate, they move away from each other after being together or connected for a time.

0373 They talked by the gate, unwilling to ***separate***.

0374 The two pipes ***separated*** from each other.

> *se* 떨어져 + *parate* 준비하다, 놓다 = 분리하다
> → prepare, several(갈라진 → 여럿의), sever(가르다)

206 guilty

✓ If someone is guilty, they have committed a crime or done something wrong.

0375 He was found ***guilty*** of passing on secret papers to the enemy.

= blameworthy, censurable, culpable, reprehensible

→ censor(검열), census(인구조사)

→ reprehend 비난하다

---

207 neither

✓ You use neither to refer to both of two things or people, when you are making a negative statement about both of them.

0376 ***Neither*** of us was[were] having any luck.

neither가 주어일 때에는 단수취급이 원칙이나 구어체에서는 복수로 취급하기도 한다.

0377 ***Neither*** you ***nor*** I am wrong.

= Neither I nor you are wrong. (동사는 가까운 말에 일치)

= neither는 both에 대한 완전부정의 말이므로, 셋 이상의 경우에는 none을 쓴다.

Neither of us knows.
우리 둘 다 모른다.

None of us knows.
우리 중 아무도 모른다. (3인 이상)

cf. both A and B – 양자긍정(복수 취급), either A or B – 양자택일(동사는 B에 일치)

---

208 remind

✓ 상기시키다

0378 ***Remind*** me to buy the item tomorrow.
내일 그 물건 사는 것을 알려 주시오.

0379 Please ***remind*** me of the time of the meeting.
모임 시간을 나에게 알려 주시오.

0380 Don't forget to ***remind*** him that our meeting has been postponed.
우리 모임이 연기되었음을 그에게 (잊지 말고) 알려 주시오.

209 **shell**

✓ the hard, protective outer covering of an animal, seed, or plant

0381 a turtle's ***shell***

✓ to remove the shell of

0382 (as) easy as ***shelling*** peas 아주 쉬운

= easy-peasy, as easy as ABC[anything, pie, falling off a log, winking]

✓ a metal case filled with explosive, to be fired from a large gun

0383 ***shells*** from a gun

---

210 **on**

✓ (어떤 동작을) 계속하여

0384 go ***on*** talking 계속 이야기하다

go on ~ing는 keep (on) ~ing와 같은 뜻으로 '하고 있던 행위를 계속하는 것'임에 반해, go on to V는 '이어서 ~하다'는 뜻으로 다른 행위로의 이전을 의미한다.
Let us go on to review the next chapter.
계속해서 다음 장을 검토합시다.

0385 walk ***on***
계속 걷다

0386 If you go ***on*** a bit farther, you'll reach the store.
좀 더 가면 상점에 이를 겁니다.

0387 Go ***on*** with your project.
프로젝트를 계속하시오.

물리 공간(physical space)에서의 '접촉' 개념이 시간 공간(time space)으로 그 의미가 확장(meaning extension)된 것으로 이해할 수 있다.

---

211 **throughout**

✓ 〈장소〉 두루, 도처에, 샅샅이

0388 travel ***throughout*** the world
세계를 두루 여행하다

✓ 〈시간〉 내내, 처음부터 끝까지

0389 ***throughout*** the year[one's life]

1년 내내[전 생애를 통하여]

0390 ***throughout*** the war
전쟁동안 내내

---

212 **cellar**

✓ a room or enclosed space used for storage, usually beneath the ground or under a building

0391 a mousy ***cellar*** 쥐가 많은 지하실
0392 a storm ***cellar*** 폭풍 지하 대피실

---

213 **pound**

✓ 두드리다 → 맹공격을 가하다

0393 The policeman ***pounded*** on[at] the gate.
경찰이 대문을 두드렸다.

0394 The battleships ***pounded*** away at the enemy base in the harbor.
전함들이 항구에 있는 적의 기지에 맹공격을 가했다.

---

214 **desperate**

✓ 필사적인

0395 The student became ***desperate*** in his attempts to pass the examination.
학생은 시험에 합격하기 위해 필사적이 되었다.

✓ 절망적인; 극단적인

0396 a ***desperate*** situation
절망적인 상황

0397 ***Desperate*** diseases must have ***desperate*** remedies.
〈속담〉 중병은 그만큼 되게 다스려야 한다.

'절망'이라는 의미의 despair와 같은 어원이다. '갈 데까지 간 상황'을 의미하는 것으로, 그래서 앞뒤 안 가리는 최후의 필사적인 모습을 뜻하기도 하는 것이다.

215 **dreary**

✓ dismal, bleak

0398 It's fall, but it's ***dreary*** as if it is winter.
가을인데도 겨울처럼 을씨년스럽다.

✓ boring, dull

0399 ***Dreary*** tasks could be overcome by much more concentrating on them.
지루한 일은 그것에 더욱 집중함으로써 극복될 수 있다.

---

216 **두려워하다**

✓ fear; dread, be afraid[fearful, frightened, scared, terrified] of

---

217 **weep**

✓ to express emotion, such as grief or sadness, by shedding tears

= sob, wail, whimper

---

218 **proverb**

✓ 속담, 격언, 잠언

0400 as the ***proverb*** goes[runs, says]
속담에 있듯이

= adage, wise saying, precept, aphorism, maxim, motto

물론 이 말은 흔히 아는 대로 '좌우명'이라는 뜻이 있다.

---

219 **keen**

✓ 예민한

0401 a ***keen*** wit[sense of smell]
날카로운 재치[후각]

0402 be ***keen*** of hearing[= have a ***keen*** ear]
귀가 예민하다

= sharp, acute, sensitive

220 **character**

✓ 성질; 특성

0403 describe the general ***character*** of the person
그 사람의 전반적 특성을 묘사하다

0404 I have[bear] no ***character*** in common with my brother.
나는 동생과 공통성이 없다.

= quality, peculiarity, property, feature

---

221 **bore**

✓ 지루하게 하다

0405 His lecture ***bored*** me to death.
나는 그의 강의에 지루해 죽을 맛이었다.

0406 a ***boring*** teacher
(학생을) 지루하게 하는 선생

0407 I was ***bored*** with hearing about his excuse.
그의 변명을 듣는 데 싫증이 났다.

---

222 **in other words**

✓ that is (to say), namely, to put it (in) another way, or, i.e., viz

i.e.은 that is로, viz는 namely로 읽는다.

---

223 **look for**

✓ search for; seek

0408 He spent all day running around to ***look for*** a job.
그는 일자리를 찾기 위해 여기저기 다니느라 온종일을 보냈다.

✓ expect, wait for

0409 We'll ***look for*** you at seven tomorrow night.
내일 밤 7시에 당신을 기다리고 있겠습니다.

---

224 **grocery**

✓ a store selling foodstuffs and various household supplies

보통 '식료품점, 잡화점' 등으로 번역하는데 과연 그러한 표현을 실제로 우리가 쓰는지 생각해 볼 문제이다. '엄마, 저 식료품[잡화]점에 좀 다녀올게요'라고 말하면 듣는 엄마는 아마도 표현의 부자연스러움을 느끼게 되지 않을까 싶다. 언어는 변화하므로 사전적 정의도 시대를 반영할 필요가 있어 보인다. clerk을 '점원'으로, nursery를 '탁아소'로 번역하는 것 등이 그러한 예이다.

225 favor

✓ 친절한 행위

0410 ask[beg] a ***favor*** of a person

남에게 부탁을 하다 (= ask a person a favor)

0411 Would you do a ***favor*** for me?

부탁 좀 들어주시겠습니까? (= ~ do me a favor?)

0412 I have enjoyed many ***favors*** from you.

여러모로 신세 많이 졌습니다.

> **이 표현은 다음과 같이 할 수도 있겠다.**
> *I owe you so much.*
> *You did me services.*
> *I am greatly indebted to you.*
> *I am beholden to you (for your kindness).*

Comprehension Checkups

[1~10] Choose the word from the box below that best fits each definition.

task	cellar	shell	harbor	favor
weep	desperate	postpone	dreary	adage

1 a metal case filled with explosive, to be fired from a large gun ________

2 a room or enclosed space used for storage, usually beneath the ground or under a building ________

3 to express emotion, such as grief or sadness, by shedding tears ________

4 a well-known phrase that says something wise about human experience ________

5 feeling or showing that you have little hope ________

6 to change the date or time of a planned event or action to a later one ________

7 an area of water on the coast where ships can shelter ________

8 dull and making you feel sad or bored ________

9 a gracious, friendly act that is freely granted ________

10 a piece of work that must be done ________

Answer

1 shell | 2 cellar | 3 weep | 4 adage | 5 desperate | 6 postpone | 7 harbor | 8 dreary | 9 favor | 10 task

[11~20] Fill in each blank so that the two language expressions match each other.

11 그는 모험심이 많다.
He is f___ of ad_______.

12 좀 더 가면 박물관에 도착하실 것입니다.
If you go o_ a bit fa_____, you'll reach the museum.

13 전국적으로 약 30~60mm의 비가 올 것으로 예상됩니다.
About 30 mm to 60 mm of rainfall is expected _______out the nation.

14 저장 용량은 사용자들에게 1800편 이상의 영화를 다운로드할 수 있도록 해준다.
The st_____ ca______ also allows users to download more than 1,800 movies.

15 오늘의 축제는 무료 야외 행사로 가득합니다.
Today's festival is pa____ w___ free outdoor events.

16 내가 당신을 겁낼 줄 알아요?
Do you think I'm s____d of you?

17 부탁 하나 드려도 되겠습니까?
May I ask a f____ o_ you?

18 다른 식으로 말씀드리겠습니다.
Let me put it in a______ w__.

19 너의 예민한 후각이 여러모로 쓸모가 있구나.
Your k__n sense of smell does come in h___y.

20 그는 비밀문서를 넘긴 것으로 유죄판결을 받았다.
He was found g____y of passing on secret papers.

Answer

11 full / adventure | 12 on / farther | 13 throughout | 14 storage / capacity | 15 packed / with | 16 scared | 17 favor / of | 18 another / way | 19 keen / handy | 20 guilty

Words by Topic

History

1 **barbarian** 야만인, 미개인

His friends are a bunch of ***barbarians***–they don't even wash their hands before they eat.

2 **the Black Death** 흑사병, 페스트(pest)

He died in 1349, probably of the plague known as ***the Black Death***.

3 **chivalry** 기사도

Chivalry is very polite and honourable behavior, especially shown by men towards women.

> 고대 프랑스어에서 cheval은 '말'을 의미하였다. 그래서 비슷한 철자인 chevalier, cavalier가 모두 '기사(knight)'를 의미한다.

4 **chronicle** 연대기(年代記)

Chronicles written by Roman scholars can give us a good idea of how their political system worked.

5 **the Dark Ages** (중세) 암흑시대

In ***the Dark Ages***, the power of the Church was extensive.

6 **dolmen** 돌멘, 고인돌

The circle has 15 stones around the circumference with a bolder ***dolmen*** in the center.

7 **the Enlightenment** 계몽운동(17–18세기의 유럽의 합리주의적 문화 운동)

The Enlightenment is a period in the eighteenth century when many writers and scientists believed that science and knowledge, not religion, could improve people's lives.

8 **epoch** (중요한 사건이 일어났던) 시대

The Russian Revolution marked the beginning of a new ***epoch*** in history.

9 **feudalism** 봉건제도

None the less, they are worth considering, because they help us to understand the origin of ***feudalism***.

10 **genealogy** 가계, 혈통; 족보

Genealogy is the study of the history of families using historical documents to discover the relationships between people.

11 **Gestapo** 게슈타포(나치스 독일의 비밀경찰); 비밀경찰

His companions took extreme precautions against being followed: the place, they said, was alive with ***Gestapo*** men.

12 **gladiator** 검투사

Helmeted, armed with long, spear-like boards, the surfers looked like ***gladiators*** going out to engage in mortal combat.

13 **the Holocaust** 나치스의 유태인 대학살

The Holocaust is the killing of millions of Jews and other people by the Nazis during the Second World War.

14 **Hellenic** 그리스의, 그리스말[사람]의

He was also a past president of the National ***Hellenic*** Research Foundation.

15 **herald** 선구자, 사자(使者)

Shorter days are the ***herald*** of wintertime.

16 **the Industrial Revolution** 산업혁명

The ***Industrial Revolution*** is the period in the 18th and 19th centuries in Europe and the USA when machines were invented and the first factories were established.

17 **interwar** 양 대전(大戰) 사이의 (1, 2차 세계대전 사이의 기간)

The medieval, Renaissance and modern collections cover more than a millennium, from the Dark Ages to the ***interwar*** period.

18 **paleolithic** 구석기 시대의

> lith는 '돌'을 뜻하는 어근 → neolithic(신석기 시대의), mesolithic(중석기 시대의)

In the ***Paleolithic*** era, humans first started to make tools out of stone.

19 **pilgrimage** 순례 여행; 긴 여행

They were on a ***pilgrimage*** to an old temple in south India.

> 찰스2세: 크롬웰의 공화정 시기에 망명생활을 한 후 영국 왕으로 복위함으로써 소위 왕정복고 시대를 연 인물로 알려져 있다. 재위시절, 성공회와 가톨릭 사이에 벌어진 갈등 속에서도 나라를 잘 이끌어 간 지도자로 평가받고 있다.

20 **the Restoration** 〈영국사〉 왕정복고, 왕정복고 시대(1660–88)

The Restoration means the return of Charles II as King of England in 1660, and the period afterwards.

Unit 10

UNIT GUIDE

- ✓ Diagnostic Pretest
- ✓ Words and Expressions
- ✓ Comprehension Checkups
- ✓ Words by Topic: Education

Diagnostic Pretest

Correct the grammatical error(s) (* marks), fill in the blank(s), or choose the correct expression in the square.

---

1 *How do you think of his way of saying?

2 *He is standing six feet.

3 *I remember to see you before.

4 [Most / Almost] forms of exercise are good for the health.

5 The end justifies the [means / mean.]

6 In c________ there is an accident, report it to me at once.

7 If you are ________ time for something, you are not late.

Answer

1 How → What | 2 is standing → stands | 3 to see → seeing 또는 having seen | 4 Most | 5 means | 6 case | 7 in

Words and Expressions

226 **What do you think of[about] ~ ?**

✓ ~을 어떻게 생각합니까?

0413 ***What do you think of*** the way that player swings the bat?

저 선수가 야구 방망이 휘두르는 방법을 어떻게 생각하십니까?

→ 저 선수 스윙이 어떤 것 같나요?

*How do you think of[about] ~로 하지 않도록 주의!

cf. Well, how do you think it went?

어떻게 됐을 것 같나? (간접의문문)

---

227 **stand**

✓ 서다

0414 She was ***standing*** at the bus stop.

stand를 '진행형불가동사'로 무작정 암기하지 않도록 주의

상태를 나타내는 동사라도 '일시성'이 강조되면 진행형 가능

The statue of Dr. Lee is standing in front of our dormitory.

(일시적)

The statue of Dr. Lee stands in front of our dormitory.

(항구적)

✓ 유효하다(be valid)

0415 The agreement ***stands*** as signed.

협정은 조인 당시와 변함이 없다.

✓ 참다(bear, put up with)

0416 She can't ***stand*** children.

✓ 키[높이]가 ~이다

0417 He ***stands*** six feet.

그는 키가 6피트 다.

1 foot = 30.48cm

이 경우 is standing으로 할 수는 없다. 일반적인 상황에서 키는 항구성을 띠기 때문이다.

228 **fantastic**

✓ People say that something is fantastic when they like or admire it very much.

0418 He scored the most ***fantastic*** goal I have ever seen.

'보이게 하다, 상상하게 하다'라는 희랍어에서
→ fantasy(공상), phantom(환영, 유령)

---

229 **remember**

[19] remember와 더불어 동명사와 부정사를 모두 취할 수 있는 forget, regret 역시 후속하는 동명사와 부정사의 시간 개념을 구별하여 사용한다. 이는 동명사와 부정사의 일반적 의미로 확대될 수 있어서, 대체로 to부정사는 미래 지향적 의미를, 동명사는 과거 지향적 의미를 전달하는 경향이 있다.

✓ to recall to the mind

과거의 일이나 상태에 관해 언급할 때는 동명사·that절을, 아직 일어나지 않은 경우는 to부정사를 쓴다.[19]

0419 I ***remember*** seeing you before. (= I ***remember*** that I saw you before.)
전에 당신을 만난 일이 생각납니다.

0420 I must ***remember*** to watch that TV program tonight.
오늘밤에 그 TV 프로를 잊지 않고 꼭 봐야 해.

---

230 **most**

✓ 〈보통 관사 없이〉 대부분의

0421 ***most*** Americans
대다수의 미국인

0422 ***Most*** forms of exercise are good for the health.
대부분의 운동은 건강에 좋다.

0423 ***Most*** classical music sends me to sleep.
고전 음악은 대부분 나를 졸리게 한다.

0424 As ***most*** of you know, I've decided to resign.
대부분 아시다시피 사직하기로 했습니다.

이 경우는 인칭대명사 you로 인해 전치사 of가 들어가야 한다. '정관사, 지시사, 소유격'이 후속할 때에도 most는 다음에 of를 필요로 한다. 그렇지 않은 경우에 of가 있는 것은 비문법이다.

---

231 **violence**

✓ 격렬함(vehemence)

0425 the ***violence*** of a volcanic eruption 분화의 격렬함

0426 ring the bell with ***violence*** 벨을 세게 울리다

✓ 폭력 (행위)

0427 ***violence*** in the movies

영화 속에서의 폭력 행위

---

232 **suspense**

✓ a state or feeling of anxiety and tension caused by uncertain expectations

0428 That action movie created a lot of ***suspense***.

0429 He was in a ***suspense*** about the birth of his first child.

> 동사는 suspend로 '매달다, 중지하다, 불안하게 하다'의 뜻. 따라서 suspense 역시 '걱정, 불안' 외에도 '중지, 미결정'이라는 의미도 있게 된다. 어근 pend가 'hang'의 뜻이라는 것을 알면 쉽게 이해될 것이다.
> → pendulum, impend, pendant

---

233 **march**

✓ 행진[행군]하다

0430 ***march*** through the streets

거리를 행진하다

0431 ***march*** against the enemy

적을 향해 진격하다

0432 We ***marched*** into a larger room.

큰방으로 걸어 들어갔다.

= proceed, parade

---

234 **salute**

✓ 인사하다, 경례하다

0433 He took his hat to ***salute*** her.

그는 모자를 벗고 그녀에게 인사하였다.

0434 ***salute*** the flag with a hand

국기에 대하여 거수경례를 하다.

---

235 **instinctive**

✓ 본능적인

0435 ***instinctive*** behavior

본능적 행동

0436 an ***instinctive*** sense of danger

위험에 대한 직감

0437 have an ***instinctive*** horror of spiders
본능적으로 거미를 싫어하다

= inborn, inherent, innate, intuitive, natural

---

236 **urge**

✓ 몰아대는 힘; 충동, 욕구

0438 The possibility of a bonus gave me an ***urge*** to work harder.
보너스의 가망이 있어서 더 열심히 일할 의욕이 생겼다.

= drive, impulse, compulsion

> 각각 동사 impel, compel의 파생형으로 이때의 어근 pel은 '밀다, 몰다'라는 뜻

---

237 **mean**

✓ 의미하다

0439 What do you ***mean*** by it?
그것은 어떤 뜻입니까?

0440 My old lady – I ***mean*** my wife – is always nagging.
우리 집 할멈, 그러니까 집사람 말입니다만, 늘 잔소리만 하고 있지요.

> 방금 한 말을 정정하거나 보충할 때 아주 많이 사용하는 표현

✓ 열등한

0441 a man of ***mean*** understanding
머리가 나쁜 사람

✓ 〈~s〉 수단

0442 ***means*** of transportation[communication]
교통[통신] 수단

0443 a ***means*** to an end
목적 달성을 위한 한 가지 수단

> 부정관사의 사용에서 알 수 있듯이 means는 단수와 복수로 모두 쓰임

0444 The end justifies the ***means***.
〈속담〉 목적은 수단을 정당화한다.

238 **blend**

✓ 섞이다

0445 There are colors that do not ***blend*** with[into] one another.

서로 섞이지 않는 색이 있다.

= combine, fuse, merge, mingle, mix

cf. brand 상표

---

239 **minded**

✓ 〈복합어를 형성하여〉 ~한 마음[기질]을 가진

0446 feeble-***minded*** 의지가 박약한; 정신박약의, 저능의

0447 evil-***minded*** 사악한 마음이 있는

0448 strong-***minded*** 성질이 억센

0449 commercially-***minded*** men 철두철미한 장사꾼들

0450 war-***minded*** 호전적인

0451 mechanical-***minded*** 기계 만지기를 좋아하는

0452 car-***minded*** 자동차에 관심이 있는

0453 safety-***minded*** 안전 제일주의인

---

240 **device**

✓ 장치

0454 a safety ***device*** 안전장치

0455 nuclear ***device*** 핵폭발 장치, 핵폭탄

= apparatus, contraption, gadget, mechanism, tool

---

241 **store**

✓ 저장하다

0456 ***store*** (up[away]) vegetables for the winter

월동 준비로 야채를 저장하다

0457 Bees ***store*** away their honey.

꿀벌들은 꿀을 저장해 둔다.

= accumulate, garner, save, stock up

---

242 **wear**

✓ to have on one's body, such as clothes, glasses, or jewelry

0458 He ***wears*** suits to work.

✓ to get smaller or lose quality through use

0459 Heels of shoes ***wear*** down.

---

243 **measure**

✓ 〈~s〉 조치, 방책

0460 preventive ***measures*** 예방책

0461 take ***measures***

조치를 취하다 (= take steps[action])

---

244 **in case**

✓ ~인 경우에 (대비하여)

0462 ***In case*** there is an accident, report it to me at once.

사고가 나거든 곧 알려라.

0463 Take a map ***in case*** you get lost.

길을 잃을 경우에 대비하여 지도를 가져가라.

0464 Take your umbrella (just) ***in case***.

만일에 대비해서 우산을 가지고 가시오.

---

245 **Capitol**

✓ the building in Washington, D.C., where the Congress of the United States meets

cf. capital 수도; 자본; 대문자

---

246 **congressman**

✓ a man who is a member of the U.S. Congress, especially of the House of Representatives(하원)

cf. 상원의원: senator / 상원: the Senate

---

247 **lawn**

✓ a small area of grass, usually tended or mowed, as one around a residence or in a park

---

248 **shrub**

✓ a woody plant of relatively low height, having several stems arising from the base and lacking a single trunk; bush

249 **in time** ✓ If you are in time for something, you are not late.

---

250 **on time** ✓ If you arrive on time, you arrive at the correct time.

Comprehension Checkups

[1~10] Choose the word from the box below that best fits each definition.

suspense	mean	wear	Capitol	shrub
blend	compulsion	statue	feeble	lawn

1 to get smaller or lose quality through use ________

2 the building in Washington D.C., where the Congress of the United States meets ________

3 a small area of grass, usually tended or mowed ________

4 a woody plant of relatively low height ________

5 a state or feeling of anxiety and tension ________

6 a strong desire to do something ________

7 to form a mixture with something ________

8 a figure of a person or an animal in stone, metal, etc. ________

9 not showing determination or energy ________

10 (of a person's understanding or ability) not very great ________

Answer

1 wear | 2 Capitol | 3 lawn | 4 shrub | 5 suspense | 6 compulsion | 7 blend | 8 statue | 9 feeble | 10 mean

[11~20] Fill in each blank so that the two language expressions match each other.

11 자, 어떻게 됐을 것 같아요?
Well, ___ do you think it w___?

12 50년 후에도 대법원의 판결은 유효하다.
Even fifty years later, the decision of S______ C____ still s_____.

13 그 남자는 벨을 세게 울렸다.
The man rang the bell with vio_____.

14 저는 본능적으로 거미를 싫어합니다.
I have an in_________ horror of spiders.

15 목적은 수단을 정당화한다.
_________________________.

16 꿀벌들은 꿀을 저장해 둔다.
Bees s____ a___ their honey.

17 만일에 대비해서 우산을 가지고 가시오.
Take your umbrella j___ i_ c___.

18 그것은 어떤 뜻입니까?
What do you m___ b_ it?

19 제시간에 제품을 고객에게 공급해야 합니다.
We need to supply our products to our customer o_ t___.

20 오늘 밤에 그 TV 프로를 잊지 않고 꼭 보아야 한다.
I must remember __ w____ that TV program tonight.

Answer

11 how / went | 12 Supreme / Court / stands | 13 violence | 14 instinctive | 15 The end justifies the means | 16 store / away | 17 just / in / case | 18 mean / by | 19 on / time | 20 to / watch

Words by Topic

Education

1 **alma mater** 모교(母校), 출신교

He returned to his ***alma mater*** to write a doctoral dissertation in moral philosophy.

라틴어에서 온 말로 alma는 nourishing을, mater는 mother를 의미한다.

2 **alumnus** 졸업생, 동창생

In studying their ***alumni*** fund-raising campaigns, administrators found female graduates had fewer ties to their alma maters.

3 **bachelor's degree** 학사 학위

He graduated in 1951 with a ***bachelor's degree*** in horticulture and a minor in agronomy.

석사 학위는 master's degree, 박사 학위는 doctor's degree라고 하는데, 박사는 보통 Ph.D.(Doctor of Philosophy)로 칭한다.

4 **certificate** (학위 없는 과정의) 수료[이수] 증명서 (cf. diploma 졸업장, 학위기)

There are only two internationally recognized ***certificates*** in Teaching English as a Foreign Language.

5 **didactic** 교훈적인

I made the movie with both ***didactic*** and creative intentions.

6 **emeritus** 명예퇴직의

She became ***emeritus*** professor of linguistics department when she retired.

7 **fellowship** 특별 연구원 연구비, 장학금

Dr. Kim came to the United States on a Fulbright ***fellowship***.

8 **GPA** 평점 (Grade Point Average)

Applicants need at least a 3.8 ***GPA***.

9 **heuristic** 학생 스스로 발견케 하는

Heuristic education is based on discovering and experiencing things for yourself.

inter 사이의 + *discipline* 학문

10 **interdisciplinary** 둘(이상)의 학문 분야에 걸치는, 학제적인

The research is ***interdisciplinary***, using several techniques: analysis of statistical sources, literature reviews, and field studies.

11 **liberal arts** (대학의) 교양 과목

Science and technology institutes normally receive more investment than the ***liberal arts*** colleges.

12 **matriculate** 대학 입학을 허가하다[입학하다]

At fifteen, he ***matriculated*** at the University of Chicago, where he continued his independent approaches to the origin of English language.

13 **multiple-choice** 다항식(多項式) 선택의, 객관식의

Three years of hard work in high school are evaluated by a 7-8 hour ***multiple choice*** test.

14 **ology** (구어) 학문, 과학

"What's his new girlfriend studying?" "Oh, some ***ology*** or other. Pharmacology, I think."

15 **Oxbridge** 옥스브리지(Oxford 대학과 Cambridge 대학), (역사 있는) 명문대학

His voice was cultured ***Oxbridge***, and the grim intent in that voice made his students stand obediently aside.

16 **summa cum laude** 최우등의; 최우등으로

He graduated ***summa cum laud***e from Harvard University and got his master's degree there.

> *summa* highest + *cum* with + *laude* praise → magna cum laude(2등으로), cum laude(우등으로)

17 **prep school** 대학 예비교(대학 진학 코스의 사립학교) (preparatory school)

Our son is 11 years old and attends a ***prep school*** as a boarder.

18 **pedagogical** 교육학적인, 교육학상의; 교수법의

Any foreigner can speak his or her native language well, but this doesn't mean he or she holds ***pedagogical*** methodology.

19 **shadow** 따라하다

Your first week in the job will be spent ***shadowing*** one of our more experienced employees.

20 **term paper** 학기말 리포트

Five years from now you are not going to be able to remember the book you read for a ***term paper***.

Unit 11

UNIT GUIDE

- ✓ Diagnostic Pretest
- ✓ Words and Expressions
- ✓ Comprehension Checkups
- ✓ Words by Topic: Linguistics

—

Work hard and become a leader; be lazy and become a slave.

Diagnostic Pretest

Correct the grammatical error(s) (* marks), fill in the blank(s), or choose the correct expression in the square.

1 How [go / come] there are so many students in Dr. Lee's class?

2 You can [sow / sew] winter wheat in October.

3 They were standing neatly in a [row / raw].

4 All of a ________ I came to my senses.

5 *Highway accidents are frequent late.

6 *Don't forget what you promised the another day.

7 She didn't ________ a blind bit of notice of me.

Answer

1 come | 2 sow | 3 row | 4 sudden | 5 late → of late 또는 lately | 6 another → other | 7 take

Words and Expressions

251 **How come ~ ?**

✓ 〈놀람을 나타내어〉 어찌하여, 왜

0465 ***How come*** it happened?
어째서 그런 일이 일어났는가?

0466 ***How come*** you (to) say so?
어째서 그렇게 말하니?

= How comes it (that) ~ ?
How comes it (that) you have left me alone?
당신이 나를 혼자 내버려 둔 것은 어찌된 일이죠?

'How did it come that ~ ?'의 단축형

252 **landlord**

✓ Someone's landlord is the man who allows them to live or work in a building which he owns, in return for rent.

cf. landlady 여주인

253 **ripe**

✓ ripe fruit or grain is fully grown and ready to be harvested or eaten

0467 The pears are heavy and ***ripe***.

= aged, developed, mature, mellow, seasoned

254 **sow - sowed - sowed, sown**

✓ 씨 뿌리다

0468 You can ***sow*** winter wheat in October.

발음에 유의!
sow, sew [sou]
saw [sɔ:]

255 **sew - sewed - sewed, sewn**

✓ 바느질하다

0469 They teach the children to cook, ***sew***, and knit.

256 **saw - sawed - sawn, sawed**

✓ 톱질하다

0470 I started ***sawing*** the branches off the main trunk.

---

257 **row**

✓ 줄, 열

0471 They were standing neatly in a ***row***.

✓ (노로 배를) 젓다(pull an oar)

0472 We ***rowed*** slowly towards the center of the river.

---

258 **steer**

✓ 조종하다

0473 He ***steered*** the car through the broad entrance.

'키'를 뜻하는 고대영어 steor에서 유래한 말로
'선미(船尾)'를 뜻하는 stern도 이에 해당한다.

---

259 **round**

✓ (기간의) 처음부터 끝까지(throughout)

0474 (all) (the) year ***(a)round*** 1년 내내

= all through the year, throughout the year, all the year over

---

260 **famous**

✓ 유명한, 명성이 있는

0475 a town ***famous*** for its scenic beauty
그림 같은 아름다움으로 유명한 도시

= celebrated, distinguished, eminent

나쁜 뜻에서 유명한 경우에는 notorious, infamous

be notorious as a liar
거짓말쟁이로 소문나다

the most infamous concentration camp
가장 악명 높은 강제 수용소

261 요즈음

✓ [오늘날] now, these days, nowadays, today, at present

✓ [최근에] recently, lately, of late

0476 요즈음 세상에 그렇게 욕심 없는 상인도 드물다.
These days we seldom meet with such an unselfish merchant.

0477 요즈음 한국 야구가 세계의 주목을 끌고 있다.
The Korean baseball ***today*** is attracting the world's attention.

0478 최근 고속도로 사고가 자주 일어난다.
Highway accidents are frequent ***lately[of late]***.

---

262 갑자기

✓ suddenly, on a sudden, all of a sudden, all at once abruptly, unexpectedly, without warning[notice]

0479 그 사건 이후 그는 갑자기 늙었다.
He ***suddenly*** aged after that incident.

0480 나는 갑자기 제정신으로 돌아왔다.
All of a sudden I came to my senses.

0481 갑자기 돌아서다
turn back ***abruptly***

0482 갑자기 물어서 죄송합니다만
~ Excuse my ***abrupt*** question, but ~

0483 갑자기 해고하다
dismiss ***without notice***

---

263 letter

✓ 글자

0484 an initial ***letter*** 머리글자

0485 in capital[small] ***letters*** 대[소]문자로

✓ 편지

0486 a ***letter*** of introduction[recommendation]
소개[추천]장

0487 a ***letter*** of thanks[congratulations, condolence]
감사[축하, 문상] 편지

0488 I'd like to have this ***letter*** registered.
이 편지를 등기로 해주십시오.

264 **will**

✓ 유언; 유서

0489 draw up[make, write] a ***will***
유서를 작성하다

0490 She died, donating all of her possessions to society in her ***will***.
그녀는 전 재산을 사회에 환원하겠다는 유서를 남기고 사망하였다.

---

265 **leave**

✓ 4형식으로 쓰여 '남겨주다'

0491 We ***left*** him plenty of work.

cf. The insult left me speechless. (5형식)
5형식으로 쓰인 동사 leave는 "목적어를 어떤 상태로 남겨놓다"의 뜻으로 목적어인 me와 목적보어인 speechless사이에 주술관계(nexus)를 성립시키고 있다. 영어 동사는 후속하는 구성 성분의 관계 설정에 따라 다양한 형식으로 사용될 수 있으므로, 어느 동사를 몇 형식의 동사라고 암기하는 것은 무의미한 일이다. 그보다는 다섯 가지 형식의 쓰임을 정확히 학습하고, 문장 내에서 각각의 요소가 어떠한 관계로 연결되었나를 이해하는 훈련이 선행되어야 할 것이다.

---

266 **주목하다**

✓ pay[give] attention to, observe, watch, take notice of

---

267 **불만족의**

✓ discontented, dissatisfied, displeased, unsatisfied, unsatisfactory

---

268 **return**

✓ 되돌아오기

0492 He was not loved in ***return***.
그의 사랑은 짝사랑이었다.

0493 Please give us an answer by ***return*** (of mail[post]).
즉시 답장하여 주십시오.

by return of mail[post] : using the next available post; as soon as possible

269 **요전**

✓ the other day, some[a few] days ago, some[a short] time ago, recently, lately

0494 요전 약속을 잊지 마세요.
Don't forget what you promised ***the other day***.

0495 나는 바로 요전까지 아팠다.
I was ill until (quite) ***recently***.

---

270 **pal**

✓ 친구, 동무

0496 a pen ***pal*** 펜팔, 편지 친구

= friend, buddy, chum, comrade, intimate

---

271 **statue**

✓ a three-dimensional form sculptured in material such as stone, clay, wood, or bronze

cf. status 지위, state 상태, stature 신장, 키

> statue를 비롯하여 status, state, stature는 모두 'stand'를 뜻하는 라틴어 stare에서 온 말들

---

272 **stand for**

✓ represent, symbolize, exemplify

---

273 **gather, convene, assemble**

✓ *v.t.* to cause to come together

✓ *v.i.* to come together in a group

> v.t.와 v.i.에서 물론 v는 동사(verb)를 의미한다. t와 i는 각각 transitive(타동사의)와 intransitive(자동사의)의 앞 글자이다. 구분지어 사용하는 경우도 있지만, 많은 동사들이 이처럼 자동사와 타동사의 양면성을 지니고 있다.

---

274 **fountain**

✓ an artificially created jet or stream of water

---

275 **toss**

✓ to throw lightly

0497 She ***tossed*** his letter in the wastebasket.

Comprehension Checkups

[1~10] Choose the word from the box below that best fits each definition.

statue	abruptly	oar	condolence	fountain
infamous	saw	landlord	scenic	will

1 a three-dimensional form ________

2 an artificially created jet or stream of water ________

3 a person or company from whom you rent a room, a house, an office, etc. ________

4 a tool that has a long blade with sharp points ________

5 having beautiful natural scenery ________

6 all of a sudden ________

7 a legal document that says what is to happen to someone's money and property after they die ________

8 well known for being bad or evil ________

9 a long pole with a flat blade at one end that is used for rowing a boat ________

10 sympathy for someone who has had something bad happen to them, especially when someone has died ________

Answer

1 statue | 2 fountain | 3 landlord | 4 saw | 5 scenic | 6 abruptly | 7 will | 8 infamous | 9 oar | 10 condolence

[11~20] Fill in each blank so that the two language expressions match each other.

11 당신이 나를 혼자 내버려 둔 것은 어찌 된 일이죠?
How c___s it that you have left me a____?

12 그 산꼭대기에는 사철 내내 눈이 있다.
The mountain is crowned with snow a__ t__ y___ r____.

13 대문자로 적어드리길 바랐던 건가요?
Did you want me to spell it out in c______ l_____s?

14 그는 무단외박했다.
He stayed out overnight w_______ n_____.

15 그는 매사 모든 것이 불만이다.
He is dis________ed with everything and everybody.

16 즉시 답장하여 주십시오.
Please give us an answer b_ re____ of m___.

17 나는 주로 커피에 설탕 대신 인공 감미료를 사용한다.
I usually use a_________l sw_____er in my coffee instead of sugar.

18 나는 바로 요전까지 앓아누워 있었다.
I was ill u____ q____ re____ly.

19 나는 갑자기 제정신으로 돌아왔다.
All of a s_____ I came to my s____s.

20 내가 기막힌 추천장을 써 주겠다.
I'll write you a glowing l_____ of re____________.

Answer

11 comes / alone | 12 all / the / year / round | 13 capital / letters | 14 without / notice | 15 discontented | 16 by / return / mail | 17 artificial / sweetener | 18 until / quite / recently | 19 sudden / senses | 20 letter / recommendation

Words by Topic

Linguistics

1 **alliteration** 두운(頭韻)

Smart students will be curious and will learn about ***alliteration*** on his own.

> 각운[압운]은 rime, rhyme이라고 한다.

2 **bathos** 점강법(장중한 어조에서 갑자기 익살조로 바꿈)

Skillfully using ***bathos***, he emptied the story of any heroic dimensions and converted it into farce.

3 **collocation** 연어(連語)

'Commit a crime' is a typical ***collocation*** in English.

4 **definite article** 정관사 (⇔ indefinite article)

Dr. Lee is one of the scholars who are well acquainted with the English ***definite article***.

5 **determiner** 한정사

A ***determiner*** is a word used before a noun for showing which thing or things you are talking about.

6 **discourse marker** 담화표지(filler)

A ***discourse marker*** is a rather meaningless word used in conversation such as 'you know,' 'I mean.'

7 **ellipsis** 생략

In other words, in ***ellipsis***, an item is replaced by nothing.

8 **gerund** 동명사

This particular passage focuses on the ***gerund***.

> 부정사는 infinitive, 분사는 participle이라고 한다.

9 **idiolect** 개인어(개인 특유의 언어)

Such a personal dialect or variety is usually termed an ***idiolect***.

10 **lexical** 어휘의

> 희랍어에서 lex는 '이야기, 단어'를 의미하였다. → lexicon(사전, 어휘), lexicography(사전 편집), lexicology(어휘론, 어의학)

Further evidence that children are attentive to conventionality comes from the repairs they make to their own ***lexical*** choices.

11 **loanword** 외래어, 차용어

A ***loanword*** is a word adopted from another language and completely or partially naturalized.

12 **monosyllable** 단음절어

My father always gives answers to me in ***monosyllables***.

13 **orthography** 정자[정서]법 (⇔ cacography)

I've not utilized the original spelling and ***orthography*** to give a feel of the vigor of the language.

14 **oxymoron** 모순 어법

An ***oxymoron*** is a deliberate combination of two words that seem to mean the opposite of each other, such as 'cruel kindness.'

반어법은 irony라 하는데, 사실과 반대되는 진술로서 사실을 더욱 강조하는 수사법이다. 예를 들어, 속으로는 어리석다고 생각하면서 Tom is a real genius라고 표현하는 것, 궂은 날씨를 This is a nice weather로 나타내는 것 등을 들 수 있겠다.

15 **phonetics** 음성학

Phonetics is the study of the sounds made by the human voice in speech.

16 **part of speech** 품사

A ***part of speech*** is one of the main grammatical groups that a particular word belongs to according to the way it is used in a sentence.

17 **portmanteau word** 혼성어(blend)

A ***portmanteau word*** is made by combining the sound and meaning of two other words, for example 'smog' combines 'smoke' and 'fog.'

portmanteau는 원래 '양쪽으로 열리는 대형 여행용 가방'을 의미한다. 두 단어의 일부가 합쳐진 모양이 그렇게 보였을 것이다.

18 **schwa** 강세 없는 모음 /ə/

A ***schwa*** is a vowel typically heard in parts of a word that are spoken without stress, such as the 'a' in 'about.'

19 **tautology** 유어(類語) 반복(말의 불필요한 반복, redundancy)

Tautology is the statement in which you say the same thing twice using different words in a way which is not necessary, for example, 'He sat alone by himself.'

20 **voiceless** 무성음의 (⇔ voiced)

Voiceless sounds are made without using the vocal cords. For example, /p/ and /k/ are ***voiceless*** consonants.

Unit 12

UNIT GUIDE

- ✓ Diagnostic Pretest
- ✓ Words and Expressions
- ✓ Comprehension Checkups
- ✓ Words by Topic: Earth Science

Diagnostic Pretest

Correct the grammatical error(s) (* marks), fill in the blank(s), or choose the correct expression in the square.

---

1 The governor [gave / granted] my request for an interview.

2 *Good care was taken the child by them.

3 *I heard, but could not listen anything.

4 The law student became a lawyer after passing the b________ exam.

5 A: Will you come to the party?
B: Of course! I'll be g________ t________.

6 The sun set, and [by and by / by and large] the moon appeared.

7 The little girl [sticked / stuck] her tongue out.

Answer

1 granted | 2 taken → taken of | 3 heard → listened, listen → hear | 4 bar | 5 glad to | 6 by and by | 7 stuck

Words and Expressions

276 **dime**

✓ a coin of the United States or Canada worth ten cents

미국의 주화

1 cent [통칭 penny] (초상: 링컨)
5 cents [통칭 nickel] (제퍼슨)
10 cents [통칭 dime] (루스벨트)
25 cents [통칭 quarter] (워싱턴)
50 cents [통칭 half dollar] (케네디)

---

277 **come out**

✓ '밖으로(out) 나오다(come)'의 확장

0498 Everything ***came out*** wrong.
모든 일이 잘못 되었다.

0499 The whole story ***came out*** at the trial.
전모가 재판에서 밝혀졌다

0500 The author's new book just ***came out***.
그 작가의 새 책이 이제 막 나왔다.

0501 She ***came out*** at age 18 in New York City.
그녀는 18세에 뉴욕시에서 데뷔(debut)했다.

---

278 **(검정색 종이에 노란 별처럼) 눈에 확 띄는**

✓ striking, noticeable, observable, marked, conspicuous, prominent, outstanding, remarkable, salient

pro 앞으로 + *minere* 튀어나오다
→ eminent(유명한), imminent(긴급한)

con 완전히 +
specere 보이다

---

279 **to-infinitive가 부사적으로 쓰인 경우**

0502 The policeman blew his whistle (in order) ***to stop*** the vehicle.
경찰은 차를 세우기 위해 호각을 불었다. 〈목적〉

0503 I awoke ***to find*** a burglar in my room.
눈을 떠보니 도둑이 내 방에 있었다. 〈결과〉

0504 I was delighted ***to see*** him.
그를 만나서 기뻤다. 〈원인, 이유〉

0505 What an idiot John was ***to marry*** that woman!
저런 여자와 결혼하다니 존이란 놈도 바보군. 〈판단의 근거〉

0506 ***To speak frankly***, I don't like the result.
솔직히 말해서 결과가내 마음에 들지 않는다. 〈독립부정사〉

명제를 문장에 삽입하는 영어의 한 방식으로 볼 수 있다. 즉 to부정사는 끊어 읽기의 경계가 되고 있는 것이다. to부정사 앞까지 먼저 번역하여, 이어서 추가로 to부정사를 붙인 후, 양 명제의 논리관계에 따라 자연스레 번역하는 것이 좋다. 가령 첫째 예문은 다음과 같이 이해할 수 있겠다.

명제① The police man blew his whistle 경찰이 호각을 불었다
+ 명제② to stop the vehicle 차를 세웠다
→ 〈목적〉 경찰이 차를 세우기 위해 호각을 불었다.

따라서 문법 그 자체만을 위한 문법, 다시 말해 '목적, 원인, 판단의 근거' 등의 용어를 의식없이 암기하는 것은 올바른 외국어 학습이 아니다. 왜 이런 용법이 있는지에 대한 나름의 이해가 선행된 후 그와 같은 명칭이 적절하게 붙여졌음을 받아들이는 식으로 학습해야 할 것이다. 예컨대 '~위해서'로 번역되어서 '목적'인 것이지, '목적'이어서 '~위해서'로 번역되는 것은 아닌 것이다.

---

280 **prefer**

✓ to choose ~ as more desirable or as having more value

0507 ***prefers*** coffee to tea
0508 I much ***prefer*** studying to being idle.
0509 He ***preferred*** to stay at home rather than (to) go with us.

pre 앞으로 + *fer* 나르다 → infer(추론하다), refer(보내다), defer(연기하다), transfer(옮기다), confer(수여하다; 의논하다)

---

281 **puff**

✓ a brief, sudden emission of air, vapor, or smoke

0510 a ***puff*** of the wind
한 번 휙 부는 바람

0511 have[take] a ***puff*** at[on] a pipe
파이프(담배)를 한 모금 빨다

282 **genie**

✓ a supernatural creature who does one's bidding when summoned

0512 To their surprise, a ***genie*** appeared, who promised to grant them two wishes.

pl. genies, genii

---

283 **grant**

✓ to give or allow what is asked for

0513 The governor ***granted*** my request for an interview for my newspaper.

---

284 **접속사 for**

✓ 〈comma, colon, semicolon 뒤에서〉 그 까닭은, 왜냐하면

0514 It is morning, ***for*** the birds are singing.
아침이다, 새가 지저귀고 있으니까.

0515 I say no more, ***for*** I detest explanations.
아무 말도 하지 않겠다, 나는 변명을 싫어하니까.

보충적, 회상적으로 이유를 설명한다는 느낌이며, 직접적인 이유를 나타내는 because에 비하면 뜻이 훨씬 약하다. 구어체에서는 보통 because로 통용하는 편이다.

✓ 〈독립된 문장을 이끌어〉 그렇다는 것은

0516 Take heed that no man deceive you. ***For*** many shall come in my name, saying, I am Christ.
너희가 사람의 미혹을 받지 않도록 주의하라. (그렇다는 것은) 많은 사람이 내 이름으로 와서 이르되 나는 그리스도라 하리라. 〈[聖] 마태복음 24:4–5〉

---

285 **take care**

✓ *v.i.* 조심하다

0517 ***Take care*** on those icy steps.
그 계단은 얼어서 미끄러우니 조심하라.

✓ *v.t.* ~하는 데 조심하다

0518 ***Take care*** what you say. 말을 조심하라.

0519 You must ***take*** great ***care*** not to break it.
= Great ***care*** must be ***taken*** not to break it.
그것을 깨뜨리지 않도록 아주 조심해야 한다.

0520 ***Take care*** (that) you don't slip on the carpet!
카펫에서 미끄러지지 않도록 주의하라.

(1) that은 종종 생략 (2) that절에는 미래를 나타내는 조동사를 쓰지 않음

---

286 **take care of ~**

✓ ~을 돌보다

0521 They ***took*** good ***care of*** the child.
그들은 그 아이를 잘 돌보아 주었다.

= The child was taken good care of by them.
Good care was taken of the child by them.

수식어를 수반하지 않는 care를 주어로 하는 것은 부자연스러우며, good care of the child를 주어로 할 수 없음

---

287 **come up**

✓ 위로(up) 올라오다(come)

0522 The question never ***came up***.
0523 The sun ***came up***.

✓ 가까이 다가오다(approach)

0524 He ***came up*** and said hello.

---

288 **이윽고, 곧**

✓ soon, in[after] a while, before long, by and by, in a short time

0525 해가 지고 이윽고 달이 떴다.
The sun set, and ***soon[by and by, in a short time]*** the moon appeared.

---

289 **stick**

✓ to cause to move outward or forward

0526 The little girl ***stuck*** her tongue out.

= project, protrude, thrust

trude와 thrust는 같은 계통으로 '밀다'를 뜻하는 라틴어에서 왔다.

290 **crawl**

✓ to move slowly on the hands and knees

0527 It takes every function of the brain to be able to ***crawl*** this way.

이런 식으로 기기 위해서는 두뇌의 갖가지 기능이 필요하다.

= creep, drag

---

291 **glad**

✓ 〈서술용법〉

0528 I am ***glad*** that you were not hurt in the accident.

그 사고에서 부상을 입지 않으셨다니 다행입니다.

0529 I was very ***glad*** to get your text message.

너의 문자를 받고 매우 기뻤다.

0530 "Will you come to the party?" "I'll be ***glad*** to."

"파티에 오시겠습니까?" "기꺼이 가겠습니다."

✓ 〈한정용법〉

0531 a ***glad*** occasion 반가운 기회

0532 ***glad*** news 기쁜 소식

0533 the ***gladdest*** day of one's life 일생 중 가장 기쁜 날

glad처럼 형용사는 서술용법과 한정용법으로 모두 쓰일 수 있지만, 일부는 한정용법으로만 혹은 서술용법으로만 쓰이기도 한다. 대체로 'a–'로 시작하는 형용사는 서술용법으로만 쓰는 것이 보통이다. 즉 He is alive라는 표현은 가능해도 *an alive person은 비문법적이다. 이럴 때는 living이나 live [laiv] 로 바꾸어 주어야 한다. 또 대략 보면 '–en'으로 끝나는 형용사는 한정용법으로만 쓰인다. a drunken man이지 *The man is drunken이라고는 하지 않는다. 이 경우도 drunken을 drunk로 바꾸어야 맞는 표현이다.

왜냐하면 alive라는 말은 원래 on live에서 왔기 때문이다. *on live person처럼 전치사구가 명사 앞에서 수식할 수는 없는 것이다.

---

292 **끊임없이, 계속적으로**

✓ on and on, constantly, continually, continuously, incessantly, ceaselessly, unceasingly, in succession, successively, without stopping, all the time

0534 눈물이 끊임없이 그녀의 뺨을 흘러내렸다.

Tears streamed ***incessantly*** down her cheeks.

0535 그는 끊임없이 영문법을 공부하고 있다.

He ***continually*** studies English grammar.

0536 시계는 끊임없이 똑딱 소리를 내고 있다.
The clock ticks ***constantly[all the time]***.

---

293 **hear vs. listen**

✓ hear (듣겠다는 의사의 유무와 관계없이) 들리다

✓ listen (의식적으로) 들으려고 해서 듣다

0537 I ***heard*** a siren somewhere.
어디선가 사이렌 소리가 들렸다.

0538 I ***listened***, but could not ***hear*** anything.
들으려고 했으나 아무 것도 들리지 않았다.

---

294 **noise**

✓ sound that is loud, unpleasant, unexpected, or undesired

0539 He brought a legal action against his neighbor for a ***noise***.
그는 소음을 이유로 이웃사람을 제소했다.

= cacophony, clamor, din

---

295 **automobile**

✓ a self-propelled passenger vehicle that usually has four wheels and an internal-combustion engine, used for land transport; also called (motor)car
자가 추진되는 승객용 탈 것으로 보통 네 개의 바퀴와 내연 기관이 있어 육상 수송으로 사용되며 (motor)car라고도 불린다.

그냥 한마디로 '자동차' 그러면 될 것을 구태여 이렇게까지 할 필요가 있을까 의문을 가질 수도 있지만, 외국어 학습이 초기를 거쳐 중상급으로 진행되기 위해서는 인위적으로 이런 과정을 거치는 것이 필요하다. 사물과 상황을 영어로 인식하고 그 인식한 것을 다시 영어로 표현하는 능력을 배양할 수 있기 때문이다. 하고 있던 공부에 갑자기 회의감이 들기 시작하면 그간의 공든 탑이 무너질 수 있다. 지금 잘 하고 있는 것이니 계속 정진해주길 바란다. '자기 확신'은 그만큼 학업에 절대적인 것이다.

296 **several**

✓ being of a number more than two or three but not many

0540 ***several*** miles away

→ sever(자르다), separate(분리하다)

---

297 **bar**

✓ a public place where liquor is served; a pub

0541 Can you tell me where the ***bar*** is in this hotel?

✓ a flat, hard piece of material longer than it is wide

0542 That bank keeps ***bars*** of gold in safe.

✓ the professional organization of lawyers

0543 The law student became a lawyer after passing the ***bar*** exam.

---

298 **call for**

✓ to require; demand

0544 work that ***calls for*** patience

---

299 **맥주**

✓ beer, lager(저장맥주)

0545 캔맥주 canned ***beer***

0546 병맥주 bottled ***beer***

0547 생맥주 draft [〈英〉 draught] ***beer***, ***beer*** on tap[draft]

0548 흑맥주 dark ***beer***, stout

0549 맥주 한잔 드시겠어요? Would you like a (glass of) ***beer*** ?

즉 a beer로 해도 된다는 뜻이다. 맥주를 컵으로 마시지 드럼통으로 마실 리가 만무하기 때문이다. beer가 물질로서의 맥주라면, a beer는 상품화된 개체로서의 맥주가 되는 셈이다.

300 '술' 관련 표현

0550 술이 세다 **be a heavy[hard] drinker**

⇔ be a small[poor] drinker

0551 술에 취하다
get drunk, become intoxicated

0552 술을 삼가다
refrain[abstain] from drinking

0553 그의 입에서 술 냄새가 났다.
I could smell liquor on his breath.

0554 술기운이 오르기 시작했다.
The wine began to take effect.

wine은 포도주뿐만 아니라
일반적인 술을 의미하기도 한다.

Comprehension Checkups

[1~10] Choose the word from the box below that best fits each definition.

grant	automobile	succession	protrude	crawl
liquor	bar	din	combustion	heed

1 to give or allow what is asked for ________

2 to cause to move outward or forward ________

3 a self-propelled passenger vehicle ________

4 the professional organization of lawyers ________

5 sound that is loud and unpleasant ________

6 close attention or notice ________

7 alcoholic drink ________

8 the regular pattern of one thing following another thing ________

9 chemical activity which uses oxygen to produce light and heat ________

10 to move slowly on the hands and knees ________

Answer

1 grant | 2 protrude | 3 automobile | 4 bar | 5 din | 6 heed | 7 liquor | 8 succession | 9 crawl | 10 crawl

[11~20] Fill in each blank so that the two language expressions match each other.

11 모든 일이 잘못되었다.
Everything c___ o__ w____.

12 솔직히 말해서 그 생각이 내 마음에 썩 들지는 않는다.
T_ s____ f______, I don't quite like the idea.

13 그 어린 소녀는 혀를 내밀었다.
The little girl s___k her tongue o__.

14 맥주 한잔 드시겠어요?
W____ y__ l___ a glass of beer?

15 너의 문자를 받고 매우 기뻤다.
I was very glad to get your t___ m______.

16 그는 변호사 시험을 통과한 후 변호사가 되었다.
He became a lawyer after passing the b__ e___.

17 저 은행은 금괴를 금고에 보관하고 있다.
That bank keeps b__s of gold in s__e.

18 시계는 끊임없이 똑딱 소리를 내고 있다.
The clock t___s all the ____.

19 그들이 깜짝 놀라게도, 요정이 나타나서는 두 가지 소원을 들어주겠다고 약속했다.
T_ t____ s_______, a genie appeared, who promised to grant them two wishes.

20 술기운이 오르기 시작했다.
The wine began to t___ e_____.

Answer

11 came / out / wrong | 12 To / speak / frankly | 13 stuck / out |
14 Would / you / like | 15 text / message | 16 bar / exam | 17 bars / safe |
18 ticks / time | 19 To / their / surprise | 20 take / effect

Words by Topic

Earth Science

1 **avalanche** 눈사태

Two skiers were killed in the ***avalanche*** last night.

2 **barometer** 기압계

A ***barometer*** is a piece of equipment that shows you what kind of weather to expect. It measures atmospheric pressure.

3 **continental shelf** 대륙붕

Most species of marine organism live on the ***continental shelf***.

4 **crater** 분화구

The meteor left a ***crater*** over five miles wide.

5 **deluge** 대홍수

Many homes in Jakarta were flooded in the Indonesian capital's worst ***deluge*** in years.

6 **fossilize** 화석화하다

Not all sponges contain hard parts capable of being ***fossilized***.

7 **friable** 무른, 약한

Bananas like a rich, ***friable*** soil and plenty of water.

8 **glacial** 얼음의[같은], 빙하의

Inside the jeep the atmosphere was ***glacial***.

9 **granite** 화강암

They imported all the ***granite*** gravel for the driveway from Paris.

10 **igneous rock** 화성암

Though ***igneous rocks*** are not layered, as sediments are, they too have characteristics that place them in time.

> 라틴어에서 ignis는 '불'을 의미하였다.
> → ignite(점화하다), ignis fatuus(도깨비불, 환영)

11 **landslide** 산사태

Flooding caused ***landslides*** and serious property damage.

12 **lava** 용암

As the ***lava*** reached the surface, much of the water escaped as hot vapor clouds.

13 **limestone** 석회석, 석회암

The ***limestone*** was deposited in very quiet water conditions, which accounts for the preservation of this delicate little fossil.

14 **mirage** 신기루

She thought at first it must be the edge of the sea, then realized it was a ***mirage*** .

'보다'라는 의미의 라틴어 mirare에서 → mirror, miracle

15 **nitrogen oxide** 산화질소, 질소산화물

Global warming occurs when carbon dioxide and some other gases, such as methane and ***nitrogen oxides***, accumulate in the atmosphere.

16 **paleontology** 고생물학

But the early debates were conducted almost entirely in terms of comparative anatomy and ***paleontology*** .

paleo-는 '고(古)'를 뜻하는 접두어. →
paleoecology(고생태학), paleolithic(구석기 시대의)

17 **seabed** 해저(seafloor)

Few oil spills spread more than 400 kilometers before their various chemical components sank to the ***seabed*** as tar balls.

18 **sediment** 퇴적물

Many organisms that die in the sea are soon buried by ***sediment***.

19 **subterranean** 지하의, 지중의; 숨은

Every deep-earth geophysicist has his or her own version of this ***subterranean*** landscape.

20 **torrential** 급류의[같은]

He spent many nights sleeping in an open orchard in ***torrential*** rain until he located a small cave.

Unit 13

UNIT GUIDE

- ✓ Diagnostic Pretest
- ✓ Words and Expressions
- ✓ Comprehension Checkups
- ✓ Words by Topic: Climate and Weather

—

Pride goes before destruction, and haughtiness before a fall.

Diagnostic Pretest

Correct the grammatical error(s) (* marks), fill in the blank(s), or choose the correct expression in the square.

1 People are [liable / probable] to be selfish.

2 She is not pretty at all, I mean, she is rather [homely / short].

3 You can't see this film if you are [below / under] 19.

4 * Winter is gone and spring is came.

5 * The doctor likes sending me to hospital.

6 Sunburns are caused as a result of u________t light, not by the temperature.

7 * He arrived by the air.

Answer

1 liable | 2 homely | 3 under | 4 came → come | 5 sending → to send | 6 ultraviolet | 7 by the air → by air

Words and Expressions

301 **~하기 쉽다, ~하는 경향이 있다**

✓ be likely[apt, liable, susceptible, prone, inclined] to
tend to, have a tendency to

0555 이런 일은 자칫 잊어버리기 쉽다.
We ***are apt to*** forget this kind of thing.

0556 사람은 이기적이기 쉽다.
People ***are liable to*** be selfish.

0557 그런 사람들은 미신에 빠지기 쉽다.
Such people ***are prone to*** superstition.

0558 젊은이들은 게을러지기 쉽다.
The young men ***are inclined to*** be lazy.

0559 그는 남의 아첨에 넘어가기 쉽다.
He ***is susceptible to*** flattery.

0560 그는 윗사람에게 아첨하는 경향이 있다.
He ***tends to*** flatter his superiors.

0561 그는 남의 말을 곡해하는 경향이 있다.
He ***has a tendency to*** twist another person's words.

---

302 **잘생긴**

✓ good-looking, beautiful, pretty, handsome, fair

0562 잘생긴 남자 a ***handsome[good-looking]*** man

0563 잘생긴 여자 a ***beautiful[pretty]*** woman

cf. 그녀는 잘생긴 편이 못된다.
She is rather homely[plain-looking]. (ugly의 완곡한 표현)

---

303 **부지런한, 근면한**

✓ busy, industrious, diligent, hard-working, studious

cf. industrial 산업의

304 **avenue**

✓ 대로

미국의 대도시에서는 avenue와 street를 도로의 세로와 가로에 구분해서 쓴다. 뉴욕의 경우 avenue는 남북, street는 동서로 뻗은 도로를 지칭한다. 흔히 생략형 Ave.와 St.를 쓴다.

라틴어 venire는 '오다, 도착하다'를 의미하였다. → venue(장소), revenue, advent, adventure, convenient, convent(수녀원), invent

---

305 **bustle**

✓ excited and often noisy activity

번화한 도심, 시끄러운 교실 등의 웅성거리고 왁자한 소리

= activity, commotion, fuss

com 함께 + *motion* 움직이는 것 → emotion, promotion, demotion(좌천), locomotion(운동; 여행)

---

306 **layer**

✓ (쌓인 것의) 층

0564 a thick ***layer*** of dust 두껍게 쌓인 먼지

0565 a ***layer*** of clay 점토층

---

307 **run**

✓ (어떤 상태, 사태로) 되다(become)

0566 ***run*** low[short]
(저축 등이) 없어지다

0567 My blood ***ran*** cold.
피가 얼어붙는 것 같았다(소름이 끼쳤다).

---

308 **below vs. under**

✓ below – 수직적

0568 The foot is ***below*** the knee. (떨어진 두 개체)

0569 The temperature is three degrees ***below*** zero. (온도)

0570 Parts of Holland are ***below*** sea level. (높이)

✓ under – 덮여[닿아] 있는 느낌

0571 I think the cat's ***under*** the bed.

0572 What are you wearing ***under*** your sweater?

less[younger] than의 뜻으로도 under를 사용

There were under twenty people at the lecture.

You can't see this film if you are under 18.

---

309 **block**

✓ land with buildings on it between two streets

0573 I walk ten ***blocks*** to work each morning.

---

310 **sidewalk**

✓ a paved walkway along the side of a street

= sideway, pavement

---

311 **고층건물**

✓ a multistory[multistoried] building, a high[tall, lofty] building

a high–rise building, a skyscraper

---

312 **늘, 항상**

✓ always, all the time, usually, habitually

0574 그녀는 늘 웃는 얼굴로 사람을 응대했다.

She ***always*** greeted people with a smile.

0575 그녀는 아침이면 늘 정원의 나무에 물을 주었다.

She ***usually*** waters the garden plants every morning.

---

313 **be p.p.**
(동사는 자동사)

0576 The sun ***is set***.

해는 졌다

0577 Winter ***is gone*** and spring ***is come***.

겨울이 가고 봄이 왔다.

0578 ***Be gone***!

썩 꺼져!

have p.p.에 비해 현재의 결과적 상태를 더 강조하는 느낌

314 **zoology**

✓ the branch of biology that deals with animals

0579 Finally, in 1854 he was named Professor of ***Zoology*** at the University where he remained for the rest of his life.

cf. botany 식물학

발음에 유의 [zouάlədʒi]. 한편 '동물원'을 뜻하는 zoo는 zoological garden에서 온 말이다.

---

315 **like**

✓ ~하기를 좋아하다; ~하고 싶다

0580 I ***like*** playing[to play] tennis.
나는 정구치는 것을 좋아한다.

doing은 주로 일반적인 것을 말하고, to do는 특정한 때, 장소와 결부된 행위를 말함

I like to play tennis every weekend.

0581 The doctor ***likes*** to send me to hospital.
의사는 나를 입원시키는 것이 좋다고 생각하고 있다.

to부정사는 동명사에 비해 미래적 느낌을 가지는 것으로 이미 설명한 바 있다. 위의 예문만 해도 의사는 입원'시키길' 원할 뿐이지 아직 그렇게 된 것은 아니므로 to부정사를 쓰고 있는 것이다. 만일 위의 경우에 sending을 쓰면 '의사는 나를 입원시키길 좋아한다'라는 의미가 되어, 개인적 성향 혹은 취향을 나타내는 느낌을 전달해서 어색한 뜻이 되고 만다.

---

316 **by**

✓ 경유, 전달

0582 ***by*** post[telegram, special delivery]
우편[전보, 속달]으로

0583 He arrived ***by*** air[land, sea].
공로[육로, 해로]로 도착했다.

0584 He went ***by*** car[train, ship, bus, plane].
자동차[기차, 배, 버스, 비행기]로 갔다.

모두 무관사로 사용되었음에 유의. 이것은 인간의 두뇌 체계 내에서 명사의 물리적 구체성을 약화시키고 추상적이고 기능적인 속성을 강화시켜 명사의 경계성을 비활성화시킴으로써 일종의 비가산명사(mass noun)화

하려 하는 인지적 시도로 볼 수 있다(이광희, 2008, 제18차 세계언어학자대회 발표 논문 중).

특정한 탈것을 말할 때는 by the 10:30 train과 같이 the를 붙임

in, on을 쓸 때는 항상 관사를 붙임

in[on] a[the] train 기차로; 기차 칸에서

---

317 **pretend**

✓ to take on a false or misleading appearance

0585 You can't keep ***pretending*** (that) we're not seeing each other.

우리가 데이트하지 않는 것처럼 계속 그럴 수는 없잖아.

0586 He ***pretended*** to be a policeman, showing a forged identification card which he had made himself.

그는 자신이 직접 만든 위조 신분증을 보이며 경찰로 행세했다.

= assume, affect, feign, fake, counterfeit

---

318 **붐비다**

✓ be crowded[packed/congested/jammed/jam-packed]

0587 기차는 몹시 붐볐다.

The train was ***jammed*** with people.

The train was ***packed*** to capacity.

cf. 지금은 붐비는 시간이다.

It's just the rush hour now.

---

319 **except**

✓ with the exclusion of, other than, but, save, besides

0588 No one ***except*** me knew it.

---

320 **'양해'의 표현**

0589 (방에 들어갈 때)

May I come in?

0590 (잠시 자리를 뜰 때)

Excuse me (for) a moment.

0591 (남의 앞을 지나갈 때)

Excuse me (for passing before you).

0592 그만 일어나겠습니다.
Well, I must be going[leaving] now.
I'm afraid I must say good-by now. / Excuse my going first[ahead].

0593 괜찮으시면 눈 좀 붙여야겠습니다.
If it's all right with you[if you please], I think I'll take a little nap.

0594 (사과할 때)
I beg your pardon. / I apologize for my rudeness.
Excuse my rudeness. / I am sorry. / Sorry!

---

321 이 자리는 비어 있습니까?

✓ Is this seat[place] vacant[free/open]?

아니오, 자리 있습니다.
No, it's taken[occupied].

---

322 above와 over

✓ '뒤덮듯이'란 뜻이 내포될 경우는 over, '수직적' 느낌은 above를 씀

0595 hold one's hands ***above[over]*** one's head

> 말하자면 over는 under에 대해, above는 below에 대해 반대의 느낌을 가진다고 볼 수 있다.

above는 똑바로 손을 드는 데 대하여, over는 머리 위를 가리는 느낌

따라서 '산의 높이'는 8,000 feet above the sea처럼 above를 쓰지 over는 불가

on이 '위'의 뜻을 가질 때는 '접촉'의 의미가 포함
The boat is on the river.

---

323 보다

✓ watch 주의를 집중하여 계속해서 보다

0596 ***Watch*** out for children while driving.
운전 중에는 아이들을 조심해라.

✓ look (at) 시선을 돌려서 의도적으로 보다

0597 He ***looked*** up ***at*** the cloudy sky.
그는 구름이 낀 하늘을 쳐다보았다.

✓ see 영상이 눈에 들어오다, 보이다

0598 Can you ***see*** my uncle at the bus stop over there?
저쪽 버스 정류장에 있는 우리 삼촌 보이니?

---

324 **sunbathe**

✓ to expose the body to the sun

0599 If you ***sunbathe***, apply sunscreen cream more often than you think you need to.

---

325 **ultraviolet rays[light]**

✓ 자외선

0600 Sunburns are caused as a result of ***ultraviolet light***, not by the temperature, hence it doesn't matter whether high temperatures are present or not.

cf. infrared rays[light] 적외선

Comprehension Checkups

[1~10] Choose the word from the box below that best fits each definition.

bustle	clay	zoology	pretend	susceptible
block	sidewalk	vacant	flattery	skyscraper

1 excited and often noisy activity ________

2 to take on a false or misleading appearance ________

3 the branch of biology that deals with animals ________

4 a paved walkway along the side of a street ________

5 land with buildings on it between two streets ________

6 very likely to be influenced, harmed or affected ________

7 a very tall building in a city ________

8 praise that is not sincere ________

9 not being used ________

10 a type of heavy, sticky earth that becomes hard when it is baked ________

Answer

1 bustle | 2 pretend | 3 zoology | 4 sidewalk | 5 block | 6 susceptible | 7 skyscraper | 8 flattery | 9 vacant | 10 clay

[11~20] Fill in each blank so that the two language expressions match each other.

11 그런 사람들은 미신에 빠지기 쉽다.
Such people are p___e to _____stition.

12 이 자리는 비어 있습니까?
Is this seat v____t?

13 괜찮으시다면[그럼 실례하고] 눈 좀 붙여야겠습니다.
If you p____e, I think I'll ____ a little nap.

14 해는 졌다.
___ sun is s__.

15 그는 나에게 위조 신분증을 보여주었다.
He showed me a ___ged id__________.

16 소름이 끼쳤다.
My blood ran c__d.

17 그녀는 늘 웃는 얼굴로 사람을 응대했다.
She a____s g_____d people with a smile.

18 그는 젊었을 때는 근면하지 않았지만, 지금은 아주 열심히 일한다.
If he was not in______ous in his youth, he now works very hard.

19 지금은 붐비는 시간이다.
It's just the r___ h___ now.

20 그 물질은 적외선 아래에서 전류를 생성한다.
The substance creates electrical current under i_______ l____.

Answer

11 prone / superstition | 12 vacant | 13 please / take | 14 The / set | 15 forged / identification | 16 cold | 17 always / greeted | 18 industrious | 19 rush / hour | 20 infrared / light

Words by Topic

Climate and Weather

1 **airless** 환기가 나쁜; 공기가 없는

My hotel room was small, ***airless*** and uncomfortable.

2 **blizzard** 강한 눈보라

The ***blizzard*** made the main roads almost impassable.

3 **clement** (기후가) 온화한, 온난한(mild)

It's very ***clement*** for the time of year.

⇔ inclement

4 **dog days** 복중, 삼복(7월초부터 8월 중순경까지의 무더운 때)

In the ***dog days*** of summer, everybody's just looking for something cold.

5 **drizzle** 이슬비, 보슬비, 가랑비

A light ***drizzle*** had started by the time we left.

6 **gale** 질풍, 강풍

Hundreds of old trees were blown down in the ***gales***.

7 **hail** 우박

Hail is rain that freezes in the sky and falls to the ground as small balls of ice.

8 **humidity** 습기, 습윤(dampness)

The room is kept at 72 degrees and 50% relative ***humidity***.

9 **isobar** 등압선

cf. contour 등고선

An ***isobar*** is a line drawn on a weather map that connects places with the same air pressure.

10 **overcast** 흐린; 음침한

The sky was ***overcast*** and a light rain began to fall.

'구름으로 덮다, 흐리게 하다'는 의미의 동사 overcast의 과거분사형으로 볼 수도 있다.

11 **tidal wave** 해일(海溢)

Then the tide turned, slowly at first, but consolidating into something close to a ***tidal wave***.

영어 hail(우박)과 혼동하지 않도록 유의! tidal wave는 tsunami 또는 seismic sea wave라고도 한다.

12 **parched** (땅이) 바싹 마른

Strong winds and high temperatures fueled dozens of fires in ***parched*** Oregon.

13 **precipitation** 강수량, 우량

In the last four days, we've had three inches of ***precipitation***.

14 **saturated** 스며든, 흠뻑 젖은

When the summer rains begin, the soil quickly becomes ***saturated***.

15 **sizzling** 몹시 더운[뜨거운]

Ideal conditions are when there has been no appreciable rain for some months, followed by a ***sizzling*** hot June and July.

16 **sun-drenched** (해안 따위가) 강렬한 햇빛을 받은

We spent the entire holiday lying on the ***sun-drenched*** beaches at the south end of the island.

drench가 '흠뻑 젖게 하다'라는 의미인 것을 감안하면 쉽게 이해될 것이다.

17 **tailwind** 뒤에서 부는 바람

A ***tailwind*** pushed the boat along at a good clip.

clip은 여기서 '(빠른) 속도'를 의미

18 **treacherous** (나쁜 기상여건으로 인해) 매우 위험한

Snow and ice have left many roads ***treacherous***, and motorists are warned to drive slowly.

명사 treachery는 '배신, 믿을 수 없는 것'이라는 뜻이다.

19 **unseasonably** 계절에 맞지 않게

It was February and the weather was ***unseasonably*** mild.

20 **(weather) vane** 풍향계(weathercock)

A ***weather vane*** is a metal object fixed to the top of a building that blows around to show the direction the wind is coming from.

'지붕 위에 설치하는 수탉 모양의 것'에서

Unit 14

UNIT GUIDE

- ✓ Diagnostic Pretest
- ✓ Words and Expressions
- ✓ Comprehension Checkups
- ✓ Words by Topic: Business

Diagnostic Pretest

Correct the grammatical error(s) (* marks), fill in the blank(s), or choose the correct expression in the square.

---

1 Sparrows [make / do] considerable harm to the crops.

2 Set ________ enough money in case you are in a difficult situation.

3 *I don't know if to accept or refuse.

4 *Present all were glad to hear the news.

5 *It was very convenient of you to come to my party.

6 Korea has greatly advanced the techniques of aquaculture or s________ f________.

7 I'm not superwoman, you know. I can't do a hundred things a________ o________.

Answer

1 do | 2 aside | 3 if → whether | 4 Present all → All present | 5 of → for | 6 sea farming | 7 at once

Words and Expressions

326 **wasteland**

✓ land that is desolate, barren, or ravaged

desolate 황폐한,
barren 불모의,
ravaged 파괴된

0601 The mid 1970s are seen as a cultural ***wasteland*** for rock music.

---

327 **do ~ harm, do harm to ~**

✓ ~에게 손해를 끼치다

0602 It will ***do*** you no ***harm*** to buy the car.
그 차를 산다고 해서 당신에게 해가 되지는 않을 겁니다.

0603 Sparrows ***do*** considerable ***harm to*** the crops.
참새는 작물에 상당한 피해를 준다.

---

328 **mass**

✓ 대규모의

0604 ***mass*** education 대중교육

0605 ***mass***-communication 대중매체

= large[big, grand, full] scale, extensive

---

329 **research**

✓ 조사[연구]하다 〈into, on〉

0606 ***research*** into[on] a subject
어떤 테마를 면밀히[철저하게] 조사하다

= examine, explore, investigate, study

---

330 **stomach**

✓ 위, 복부; 식욕, 욕망

0607 a sour ***stomach*** 속의 쓰림

0608 on an empty[a full] ***stomach*** 공[만]복 때에

0609 Pictures of the burnt corpses turned my ***stomach***.
불에 탄 시체들의 사진을 본 나는 속이 뒤틀렸다.

0610 I had no ***stomach*** for the leftover.
나는 남은 것을 먹고 싶지 않았다.

331 **sea farming**

✓ (바다) 양식

0611 Korea has greatly advanced the techniques of aquaculture or ***sea farming***.

aqua 물 + *culture* 경작된 것

---

332 **digest**

✓ 소화하다

0612 Our bodies do not ***digest*** certain foods very quickly.
우리 몸은 어떤 종류의 음식을 빨리 소화시키지 못한다.

gest는 라틴어 gerere에서 온 말로 '나르다'는 의미
→ congest(넘치게 하다), egest(배출하다), ingest(섭취하다), suggest(암시하다←아래로 나르다)

---

333 **to death**

✓ (어떤 이유로 해서) 죽게 된

0613 be sentenced[condemned] ***to death***
사형이 선고되다

0614 be burnt[frozen, starved] ***to death***
타[얼어, 굶어] 죽다

0615 bleed[drink oneself] ***to death***
출혈로[과음하여] 죽다

---

334 **care**

✓ 걱정하다 → 관심이 있다 〈for, about〉

0616 I ***care*** about his safety.
그의 안전이[안부가] 염려된다.

0617 He ***cares*** much about food and drink.
그는 음식물에 아주 까다롭다.

0618 He ***cared*** nothing for fame and money.
그는 명예와 돈 따위에는 관심이 없었다.

335 **environment** ✓ 주위를 에워싸는 것, 환경

0619 These questions can help you determine what approach to take, and help you create a learning ***environment*** that will be best for you and your children.

이러한 질문들은 당신이 어떤 접근법을 취해야 하는지 결정하는데 도움을 줄 수 있으며, 당신과 당신의 아이들에게 가장 좋은 학습 환경을 창출하는 데 도움을 줄 수 있다.

= surroundings, circumstances, milieu, conditions, climate, background, setting

---

336 **set aside** ✓ to reserve for a special purpose

0620 ***Set aside*** money to order pizza for the night of the party.

---

337 **if** ✓ ~인지 아닌지, ~이건 아니건(whether)

0621 He asked ***if*** I knew Chinese.

그는 내가 중국어를 아는지 물었다.

0622 I don't know ***if*** he will come.

그가 올지 어떨지 모르겠다.

0623 He glanced at his mother to see ***if*** she was having dinner.

저녁을 드시는지 아닌지 알기위해 그는 어머니를 흘끗 바라보았다.

0624 I wonder ***if*** we'll have nice weather tomorrow.

내일 날씨가 좋을지 어쩔지 궁금하다.

whether만 가능한 경우

a. 부정사가 바로 이어지는 경우

I don't know whether to accept or refuse.

받아들여야 할 것인지 거절해야 할 것인지 모르겠다.

b. or not이 바로 이어지는 경우

I don't care whether or not your car breaks down.

네 차가 고장나건 말건 내가 알게 뭐야.

> or not이 문장의 뒤로 올 때는 if ~ or not의 구조가 가능하다.
> *I don't care if I go or not.* 가든 안 가든 상관없다.

c. 주어절로 쓰이는 경우

Whether it rains (or not) doesn't matter.

비가 오건 말건 상관이 없다.

338 **suppose**

✓ to consider to be probable

0625 As she's not here, I ***suppose*** she must have gone home.

= assume, presume, conjecture, guess, imagine, infer, surmise

---

339 **-thing, -body, one, those, all + 형용사**

0626 I want ***something cold***.
0627 ***Nothing great*** was ever achieved without enthusiasm.
0628 He seemed to be ***somebody rather important***.
0629 They announced him as ***one dead***.
0630 ***Those present*** were against the plan.
0631 ***All (those) present*** were glad to hear the news.

만일 형용사가 앞에 있으면 결국 some, those, all 등의 한정사보다 앞에 있게 되어 영어의 어순을 위반하기 때문이다. 영어의 형용사는 한정사보다 앞에 올 수 없다.

---

340 **otherwise**

✓ 그렇지 않으면

0632 Start at once, ***otherwise*** you will be late.
즉시 출발해라, 그렇지 않으면 늦는다.

0633 ***Otherwise*** he might have won.
그렇지 않았더라면(조건이 달랐더라면), 그는 이겼을지도 모른다.

= if not, (or) else, under other circumstances

---

341 **chore**

✓ a routine or minor duty of everyday life

0634 They promise that if I do my ***chores*** I can go see my friends, but after I have finished, they change their minds.

= assignment, errand, job, responsibility, task, burden

---

342 **quarter**

✓ 4분의 1 (달러, 시간, 년)

0635 a ***quarter*** of a mile
4분의 1마일

0636 a mile and a ***quarter***
1마일과 4분의 1

0637 three ***quarters***

4분의 3

0638 for a ***quarter*** (of) the price = for ***quarter*** the price

그 값의 4분의 1에

0639 A ***quarter*** is an American or Canadian coin that is worth 25 cents.

1쿼터는 25센트의 가치가 있는 미국 혹은 캐나다의 주화이다.

0640 at a ***quarter*** past[to] five

5시 15분에[15분 전에]

0641 strike the ***quarters***

(시계가) 15분마다 치다

0642 the previous ***quarter***

이전의 3개월(이전 분기)

---

343 **go (and[to]) + verb**

✓ ~하러 가다

0643 ***Go (and[to]) see*** what he's doing.

그가 무엇을 하고 있는지 가봐라.

---

344 **at once**

✓ 즉시

0644 I'm afraid there's a problem. I must ask you to leave the building ***at once***.

= immediately, instantly, posthaste, right now, straightaway, without delay

우편에서 '지급(至急)'을 뜻하는 haste, post, haste로부터 비롯된 말

✓ 동시에

0645 Don't all speak ***at once***!

0646 I'm not superwoman, you know. I can't do a hundred things ***at once***.

= at the same time, simultaneously, coincidently, concurrently, synchronously

---

345 **simply**

✓ 간단히; 단순하게, 수수하게

0647 to put it ***simply***

간단히 말하면

0648 Dr. Lee was ***simply*** dressed.
이 박사는 검소한 옷차림이었다.

0649 Mr. Kim teaches ***simply*** to get money.
김 선생은 단지 돈을 벌려고 가르친다.

✓ 〈부정문에서〉 절대로; 아주(completely)

0650 You ***simply*** mustn't do that.
그런 짓을 해서는 절대로 안 된다.

0651 I ***simply*** don't believe it.
난 절대로 그것을 믿지 않는다.

0652 It was ***simply*** scaring.
그것은 아주 무서웠다.

---

346 **interdependence**

✓ inter (between) + depend (의존하다) + ence (명사파생 접미사) = 상호의존

cf. international, interscholastic(학교 대항의), interchange, interview(서로 보는 것)

---

347 **textile**

✓ a cloth, especially one manufactured by weaving or knitting; a fabric

0653 The China Daily reported earlier this month that China recently decided to control its ***textile*** exports.
중국이 최근 섬유수출을 통제하기로 결정했다고 이달 초 차이나데일리가 보도했다.

---

348 **extra**

✓ 여분의; 특별한; 임시의

0654 an ***extra*** charge 할증[추가] 요금

0655 ***extra*** pay[allowance] 특별 급여[수당]

0656 an ***extra*** train 임시 열차

0657 an ***extra*** inning (야구의) 연장전

349 **It is A of B to do**

✓ B(사람)가 ~하는 것은 A하다

A는 clever, foolish, kind, naughty, sweet 등 사람을 묘사하는 말

0658 ***It was very nice of you to*** come to my party.

파티에 와주셔서 대단히 감사합니다.

이 경우 you are nice라는 명제가 성립하는 것을 볼 수 있다. 만일 nice 대신 convenient같은 말이 있다면 of you가 아니라 for you를 써야 할 것이다. 왜냐하면 you are convenient라는 명제가 성립하지 않기 때문이다. 요컨대 to부정사의 의미상 주어를 결정하는 문제도 특정 형용사를 암기할 성질의 것은 아니다.

가령 'It's nice of him to walk his dog everyday(매일 개를 산책시키니 그는 자상한 사람이다)'라는 문장에서 of him은 for him이 되어, '그가 매일 개를 산책시키는 것은 멋진 일이다'라는 뜻이 될 수도 있다. 문맥을 고려하지 않은 무분별한 암기는 외국어 학습의 독이 될 수 있음을 명심하자.

---

350 **suburb**

✓ an area where people live that is outside the center of a city; environs

0659 have a house in a New York ***suburb***

뉴욕 교외에 집을 가지다

0660 The Folk Village located in a ***suburb*** of Seoul is a must for tourist.

서울 근교에 위치한 민속촌은 관광객들이 꼭 가봐야 할 곳입니다.

Comprehension Checkups

[1~10] Choose the word from the box below that best fits each definition.

suburb	wasteland	allowance	textile	posthaste
crop	chore	surmise	otherwise	milieu

1 an area where people live that is outside the center of a city ________

2 a cloth, especially one manufactured by weaving or knitting ________

3 a routine or minor duty of everyday life ________

4 land that is desolate, barren, or ravaged ________

5 without delay ________

6 to guess that something is true, using the information you know already ________

7 the social environment that you live or work in ________

8 an amount of money that is given to somebody regularly or for a particular purpose ________

9 under other circumstances ________

10 a plant that is grown in large quantities, especially as food ________

Answer

1 suburb | 2 textile | 3 chore | 4 wasteland | 5 posthaste | 6 surmise | 7 milieu | 8 allowance | 9 otherwise | 10 crop

[11~20] Fill in each blank so that the two language expressions match each other.

11 그 문제를 토론한다고 해서 당신에게 해가 되지는 않을 겁니다.
It will _o you no h___ to discuss the problem.

12 그는 사형에 처해졌다.
He was s_______d to d___h.

13 그는 음식물에 아주 까다롭다.
He c____ much about food and drink.

14 참석한 사람들은 그 계획에 반대했다.
T____ p______ were against the plan.

15 곧 떠나지 않으면 늦는다.
Start at once, other____ you will be late.

16 간단히 말하자면, 그것은 이렇게 된 겁니다.
T_ p__ i_ s_____, this is how it happened.

17 그 값의 4분의 1에 그것을 사겠소.
Let me get it for a _______ of the price.

18 그 추가 요금에는 좀 수상한 점이 있었다.
There was something funny about those e____ c______.

19 노점이 일제히 철거되었다.
All the street stalls were pulled down sim_________ly.

20 네 차가 고장이 나건 말건 내가 알 게 뭐야.
I don't care _______ or not your car b_____ d___.

Answer

11 do / harm | 12 sentenced / death | 13 cares | 14 Those / present | 15 otherwise | 16 To / put / it / simply | 17 quarter | 18 extra / charges | 19 simultaneously | 20 whether / breaks / down

Words by Topic

Business

1 **bid** 입찰

A takeover ***bid*** for the airline was launched today.

2 **B2B** 기업 대 기업(business–to–business)

There has been a rapid rise in ***B2B*** e-commerce in recent years.

cf. B2C 기업 대 소비자 (business–to–consumer)

3 **boardroom** 중역(회의)실

But women earn only about three-fourths of the incomes earned by men, who still dominate the ***boardrooms*** and political power centers.

4 **bookkeeping** 부기

Bookkeeping is the job or activity of recording the financial accounts of an organization.

5 **capital-intensive** 자본집약적인

Labor-intensive products were made in poor countries; ***capital-intensive*** products were made in rich countries.

6 **clearance sale** 재고정리

A ***clearance sale*** is an occasion when goods in a shop are sold cheaply in order to get rid of them.

7 **conglomerate** 대기업

A vast American ***conglomerate*** has announced plans to buy the site at a cost of well over a billion dollars.

8 **consortium** 협회, 조합

The cost of making the programs was shared by a ***consortium*** of six public television stations.

9 **consumerism** 소비주의; 소비자 중심주의

The growth in consumer debt should not be simply seen and condemned as a complete descent into mindless ***consumerism***.

10 **contract** 계약

What are the legal consequences of breaking a ***contract*** ?

con 함께 + *tract* 끌다 = 계약하다; 수축시키다 → abstract, attract, extract

11 **distributor** 분배[배포, 배달]자; 도매상인, 배급업자

The goal is to link the company and the suppliers and ***distributors*** so that payments can be sent and received electronically.

12 **entrepreneur** 실업가, 기업가

A few months ago a young ***entrepreneur*** bought a vacant house, redecorated it and sold it for twice the original value.

13 **flea market** 벼룩시장

Wednesdays and Saturdays are the normal market days with the popular ***flea*** market on Fridays.

14 **gavel** (경매, 법정 등에서 사용되는) 의사봉

Already the auctioneer was positioned outside on the lawn, a table before him and a wooden ***gavel*** in his hand.

15 **headquarters** 본부, 본사

It first branched out into cosmetics and perfumes in 1990 and in 1994 moved its ***headquarters*** for those businesses to New York.

16 **installment** 할부

They're letting me pay for the washing machine by monthly ***installments***.

17 **pawnshop** 전당포

I went to the ***pawnshop*** yesterday because I needed some quick cash.

18 **retailer** 소매상인

⇔ wholesaler, distributor

Retailers face their slowest business period in January and February.

19 **shelf life** 유통기한(expiration date)

The pies have a ***shelf life*** of approximately one week.

20 **subsidiary** 자회사

The local ***subsidiary*** will be fully in charge of both sales and operations.

Unit 15

UNIT GUIDE

- ✓ Diagnostic Pretest
- ✓ Words and Expressions
- ✓ Comprehension Checkups
- ✓ Words by Topic: Food

—

A truly wise person uses few words.

Diagnostic Pretest

Correct the grammatical error(s) (* marks), fill in the blank(s), or choose the correct expression in the square.

1 Make hay while the ________ shines.

2 The cathedral spire dominates the [skyline / sky-blue].

3 This is in [sharp / keen] contrast with the policy of the United States.

4 * She discontinued to pay the rent.

5 * Both brother and sister is dead.

6 A cordial invitation is [extended / expanded] to you.

7 The mountains were [inflected / reflected] in the lake.

Answer

1 sun | 2 skyline | 3 sharp | 4 to pay → paying | 5 is → are | 6 extended | 7 reflected

Words and Expressions

351 **survey**

✓ an investigation of the opinions, behaviour, etc. of a particular group of people, which is usually done by asking them questions

0661 A recent ***survey*** showed 75% of those questioned were in favor of the plan.

= analysis, examination, poll

---

352 **접속사 while**

✓ 기간

0662 ***While*** (I was) napping, I had a strange dream.
낮잠 자는 동안에 이상한 꿈을 꾸었다.

주절과 주어가 일치하는 경우, 종속절의 '주어 + be 동사'는 종종 생략

0663 Make hay ***while*** the sun shines.
〈속담〉 햇빛이 있는 동안에 건초를 만들어라(기회를 놓치지 마라).

✓ 대조, 양보

0664 ***While*** she wanted to marry him, her parents were against it.
그녀는 그와 결혼하고 싶었지만 부모는 반대했다.

0665 ***While*** he hates Math, he makes good marks in it.
그는 수학을 싫어하는데도 성적이 좋다.

---

353 **of**

✓ 재료; 구성 요소

0666 a building ***of*** steel
철근을 재료로 한 건물 → 철근 빌딩

0667 a family ***of*** seven
7명으로 구성된 가족 → 7인 가족

---

354 **traditional**

✓ 전통적인

0668 She said she was strongly drawn to the ***traditional*** crafts of Eurasia.
그녀는 유라시아의 전통 공예에 큰 관심을 갖고 있다고 말했다.

= conventional, typical, customary, established, ancestral, historic

---

355 **skyline**

✓ 지평선(horizon), 하늘을 배경으로 한 윤곽, 스카이라인

0669 The cathedral spire dominates the ***skyline***.
성당의 뾰족탑이 하늘의 윤곽을 지배한다. → 성당의 뾰족탑은 하늘을 배경으로 우뚝 솟아 있다.

0670 All sorts of grotesque and overgrown buildings dot the ***skylines***.
가지각색의 괴기스럽고 지나치게 큰 건물들이 스카이라인을 수놓고 있다.

---

356 **towering**

✓ very tall

0671 ***towering*** skyscrapers

= elevated, high, lofty

---

357 **contrast**

✓ the comparison of objects or situations that are dissimilar, esp. to show differences

0672 a violent ***contrast*** of color
강렬한[극명한] 색채 대조

0673 This is in a sharp ***contrast*** with the policy of the United States.
이는 미국의 정책과는 큰 대조를 보인다.

명사 contrast가 violent, sharp와 어울려 쓰이고 있음에 유의

---

358 **toward(s)**

✓ 방향 → (시간·수량적) 접근

0674 get ***toward*** ~에 가까워지다

0675 go ***toward*** the river 강 쪽으로 가다

0676 feel kindly ***toward*** a person
어떤 사람에게 호의를 가지다

0677 ***toward*** morning[four o'clock]
아침[4시] 무렵에 (시간적 접근)

영국식 산문체·구어체에서는 towards가 보통

0678 There were ***toward*** a hundred cows.
백 마리쯤 되는 소가 있었다. (수량적 접근)

---

359 **dynasty**

✓ a succession of rulers from the same family

0679 establish[found] a ***dynasty***
왕조를 세우다

0680 overthrow a ***dynasty***
왕조를 멸망[전복]시키다

0681 The Chinese move to incorporate the Goguryeo ***Dynasty*** into its ancient history is absurd.
중국이 고구려 왕조를 자신의 고대 역사에 포함시키려 하는 움직임은 터무니없는 것이다.

> 명사 dynast는 '지배자, 군주'를 뜻하며, 이는 '힘, 능력'의 의미를 지닌 희랍접두어 duna-에서 비롯되었다.
> → dynamite, dynamics(동역학)

---

360 **have to do with ~**

✓ ~과 관계가 있다

정도에 따라 something, much, a lot, (a) little, nothing 등을 넣을 수 있음

0682 What do you ***have to do with*** the matter?
당신은 그 문제와 무슨 관계가 있나요?

0683 Did you ***have*** something ***to do with*** this?
(설마) 네가 관계된 거야?

0684 Since they got divorced, they ***have*** nothing ***to do with*** each other.
그들은 이혼했으니까 이젠 남남이다.

---

361 **protest**

✓ strong expression of disapproval

0685 Private schools even threatened last year that they would shut down in ***protest*** against the bill.
사립학교는 작년에 법안에 반대하는 표시로 학교를 폐쇄하겠다고 위협하기까지 하였다.

= complaint, disagreement, opposition

> *pro* 앞에서 + *test* 목격[증언]하다 → testament(유언; 서약), testify(증언하다), testimony(증언, 선서)

362 continue

✓ to (cause to) go on over a long period or space, without stopping or being interrupted

0686 The fighting ***continued*** for a week.

0687 Prices will ***continue*** to creep higher.
물가는 계속해서 오를 것이다.

0688 He ***continued*** working for a long time.
그는 오랫동안 일을 계속했다.

위의 예에서 보듯 continue가 to부정사와 동명사를 모두 목적어로 취할 수 있는 것과는 달리, discontinue는 동명사만을 목적어로 취함에 유의한다.

They ***discontinued searching*** for the missing man.

이제껏 해왔던 것을 중지하는 것이기 때문에 의미상 과거적 성향의 동명사를 쓰는 것이 자연스럽다.

= carry on, proceed, persist

---

363 take on

✓ to begin to have a particular quality, appearance, etc.

0689 Lisa's voice ***took on*** a more serious tone.

0690 His words suddenly ***took on*** a different meaning.

0691 The car suddenly seemed to ***take on*** a life of its own.

move by itself without anyone controlling it

---

364 both A and B

✓ A, B 둘 다

0692 The TV is ***both*** big ***and*** expensive.
이 텔레비전은 크고 비싸다.

0693 She can ***both*** ski ***and*** skate.
그녀는 스키도 스케이트도 탈 줄 안다.

0694 ***Both*** brother ***and*** sister are dead.
오누이가 다 죽었다.

주어로 쓰인 경우에는 복수 취급

both를 부정하면 '부분부정'이며, 양쪽을 모두 부정하는 경우는 neither ~ nor …

365 **recover**

✓ to get back or bring back something lost or taken away

0695 The police ***recovered*** the stolen jewelry.

= regain, repossess, retrieve, recoup

366 **base**

✓ 기초

0696 a power ***base*** (정치의) 세력 기반

0697 a ***base*** of operations 작전 기지

= basis, foundation

'토대'를 뜻하는 라틴어에서 왔다. basis도 마찬가지.

367 **example**

✓ a thing characteristic of its kind or illustrating a general rule

0698 cite[provide, give] an ***example***
예를 들다

0699 set an ***example*** (for ~)
(~에) 모범을 보이다, 본보기가 되다

= instance, sample, specimen, case, illustration

368 **첫눈**

✓ first look[glance/glimpse/sight]

0700 그는 첫눈에 그 여자한테 반했다.
He fell in love with her ***at first sight***.

0701 나는 첫눈에 그 집이 마음에 들었다.
I took a fancy to the house ***at first sight***.

0702 처음에는 그 문제가 쉬워 보였다.
At first glance, the problem seemed easy.

369 **reflect**

✓ to throw back (heat, light, sound, or an image)

0703 The mirror ***reflects*** my face.

0704 The mountains were ***reflected*** in the lake.

re 뒤로 + *flect* 굽(히)다, 구부리다 → flexible, retroflex(뒤로 휜), deflect(빗나가다, 굴절하다)

370 **outgoing**

✓ eager to mix socially with others

0705 We need an ***outgoing*** person to receive our foreign visitors.

= extroverted, friendly, gregarious, sociable, congenial

---

371 **suspend**

✓ (일시) 정지[중지]하다

0706 Ferry service was ***suspended*** on account of heavy snow.

대설로 페리의 운행이 당분간 중지되었다.

0707 The petitioners will ask the court to ***suspend*** the law immediately after it takes effect in May.

청구인은 이 법이 5월에 발효되는 즉시 효력을 정지해 줄 것을 법원에 요청할 것이다.

= adjourn, interrupt, cease, discontinue, break off

---

372 **extend**

✓ 〈몸, 팔다리를〉 길게 쭉 뻗다 → 늘이다 → 연장, 확장하다

0708 with one's body ***extended*** on the grass

풀밭에 큰 대자로 누워

0709 ***extend*** one's visa

비자를 연장하다

0710 ***extend*** one's domains to the sea[across the ocean]

영토를 바다[대양 저편]까지 넓히다

0711 ***extend*** a helping hand

구원의 손길을 뻗치다

0712 ***extend*** congratulations to

~에게 축하 인사를 하다

0713 ***extend***[issue, send] an invitation

초대장을 보내다, 초대를 하다

위의 예에서 보듯 extend는 비유적 의미로도 확장되어 쓰인다. 이에 비해 lengthen은 공간, 시간적으로 늘어나는 것을 주로 의미할 뿐 비유적으로는 쓰이지 않는다. 또 다른 유사어 prolong은 주로 시간적 연장을 의미한다.

373 **vibration**

✓ 진동

0714 The 183-seat hall was constructed with a floating floor system to eliminate the effects of noise and ***vibration***.
183석의 홀은 부양구조로 설계되어 소음과 진동의 영향을 제거한다.

= pulse, swing, oscillation

---

374 **facility**

✓ 설비, 시설, 기관; 편의

0715 a new research ***facility*** 새로운 연구 설비

0716 educational[public] ***facilities*** 교육[공공] 시설

0717 transportation ***facilities*** 운송 기관

0718 monetary ***facilities*** 금융 기관

0719 ***facilities*** of civilization 문명의 이기(利器)

✓ 쉬움(ease)

0720 with ***facility*** 수월하게

✓ 재간, 솜씨(dexterity, skill, fluency)

0721 have ***facility*** in speaking[writing]
말솜씨[글재주]가 있다

0722 have a[no] ***facility*** for language
어학에 소질이 있다[없다]

0723 Practice gives ***facility***.
연습을 하면 솜씨가 좋아진다.

'하다'를 의미하는 라틴어 facere, facilis에서 유래한 말이다. 여기에서 facility는 '무엇인가를 쉽게 하도록 하는 것'을 의미하게 되었다. → facile(손쉬운), facilitate(촉진하다), faculty(능력; 교직원), defeat(←하지 못하게 하다)

---

375 **concerned**

✓ anxious, worried → interested

0724 He has never been very ***concerned*** about what other people think of him.
그는 다른 사람들이 자신을 어떻게 생각하는지 그다지 염려한 적이 없다[관심이 없다].

'걱정'하는 것은 '관심'이 있기 때문이다. 전 unit에서 학습하였던 care 역시 '의미 확장'의 원리로 이해하면 된다. 둘 중 어느 쪽으로 번역하는 것이 자연스러운지의 문제는 문맥에 의존한다.

0725 They were more ***concerned*** with how the other women had dressed than in what the speaker was saying.

그들은 연사가 말하는 것 보다 다른 여자들의 옷에 더 관심을 가졌다.

0726 the authorities[parties] ***concerned***

관계 당국[이해 당사자]

0727 arrest all ***concerned***

관련자 모두를 체포하다

Comprehension Checkups

[1~10] Choose the word from the box below that best fits each definition.

grotesque	outgoing	suspend	disapproval	contrast
survey	dynasty	horizon	reflect	example

1 an investigation of the opinions, behavior, etc. ________

2 eager to mix socially with others ________

3 the comparison of objects or situations that are dissimilar ________

4 a thing characteristic of its kind or illustrating a general rule ________

5 to throw back (heat, light, or sound) without absorbing it ________

6 halt temporarily ________

7 a feeling that you do not like an idea ________

8 a succession of rulers from the same family ________

9 extremely ugly in a strange way that is often frightening or amusing

10 the line at which the earth's surface and the sky appear to meet ________

Answer

1 survey | 2 outgoing | 3 contrast | 4 example | 5 reflect | 6 suspend | 7 disapproval | 8 dynasty | 9 grotesque | 10 horizon

[11~20] Fill in each blank so that the two language expressions match each other.

11 햇빛이 있는 동안에 건초를 만들어라.

______________________________.

12 관련자 모두를 당장 체포하시오.

Arrest a__ c_______d right now.

13 강렬한 색채 대조가 있는 듯 보입니다.

There seems to be a v_____t ___trast of color.

14 당신은 그 문제와 무슨 관계가 있나요?

What do you h___ to __ with the matter?

15 경찰은 장물을 되찾았다.

The police re_____ed the s____n goods.

16 우리는 아이들에게 모범을 보일 필요가 있습니다.

We need to set an _______ for children.

17 그는 첫눈에 그 여자한테 반했다.

He fell in love with her a_ f____ s____.

18 대설로 페리의 운행이 당분간 중지되었다.

Ferry service was sus______ on account of h____ snow.

19 그는 어학에 소질이 없다.

He has no fa_____y for l______e.

20 당신과 당신의 가족에게 초대의 말씀을 전합니다.

I would like to ex____ our in_________ to you and your family.

Answer

11 Make hay while the sun shines | 12 all / concerned | 13 violent / contrast | 14 have / do | 15 recovered / stolen | 16 example | 17 at / first / sight | 18 suspended / heavy | 19 facility / language | 20 extend / invitation

Words by Topic

Food

1 **additive** 첨가제

Foods sold under this label are guaranteed to be free from additives and preservatives.

2 **banquet** 연회

'책상'을 뜻하는 고대 프랑스에서. → bench

A huge banquet was planned to celebrate the city's millennium.

3 **chopping board[block]** 도마

If possible, keep a separate chopping board just for meat preparation.

4 **decaf** 카페인을 제거한 커피(decaffeinated coffee)

Do you want regular coffee or decaf?

5 **earthenware** 흙으로 빚은, 도기의

An earthenware pot, bowl etc. is made of very hard baked clay.

6 **fizzy** 쉬잇하고 거품이 이는, 탄산을 포함한

Alcohol in fizzy drinks is absorbed more quickly than alcohol in still drinks.

7 **garnish** (주로 모양을 내기 위한) 음식; 장식

Why don't you serve the fish with a garnish of lemon.

8 **indigestion** 소화불량

Warning: Eaten in sufficient amounts, this product ensures bad breath and probable indigestion.

9 **ingredient** (요리의) 재료

Coconut is a basic ingredient for many curries and other Asian dishes.

10 **lukewarm** 미적지근한, 미온의

She sipped some lukewarm coffee from her mug.

11 **mince** 다지다, 잘게 썰다

If you mince food such as meat, you put it into a machine which cuts it into very small pieces.

> '작은'을 뜻하는 라틴어 minutus에서.
> → diminish, minus

12 **nibble** 조금씩 갉아[베어] 먹다

His horse lowered his head and began to nibble the grass.

13 **pasteurized** 살균된

Ordinary pasteurized milk is heated to 154 degrees for 15 seconds.

14 **porcelain** 자기(磁器)

Porcelain is a hard, shiny substance made by heating clay. It is used to make delicate cups, plates, and ornaments.

15 **preservative** 방부제

The demand for food without preservatives is increasing.

16 **quench** (갈증 따위를) 풀다; (불을) 끄다

We stopped at a small bar to quench our thirst.

17 **recipe** 조리법

Could you give me the recipe for that chocolate cake?

18 **sieve** 체로 거르다

Sieve the flour and cocoa powder into a bowl.

19 **utensil** 가정용품, 부엌세간, 기구, 도구(implement, tool)

Peter found the potato peeler in a drawer full of utensils.

20 **voracious** 게걸스레 먹는, 대식(大食)하는, 폭식하는

Caterpillars are voracious leaf-eaters.

Unit 16

UNIT GUIDE

- ✓ Diagnostic Pretest
- ✓ Words and Expressions
- ✓ Comprehension Checkups
- ✓ Words by Topic: Politics

Diagnostic Pretest

Correct the grammatical error(s) (* marks), fill in the blank(s), or choose the correct expression in the square.

---

1 He was named [for / forward] his grandfather.

2 I'd [appreciate / thank] it if you would turn the light off.

3 *The witnesses insisted that the accident should take place on the crosswalk.

4 Now let's look at another [faucet / facet] of the problem.

5 He will slink away with his ________ between his legs.

6 He [reared / roared] when he heard the joke.

7 The dog [scoffed / sniffed] at the stranger.

Answer

1 for | 2 appreciate | 3 should take place → had taken place | 4 facet | 5 tail | 6 roared | 7 sniffed

376 **name**

✓ 이름을 붙이다 → 이름을 말하다

0728 He was ***named*** after[for] Abraham Lincoln.
그의 이름은 아브라함 링컨의 이름을 따서 지은 것이었다.

0729 Korea has tons of tasty foods. You just ***name*** it. Then I will be your guide.
한국은 맛있는 음식이 아주 많아. 네가 아무거나 대봐. 그러면 내가 널 안내해줄게.

→ noun (라틴어 nomen은 '이름'을 뜻하는 말)

---

377 **in vain**

✓ 헛되이

0730 All his plans were ***in vain***.
그의 계획은 모두 허사가 되고 말았다.

0731 Seeing the many happy faces of these children shows that our efforts were not ***in vain***.
어린 학생들이 즐거워하는 모습을 보니 우리의 노력이 헛되지 않았음을 느끼게 된다.

= vainly, without success

---

378 **all the way / the whole way**

✓ (도중에) 내내, 줄곧

0732 run ***all the way*** to the station
역까지 줄곧 달리다

0733 We travelled ***all the way*** from Chicago to New York.
시카고에서 뉴욕까지 줄곧 여행을 했다.

0734 He saw this movie for the second time, but said he still couldn't sit back ***all the way*** through.
그는 이 영화를 두 번째 관람하지만 상영 내내 여전히 긴장을 풀 수 없었다고 말했다.

---

379 **as[so] long as ~**

✓ ~만큼 (오랫동안)

0735 play the piano ***as long as*** five hours[you like]
5시간이나[원하는 만큼] 계속 피아노를 치다

✓ ~하는 한

0736 ***As long as*** the earth remains, day and night will never cease.
지구가 존속하는 한 낮과 밤은 결코 멈추지 않는다.

---

380 **appreciate**

✓ 감사하다

0737 The elderly lady ***appreciated*** help in getting on the bus.
0738 I'd ***appreciate*** it if you would turn the light off.
불을 꺼주시면 고맙겠습니다.

✓ 감상하다

0739 You don't have to be an Art History major to ***appreciate*** art.
예술을 감상하기 위해서 예술사를 전공할 필요는 없다.

0740 Besides, as the mountain is located in the southern area, now is just the right time of the year to ***appreciate*** its natural beauty.
게다가 그 산은 남쪽에 위치해 있기 때문에, 일 년 중 지금이 그 자연적 아름다움을 감상하기에 적기이다.

ap ~에 + *preci* 가격 + ate = 가격을 매기다 → 가치를 평가하다 → 감사하다, 감상하다 → precious, depreciate

---

381 **raise**

✓ 기르다

0741 ***raise*** cattle and sheep
소와 양을 사육하다

0742 He ***raised*** tomato plants from seed.
그는 씨를 심어 토마토 묘목을 키웠다.

0743 That's just how I was ***raised***.
나는 그런 식으로 자랐다.

= grow, farm, cultivate, produce, breed, rear, bring up, nurture

382 **pity**

✓ 불쌍히 여김

0744 feel ***pity*** for a person

남을 측은해 하다

= sympathy, condolence, compassion, mercy, kindness, charity

✓ 불쌍히 여기다

0745 He is not to be ***pitied***.

그를 동정하고 싶지는 않다.

'독실, 헌신'을 뜻하는 라틴어 pius에서.
→ piety, pious(독실한, 경건한)

---

383 **monk**

✓ a member of a religious group of men who often live apart from other people in a monastery and who do not marry or have personal possessions

0746 The Buddhist ***monk*** meditated all day.

cf. nun: a member of a religious community of women who promise to serve God all their lives and often live together in a convent

---

384 **found**

✓ ~의 기초를 쌓다

0747 ***found*** a family[dynasty]

일가[왕조]를 창건하다

0748 ***found*** a theory[school]

학설[학파]을 세우다

0749 ***found*** a hospital[school]

병원[학교]을 만들다

같은 말 school이 경우에 따라 '학파'와 '학교'로 쓰이고 있다.

0750 ***found*** a small magazine

작은 잡지를 시작하다

= build, create, establish, set up, institute

385 **take place**

✓ 발생하다, 일어나다

0751 The witnesses insisted that the accident had ***taken place*** on the crosswalk.

= happen, occur, befall, ensue

> 본 Unit의 Diagnostic Pretest 3번 문항과 관련하여 보다 자세한 사항은 478번 어휘 참조

---

386 **(and[but]) yet**

✓ 그렇지만, 그럼에도 불구하고(nevertheless)

0752 I am tired, ***yet*** I can't sleep.
피곤한 데도 잠이 오지 않는다.

0753 Though we may lose heart, ***yet*** we must persevere.
낙심할 일이 생겨도 계속 버티지 않으면 안 된다.

> *cf.* take heart 용기를 내다
> gain heart 애정[마음]을 얻다

0754 He was an ugly man, ***and yet*** she loved him.
그는 추남이었는데도 그녀는 그를 사랑했다.

0755 It is well on in March, ***but yet*** it is almost as cold as midwinter.
3월 한창인데 거의 한겨울처럼 춥다.

---

387 **the same**

✓ 동일한

0756 ***the same*** book that[as] you have
네가 가지고 있는 바로 그 책

> as, that이 모두 가능하지만, 동사가 없을 경우는 as를 써야한다.
> *She's given the same answer as last time.*
> (= ~ (that) she gave last time.)

0757 He is ***the same*** person who[that] was here yesterday.
그는 어제 왔던 바로 그 사람이다.

0758 I put it back to ***the same*** place where I had found it.
제자리에 도로 놓았다.

= identical, equal, equivalent, similar

388 **run out**

✓ to become used up, be exhausted

0759 Our supplies finally ***ran out***.

0760 The Korean economy will likely face difficult times next year as exports, the nation's sole economic growth engine, are expected to ***run out*** of steam.
한국의 경제성장을 홀로 이끌어 왔던 수출의 기력이 쇠진할 것으로 예상됨에 따라 내년에는 한국경제가 어려움을 맞을 것이다.

> run out of steam 힘이 빠지다, 피곤해하다, 지치다; (공격·운동·경제가) 활력을 잃다, 정체되다

---

389 **off**

✓ 이탈 → 분리 → (작용, 움직임이) 멈추어서

0761 Turn the heat ***off***.
전열기를 (켜지 말고) 꺼라.

0762 Turn ***off*** the radio.
(TV가 아니라) 라디오를 꺼라.

위 두 예문의 경우 불변화사(particle) off의 위치가 어디인가에 따라 의미는 다소 달라진다. 영어의 문미초점(end-focus) 현상으로 설명되는 이러한 차이는 문맥(context)을 중시하는 최근의 출제 경향에 비추어 중요한 의미를 가진다고 할 수 있겠다. 대명사를 써서 *Turn off it과 같이 표현하면 비문법적인 이유도 it은 구정보(old information)로서 문미초점을 받을 수 없기 때문으로 이해할 수 있다.

---

390 **faucet**

✓ (통, 수도의) 꼭지

0763 turn on[off] a ***faucet*** 물 꼭지를 틀다[잠그다]

cf. facet: a particular part or aspect of something
Now let's look at another ***facet*** of the problem.

> facet에서 face라는 말이 보인다면 faucet과 구별하기 쉬울 것이다.

---

391 **stray**

✓ 길 잃은

0764 a ***stray*** child 미아

> stary 대신 lost, missing을 써도 같은 말이다.

0765 a ***stray***[lost] sheep 길 잃은 양 ([聖] 이사야 53:6)

cf. astray가 형용사일 때는 서술용법으로 쓰임

The shot went ***astray***.

총알은 빗나갔다.

His judgment was ***astray*** on this question.

이 문제에 대한 그의 판단은 잘못되었다.

---

392 **with one's tail between one's legs**

✓ 꼬리를 다리 사이에 감추고 → 겁이 나서 → 기가 죽어서, 꽁무니를 빼고

0766 They thought they would win easily, but they've gone home ***with their tails between their legs***.

그들을 쉽게 이길 것이라 생각하였지만, 기가 죽어서 집으로 갔다.

---

393 **recognize**

✓ 인정[인식]하다

0767 We have to ***recognize*** his achievements as well.

우리는 그의 업적도 인정해야 한다.

0768 I ***recognized*** my old teacher in the newspaper picture.

신문의 사진을 보고 옛 스승임을 알았다.

cogni-는 '알다'라는 의미. → cognitive(인식의), cognition(인식, 인지)

---

394 **rage**

✓ 몹시 화내다

0769 He ***raged*** at his son for telling a lie.

그는 아들이 거짓말을 했다하여 호통을 쳤다.

✓ 사납게 날뛰다; (유행병 따위가) 창궐(猖獗)하다

0770 The storm ***raged*** all day.

폭풍우가 하루 종일 사납게 몰아쳤다.

0771 Fever ***raged*** through[in] the country.

열병이 온 나라에 만연했다.

'미치다'라는 의미의 라틴어에서 유래. → rave(헛소리를 하다, 미쳐 날뛰다), rabies(광견병, 공수병(hydrophobia))

395 **roar**

✓ to make a loud, scary sound

0772 Lions ***roar***.

✓ to laugh loudly

0773 He ***roared*** when he heard the joke.

✓ a loud, scary sound

0774 You could hear the ***roar*** of lions everywhere in the zoo.

---

396 **sniff**

✓ 코를 킁킁거리다 → 냄새 맡다, 흡입하다(inhale) → 콧방귀를 뀌다

0775 The dog ***sniffed at*** the stranger.

개는 낯선 사람을 킁킁거리며 냄새 맡았다.

0776 I can ***sniff*** something burning.

뭔가 탄내가 난다.

0777 ***sniff*** the fresh air

신선한 공기를 들이마시다

0778 I ***sniffed at*** his proposal to show my disapproval.

그의 제안에 콧방귀를 뀌어 불찬성의 뜻을 표했다.

> sn-으로 시작하는 말은 '코'와 관련된 뜻일 때가 많다. 이러한 현상을 음성상징(sound symbolism)이라 한다.
> → sneeze(재채기하다), sneer(조롱하다), snooze(졸다), snout(삐죽한 코, 주둥이), snorkel(스노클), snarl(으르렁거리다)

---

397 **paw**

✓ the foot of an animal

0779 The dog licked its ***paws***.

0780 He is always trying to make a cat's ***paw*** of me.

그는 언제나 나를 이용하려고 한다.

> cat's paw가 '앞잡이, 끄나풀'이라는 의미에서

✓ (informal) a person's hand

0781 Take your filthy ***paws*** off me!

그 더러운 손 나에게서 치워요!

0782 Lay one ***paw*** on me.

어디 손가락만 대 봐요.

398 **되풀이하여**

✓ repeatedly, over and over (again), again and again

0783 그는 몇 번이고 되풀이해서 말했다.

He said it ***over and over (again)***.

0784 그녀는 남편의 편지를 되풀이해서 읽었다.

She read her husband's letter ***again and again***.

---

399 **the Bible**

✓ 성경(the (Holy) Scripture)

the Old Testament(구약)와 the New Testament(신약)로 이루어져 있음

0785 swallow[eat] ***the Bible***

속이다, 위증하다

0786 kiss ***the Bible***

성서에 키스하고 맹세하다

0787 ***The Bible*** says "Blessed are the poor in spirit."

성경에 이르기를 "심령이 가난한 자는 복이 있나니."

---

400 **nothing but ~**

✓ 단지 ~일 따름, ~에 지나지 않는(only)

0788 We could see ***nothing but*** fog.

안개 외에는 아무 것도 보이지 않았다. → 단지 안개만 보일 따름이다.

유사 표현

The injury isn't serious–it's ***nothing more[other, else] than[but]*** a sprained ankle.

부상은 심각하지 않다. 단지 발목을 삐었을 뿐이다.

He did ***nothing else than*** laugh.

그는 다만 웃기만 할 뿐이었다.

but이 except의 의미이므로 '~을 제외하고 아무것도 아닌→오직 ~인'의 뜻이 된 것이다. 참고로 anything but은 '~을 제외하고 어느 것이든→결코 ~이 아닌(never)'의 뜻이다.

Comprehension Checkups

[1~10] Choose the word from the box below that best fits each definition.

roar	monk	paw	rage	appreciate
facet	repeatedly	Scripture	stray	nurture

1 to be thankful for ________

2 a member of religious group of men ________

3 the foot of an animal ________

4 the Bible ________

5 to spread very quickly ________

6 away from home and lost ________

7 a particular part of something ________

8 rear and encourage the development of (a child) ________

9 to make a loud, scary sound ________

10 over and over again ________

Answer

1 appreciate | 2 monk | 3 paw | 4 Scripture | 5 rage | 6 stray | 7 facet | 8 nurture | 9 roar | 10 repeatedly

[11~20] Fill in each blank so that the two language expressions match each other.

11 뭔가 탄내가 난다.
I can s___f something b___ing.

12 그는 아들이 거짓말을 해서 호통을 쳤다.
He r___d at his son for t_______ a lie.

13 이 문제에 대한 그의 판단은 잘못되었다.
His judgment was a_____y on this question.

14 그들은 기가 죽어[꽁무니를 빼고] 집으로 갔다.
They have gone home with their tails b______n their l__s.

15 나는 그런 식으로 자랐다.
That is just h__ I was r____d.

16 우리는 시카고에서 뉴욕까지 줄곧 여행했다.
We traveled a__ t__ w__ from Chicago to New York.

17 그의 계획은 모두 허사가 되고 말았다.
All his plans were i_ v___.

18 그는 고아에 대한 자비로 또한 유명하다.
He was also known for his ch___ty towards or____s.

19 우리 보급품[지급 물자]이 마침내 다 소진되었다.
Our s_____ies finally r__ out.

20 그는 몇 번이고 되풀이해서 말했다.
He said it o___ and o___ ______.

Answer

11 sniff / burning | 12 raged / telling | 13 astray | 14 between / legs | 15 how / raised | 16 all / the / way | 17 in / vain | 18 charity / orphans | 19 supplies / ran | 20 over / over / again

Politics

1 **abstention** (투표 등의) 기권; (정치상의) 불개입, 불참가

The draft law was passed by 134 votes to 19, with 5 ***abstentions***.

> *abs* 떨어져 + *tenere* 보존하다 → abstain(삼가다, 절제하다), detain(억류하다), sustain(떠받치다, 유지하다)

2 **amnesty** 사면

The government granted an ***amnesty*** for all former terrorists.

3 **anarchist** 무정부주의자; 폭력혁명가

Polly described herself as a feminist, a socialist and an ***anarchist***, which of course made her an extremely dull conversationalist.

> *an* 없는 + *arch* 지도자 → monarch(군주), oligarch(과두제 지배자), patriarch(가장, 족장), matriarch(여자 가장)

4 **apartheid** (남아프리카) 인종차별

Mandela was in prison for over 25 years for opposing ***apartheid*** in South Africa.

> 보통 '인종차별'은 discrimination, racism, racialism이라는 말을 쓴다.

5 **ballot** 비밀[무기명] 투표

Workers at the plant held a ***ballot*** and rejected strike action.

6 **bigoted** 편협한, 고집불통의

Someone who is ***bigoted*** has strong, unreasonable prejudices or opinions and will not change them, even when they are proved to be wrong.

> 'By God을 자주 쓰는 무식한 자'라는 뜻에서

7 **bilateral** 양측의, 쌍방의

Bilateral negotiations, meetings, or agreements, involve only the two groups or countries that are directly concerned.

8 **conciliate** 달래다, 무마[회유]하다

Negotiators were called in to ***conciliate*** the warring factions.

> → reconcile(화해시키다), reconciliation(화해)

9 **demagogue** (민중) 선동자; 선동 정치가

The Senator was a gifted ***demagogue***, with particular skill in manipulating press and television.

10 **enfranchise** 선거권[공민권]을 주다

The group works in developing countries to increase literacy and ***enfranchise*** women.

11 **federation** 동맹, 연합, 연맹

He is now chairman of the British Olympic ***Federation***.

12 **hegemony** 헤게모니

외래어의 발음에 특히 유의! [hidʒéməni, hédʒəmòuni]

Hegemony is a situation in which one state or country controls others.

13 **Iron Curtain** 철의 장막

The ***Iron Curtain*** refers to the name that was used for the border between the Communist countries of Eastern Europe and the rest of Europe.

14 **impeach** 탄핵하다, 고발하다

The governor was ***impeached*** for using state funds improperly.

15 **manifesto** 선언서, 성명서; 포고문, 고시(告示), 공포

To have our position explained and clearly stated in the form of a ***manifesto*** would be very good indeed.

16 **pacifism** 평화주의, 반전론, 전쟁[폭력] 반대주의; 무저항주의

His ***pacifism***, like his social philosophy, was a slow growth.

→ peace, pacify(진정시키다), pacifier(진정제; 고무젖꼭지), Pacific(태평양)

17 **Perestroika** 페레스트로이카

Perestroika is a Russian word meaning 'rebuilding', used to describe the social, political, and economic changes that happened in the former USSR in the 1980s, just before the end of the Communist government.

Union of Soviet Socialist Republics

18 **political asylum** 정치적 망명

The family was finally granted ***political asylum*** in South Korea.

19 **propaganda** 선전(활동)

In another attempt to promote peace on the Korean peninsula, the two sides also decided to stop ***propaganda*** broadcasts along the heavy militarized inter-Korean border.

sub 아래로 + *vert* 회전하다 → convert(바꾸다), invert(거꾸로 하다), revert(되돌아가다), divert(돌리다), extroverted(외향적인), introverted(내성적인)

20 **subvert** 전복하다

Smith was sentenced to 14 years for plotting to ***subvert*** the government.

Unit 17

UNIT GUIDE

- ✓ Diagnostic Pretest
- ✓ Words and Expressions
- ✓ Comprehension Checkups
- ✓ Words by Topic: Sports Activities

—

What a shame, what folly, to give advice before listening to the facts!

Diagnostic Pretest

Correct the grammatical error(s) (* marks), fill in the blank(s), or choose the correct expression in the square.

1 Five ________ two equals ten.

2 The volcano could [erupt / erect] at any time.

3 *He changes jobs every two or three month.

4 The mist cl________d away, that is, the fog lifted.

5 A: I'm st________ing.
B: Oh dear! Let me make you something to eat.

6 We can________ be t________ cautious.

7 I am planning on starting this exercise class so I can get r________ of a few pounds myself.

Answer

1 times | 2 erupt | 3 month → months | 4 cleared | 5 starving | 6 cannot, too | 7 rid

Words and Expressions

401 **dumb, mute, speechless**

✓ lacking the faculty of speech

0789 the deaf and ***dumb***
농아(聾啞)

0790 the ***dumb*** millions
(정치적 발언권이 없는) 무언의 대중, 민중

0791 stand ***mute***
묵비권을 행사하다

'묵비권을 행사하다'라는 표현은 다음과 같이 할 수도 있다.
exercise[use] one's right to keep[remain] silent
take the Fifth (Amendment)

> the Fifth Amendment는 미국의 헌법 수정 제5조로서, 자신에게 불리한 증언의 거부, 생명·자유·재산권의 법적 보장을 규정한 조항이다.

0792 We were struck ***speechless*** by the news.
우리는 그 소식을 듣고 말문이 막혀 멍해졌다.

---

402 **get rid of**

✓ ~을 없애다

0793 ***get rid of*** one's debt
빚을 전부 갚다

0794 I'm planning on starting this exercise class so I can ***get rid of*** a few pounds myself.
살을 좀 뺄 수 있도록 이 운동 클래스에 등록할 예정이다.

0795 You have to ***get rid of*** your distractions.
산만하게 하는 것들을 제거해야 합니다.

= take off, remove, exclude, exterminate, eliminate, do away with, abolish

> '이륙하다'라는 의미의 take off에서는 take가 자동사로 쓰인 것이고, '제거하다'라는 의미에서는 take가 타동사로 쓰여 '~을 취하여(take) + 분리해내다(off)'의 구조로 이루어진 것이다. 요컨대 언어는 유연하게 받아들여야지 경직된 사고방식을 가지고 있으면 학습이 매우 어려워진다.

403 **결심하다**

✓ decide, be determined, resolve, make a resolution, make up one's mind

0796 나는 담배를 끊기로 결심하였다.

I ***am determined to*** give up smoking.

0797 올해에는 일기를 쓰기로 나는 결심했다.

I ***resolved[made up my mind / made a resolution / decided] to*** keep a diary this year.

'결심'이라는 것은 의미상 미래지향적이므로, 상기의 표현에서 모두 to부정사가 뒤따르는 것을 볼 수 있다.

---

404 **cunning**

✓ 교활한

0798 as ***cunning*** as a fox

매우 교활한

0799 It was ***cunning*** of them to do that.

그런 짓을 하다니 그들은 교활했다.

시험에서의 부정행위는 cheating이라고 한다. 우리가 '컨닝'이라고 하는 것은 사실은 잘못된 표현이다. 그러나 어찌하겠는가? 수천만 국민 모두를 계도하기에는 언어의 사용이 너무 확산되어 버렸다. 그냥 알고나 있자. 절대적인 문법은 없다. 많이 쓰고 오래가는 표현이 문법이 되고 살아남는 것이다. 권위와 권력이 문법을 만드는 게 아니라, 민중의 입이 문법이고 곧 권력이기 때문이다.

= sly, crafty, deceptive, shrewd, wily

craft 기술, 기교; 교활

동사 혹은 명사형은 wile이고 발음은 [wail]이다. 따라서 wily의 정확한 발음은 [waily]이다. [wili]로 하지 않도록 주의할 필요가 있다. 조금이라도 궁금하거나 의심스러울 때 바로 찾아보는 것, 그것이 바로 공부의 시작이다. 전체를 훑어보고 의미를 추정하는 능력은 그 이후에 생겨나는 것이다.

---

405 **times**

✓ 배, 곱

0800 three ***times*** six

6 곱하기 3, 6의 3곱

정확히 보기 바란다. 6을 세 배로 한 것이므로 3 곱하기 6이 아니라 6 곱하기 3이 되는 것이다.

0801 It took three ***times*** as long as I had expected.
예상했던 것보다 세배나 더 걸렸다.

as long as 대신에 비교급을 써서 It took three times longer than I had expected로 쓸 수도 있다. 하지만 half나 twice같은 경우에는 비교급과 어울리지 않으므로 주의를 요한다.

*It took twice longer than I had expected. (twice를 two times로 해야 함)

---

406 **grand, magnificent, imposing, stately, majestic**

✓ strikingly large and impressive in size, scope, or extent

0802 The wedding was a very ***grand*** occasion.
0803 The Taj Mahal is a ***magnificent*** building.

> 타지마할(인도 Agra에 있는 순백 대리석의 영묘)

0804 a ***grand*** and ***imposing*** building
0805 an avenue of ***stately*** chestnut trees
0806 The Rocky Mountains in the western United States are ***majestic***.

---

407 **erupt**

✓ to force out or release something, such as steam, with violence or suddenness

0807 The volcano could ***erupt*** at any time.
0808 Ash began to ***erupt*** from the crater.
0809 An immense volume of rocks and molten lava was ***erupted***.

> e–는 'out', rupt는 'break'의 뜻.
> → abrupt, bankrupt, rupture, interrupt

---

408 **regular**

✓ occurring at fixed intervals; periodic

0810 ***regular*** pay
고정급, 정규임금

> 신병훈련소(recruit training center)

0811 Recruits who join boot camp give blood on a ***regular*** basis until their service is over.
신병훈련소에 입소한 신병들은 퇴소할 때까지 정기적으로 헌혈을 한다.

409 **every**

✓ 매~, ~마다

0812 ***every*** day[week, year] 매일[주, 년]

0813 ***every*** weekend 주말마다

0814 ***Every*** fifth home has a swimming pool.
다섯 집에 한 집 꼴로 풀장이 있다.

0815 He changes jobs ***every*** two or three months.
그는 2~3개월마다 일자리를 바꾼다.

> every는 보통 단수로 받지만, 보는 바와 같이 기수(cardinal number)의 경우는 '~마다'의 뜻일 때 복수명사와도 어울리므로 'every는 무조건 단수 취급한다'는 생각은 잘못된 것이다.

---

410 **hot spring**

✓ a natural spring that issues water warmer than body temperature and therefore feels hot

0816 ***Hot springs*** strain through the sandy soil.
온천물이 모래흙에서 스며나온다.

> 잡아당기다 → 긴장시키다 → 걸러지다, 스며나오다

0817 A more comfortable place to nap may be in the ***hot spring*** pools.
낮잠을 즐길 만한 아늑한 곳을 찾는다면 온천 수영장이 있다.

---

411 **domestic**

✓ 內

0818 ***domestic*** affairs 가사(家事)

0819 ***domestic*** animals 가축

0820 ***domestic*** airlines 국내선(↔ international airlines)

---

412 **hold**

✓ 잡다 → 소유하다 → 유지하다

0821 The worker ***held*** the hammer in his right hand.
(잡다)

0822 She ***holds*** stocks of 12 companies.
(소유[보유]하다)

0823 The dancer ***held*** his leg in the air for five seconds.
(유지[정지]하다)

413 **mist**

✓ very fine drops of water forming a cloud near the ground; fog

0824 ***Mist*** rises from the fields in the morning.

0825 The ***mist*** cleared away.

안개가 갰다. (= The fog lifted.)

---

414 **rugged**

✓ 울퉁불퉁한; 바위투성이의

0826 a ***rugged*** road

울퉁불퉁한 길

0827 a ***rugged*** mountain

바위투성이의 산

cf. jagged [dʒǽgid] (물건이) 깔쭉깔쭉한, 톱니같은, 지그재그(zigzag)의

발음에 유의. [rʌ́gid]

---

415 **off**

✓ 분리 → (일, 근무 등)으로 부터의 분리 → 쉬는, 휴일의

0828 afternoon ***off*** 오후 휴무

0829 take[have] two days ***off*** 2일간 쉬다

---

416 **starve**

✓ 굶주리다

0830 ***starve*** to death 굶어죽다

0831 I am ***starving***. 〈口〉 배고파 죽겠다.

이 표현은 다음과 같이 할 수도 있다.
I am dying of hunger.
I am terribly hungry.
I could eat a horse.

---

417 **host**

✓ 주인; 사회자

0832 a ***host*** country for

~의 주최국

0833 act as ***host*** to a conference

회의를 주재하다

0834 Who will play ***host*** to our foreign guests?

누가 외국 손님들을 접대할 것입니까?

0835 Which city will be ***host*** to the next World's Fair?

다음 번 세계 박람회는 어느 시가 주최하게 됩니까?

418 **meal**

✓ the food served and eaten in one sitting

0836 have[take] a ***meal*** 식사하다

0837 a light[a heavy] ***meal*** 가벼운[든든한] 식사

---

419 **taboo**

✓ a forbidden act, esp. one that goes against social customs or religious practices

0838 violate[break] a ***taboo*** 금기를 깨다

0839 a ***taboo*** against[on] ~에 관한 금기

0840 place ~ under (a) ***taboo*** ~을 터부시하다

0841 Drinking alcohol is a ***taboo*** in some cultures.
일부 문화에서 술을 마시는 것은 금기시되어 있다.

---

420 **too**

✓ also

0842 I had some food, and some wine ***too***.
내게는 음식이 있고 게다가 와인도 있었다.

✓ excessively

0843 He is ***too*** tired to study[=for studying].
그는 너무 지쳐서 공부를 할 수 없다.

0844 The film was ***too*** shocking to watch.
그 영화는 너무 충격적이어서 차마 볼 수가 없었다.

---

421 **cannot ~ too**

✓ 아무리 ~해도 지나치지 않다

0845 We ***cannot[can't]*** be ***too*** cautious.
아무리 조심해도 지나치는 법은 없다.

---

422 **의학**

✓ medicine, medical science

0846 clinical ***medicine*** 임상의학

0847 forensic[legal] ***medicine*** 법의학

그래서 '국립과학수사연구원'을 영어로
National Forensic Service (NFS)라고 한다.

0848 practice ***medicine*** 의료업에 종사하다, 의사로 일하다

0849 alternative[complementary, fringe] ***medicine*** 대체의학

가장자리; 주류에서 벗어난 것

---

423 **span**

✓ short period

'한 뼘'이란 뜻에서

0850 his life ***span***

그의 (짧은) 일생

0851 Our life is but a ***span***.

인생이란 덧없는 것.

---

424 **초래[야기]하다**

✓ cause, bring about, lead to, breed, effect, generate, induce, provoke

0852 The storm ***caused*** a great deal of damage to the crops.

폭풍은 농작물에 막대한 피해를 초래했다.

0853 The war ***brought about[led to]*** the ruin of the country.

전쟁은 국토의 황폐를 초래했다.

0854 Dirt ***breeds*** disease.

불결은 병을 낳는다.

0855 We ***effected*** a change of production techniques last year.

작년에 생산 기술의 전환에 성공했다(← 전환을 가져왔다).

0856 A sensation was ***generated*** by his speech.

그의 연설로 파문이 일었다.

0857 This medicine ***induces*** sleep.

이 약은 졸리게 한다.

0858 He was ***provoked*** to write a poem.

그는 시흥이 나서(←이끌어져서, 자극되어서) 시를 썼다.

425 **enemy, foe, opponent, adversary**

✓ one who is hostile to or opposes the purposes or interests of another

0859 a political ***opponent***[rival/enemy]
정적(政敵)

0860 A stag at bay is a dangerous ***foe***.
궁지에 몰린 쥐는 오히려 고양이를 문다.

> 한국어의 관용표현에서는 '궁지에 몰린 쥐'이지만,
> 영어에서는 '막다른 곳에 몰린 수사슴'이라는 것이 흥미롭다.

> *cf.* adversity 역경
> anniversary 기념일

Comprehension Checkups

[1~10] Choose the word from the box below that best fits each definition.

mute	**opponent**	**imposing**	**distraction**	**erupt**
taboo	**mist**	**regular**	**resolution**	**rugged**

1 one who is hostile to or opposes the purposes or interests of another ________

2 a forbidden act, esp. one that goes against social customs ________

3 very fine drops of water forming a cloud near the ground ________

4 to force out or release something, such as steam, with violence or suddenness ________

5 occurring at fixed intervals ________

6 lacking the faculty of speech ________

7 strikingly large and impressive in size, scope, or extent ________

8 a thing that takes your attention away from what you are doing ________

9 a firm decision to do or not to do something ________

10 not level or smooth and having rocks rather than plants or trees ________

Answer

1 opponent | 2 taboo | 3 mist | 4 erupt | 5 regular | 6 mute | 7 imposing | 8 distraction | 9 resolution | 10 rugged

[11~20] Fill in each blank so that the two language expressions match each other.

11 당신은 묵비권을 행사할 권리가 있으며 변호사를 접견할 권리도 있다.
You have the right to r____n s____t and the right to consult a lawyer.

12 산만하게 하는 것들을 제거해야 합니다.
You have to get ___ of your dis________s.

13 나는 올해에 일기를 쓰기로 마음먹었다.
I m___ u_ m_ m___ to keep a diary this year.

14 저 만나는 사람 있어요.
I've been seeing someone on a _______ basis.

15 그렇다면 국내선을 이용하셔야지요.
Then you should use the d_______ a______s.

16 저는 이틀간 휴무입니다.
I have two days ___.

17 일부 문화에서 음주는 금기사항이다.
Drinking alcohol is a ta___ in some cultures.

18 아무리 조심해도 지나치는 법은 없다.
We cannot be ___ cautious.

19 인생이란 덧없는 것.
Our life is b__ a s__n.

20 궁지에 몰린 쥐는 오히려 고양이를 문다.
A s__g at b__ is a dangerous foe.

Answer

11 remain / silent | 12 rid / distractions | 13 made / up / my / mind | 14 regular | 15 domestic / airlines | 16 off | 17 taboo | 18 too | 19 but / span | 20 stag / bay

Words by Topic

Sports Activities

1 **archery** 궁술, 궁도

When it comes to ***archery***, it is really an unfortunate thing if you have to compete with Koreans.

2 **bleachers** (경기장의) 관중석; (야구장의) 외야석

Across the ***bleachers***, the Oregon band put down its instruments and started dancing in the aisles.

bleach가 '표백하다'라는 의미이므로, 이 말에는 '표백제; 표백하는 사람' 이라는 의미도 있다.

3 **checkered flag** 체커드 플래그

Carelli, winless since mid-June of last year, lost a five-second lead with the ***checkered flag*** in sight.

자동차 경주에서 최종 단계를 알리는 바둑판 무늬의 깃발

4 **designated hitter** 지명타자 (DH)

As with the ***designated hitter***, there would be different rules in different leagues.

5 **double(-)header** (야구 시합 따위의) 더블헤더

A ***double-header*** is two games, especially in baseball, played one after the other.

6 **end zone** (미식축구) 엔드 존(골라인과 엔드라인 사이의 구역)

As the clock ran down to zero, Harris ran down the sideline into the ***end zone***.

7 **fielder** (야구) 외야수

He was the sort of ***fielder*** who never runs but is always there when the ball lands.

8 **follow-through** 타구 후의 마무리 동작

Follow-through is the final part of the movement you make when you hit, kick, or throw the ball in a sport.

9 **Grand Slam** 그랜드슬램

큰 대회; 주요한 대회를 모두 제패하는 것; 만루 홈런

She won four consecutive ***grand slam*** events, but not in the same year.

10 **head start** (경주 따위의) 시발점에서 주어진 우위(優位)

This will give you a ***head start*** and make it difficult for the driver to follow.

11 **linebacker** (미식축구) 라인배커(LB, 수비의 2열째에 위치하는 선수)

The ball went straight into the arms of a San Diego ***linebacker***.

미국에서 미식축구의 열기는 오히려 야구보다도 더 뜨겁다고 할 수 있다. 이런 말들에 익숙해지는 것은 그만큼 그들의 문화를 이해하는데 도움이 될 것이다.

12 **massacre** 대참패

United lost in a 9-0 ***massacre*** .

원래는 '대량 학살'을 의미한다. 스포츠에서 대량 학살이라면 대참패에 비견될만할 것이다.

13 **nil** 무(無), 영

At the end of the first half, Manchester two, Arsenal ***nil***.

14 **preliminary** 예선전

He was in Lane 4, center stage, because he had gone faster than anyone else in the morning ***preliminaries*** .

cf. 준준결승 quarterfinal
준결승 semifinal
결승 final

15 **saddle** 안장

Hold the front of the ***saddle*** if you like.

16 **scrum** (럭비) 스크럼

A ***scrum*** is an arrangement of players in a game of rugby when they all push together to try and get the ball.

17 **sit-up** 윗몸일으키기

cf. 팔굽혀펴기 push-up

Jerry says he does two hundred ***sit-ups*** a day.

18 **sprinter** 단거리선수

I learned more about coaching ***sprinters*** by reading this book than I have in the past 30 years in the sport.

19 **sudden death** 서든데스

Sudden death is an extra period of time added to the end of a game when both players or teams have the same score, in which the team that scores first wins.

20 **umpire** (경기의) 심판

I thought he was out, but the ***umpire*** called him safe.

Unit 18

UNIT GUIDE

- ✓ Diagnostic Pretest
- ✓ Words and Expressions
- ✓ Comprehension Checkups
- ✓ Words by Topic: Human Body

Diagnostic Pretest

Correct the grammatical error(s) (* marks), fill in the blank(s), or choose the correct expression in the square.

---

1 T________ j________s develop in the rush hour.

2 A: Who was at the w________ when the accident occurred?
B: As I remember, my uncle was driving our car.

3 *There were a great deal of apples on the tree.

4 *A child as he was, he was brave.

5 The police described his i________y as a white male weighing 200 pounds.

6 He was told to speak briefly, [however / accordingly] he cut short his remarks.

7 Asking her marital status could be an ____vasion of individual pr________y.

Answer

1 Traffic jams | 2 wheel | 3 a great deal of → many 또는 a lot of[lots of] | 4 A child → Child | 5 identity | 6 accordingly | 7 invasion, privacy

Words and Expressions

426 **at bay**

✓ When an animal that is being hunted is ***at bay***, it must turn and face the dogs and hunters because it is impossible to escape from them.

0861 be[stand] ***at bay***
궁지에 몰려 있다

0862 bring[drive] ~ ***to bay***
~을 궁지에 몰아넣다

0863 hold[keep] ~ ***at bay***
(적 등의) 접근을 막다; (문제의) 발생을 막다

She bit her lip(s) to hold the tears at bay.
그녀는 눈물을 참으려고 입술을 깨물었다.

> bay: 벌어진 곳→만(灣)→궁지
> →기둥과 기둥 사이, 별도의 공간

---

427 **obstacle**

✓ 장애(물), 방해

0864 an ***obstacle*** to success 성공의 장애
0865 encounter[meet with] ***obstacles*** 장애에 부닥치다

= hindrance, impediment, obstruction, barrier, deterrent, hurdle, restraint

> *cf.* detergent 세제
> defer 연기하다; 양보하다

> ob-는 against의 뜻을 가진 라틴어 접두사. obstacle도 마찬가지이다.

---

428 **somehow (or other)**

✓ 어떻게든 하여

0866 We must get the car fixed ***somehow (or other)***.
어떻게든 차를 수리해야 한다.

✓ 웬일인지, 어쩐지

0867 ***Somehow*** the idea doesn't appeal to me.
웬일인지 그 생각은 마음에 들지 않는다.

0868 It got broken ***somehow (or other)***.
어쩌다가 그것이 깨졌다.

429 **교통 정체[혼잡]**

✓ traffic jam, traffic block, traffic congestion, gridlock

0869 출퇴근 시간에는 교통이 정체된다.

Traffic jams develop in the rush hour. / ***Traffic piles up*** at rush hour.

0870 그들은 교통 체증으로 꼼짝 못 했다.

They were ***caught[stuck up] in a traffic jam***.

They were ***tied[held] up in traffic***. / The ***traffic congestion*** pinned them down.

0871 이 길은 늘 막힌다.

This street is always ***congested[crowded]***.

---

430 **주목하다**

✓ pay[give, draw] attention to, observe, watch, take notice 〈of, that-clause〉

0872 The party neglects to ***pay attention to*** the simple fact that private schools are private properties.

그 당은 사립학교가 사유재산이라는 단순한 사실에 주목하지 않고 있다.

0873 ***Observe*** how the machine works.

기계가 어떻게 움직이는지 지켜보십시오.

0874 He said the central bank would closely ***watch*** the movement of property prices.

그는 중앙은행이 부동산 가격의 움직임을 주시할 거라고 말했다.

0875 Please ***take notice that*** your manuscript shall be sent to us by the appointed day.

원고를 기일까지 보내 주시도록 유념해 주시기 바랍니다.

---

431 **wheel**

✓ 회전하는 것 → 자동차의 바퀴 → 자동차의 핸들 (steering wheel)

> 자전거, 오토바이의 핸들은 handlebar라고 하며, handle은 주전자, 찻잔 등 도구의 손잡이를 말한다.

0876 an automobile with the ***wheels*** missing

바퀴가 빠진 자동차

0877 Here, you take the ***wheel***.

자, 네가 운전해.

0878 Who was at the ***wheel*** when the accident occurred?

사고가 발생했을 때 누가 운전하고 있었나요?

432 **resource**

✓ 〈~s〉 자원

0879 natural ***resources*** 천연자원

0880 This will be an investment in technology, not in human ***resources***.
이것은 인력이 아니라 기술에 대한 투자가 될 것이다.

✓ 방법, 수단

0881 We had no other ***resource*** but to wait and see.
관망하는 것밖에 다른 방법이 없었다.

0882 Flight was my only ***resource***.
내빼는 것밖에는 방법이 없었다.

비행 → 도주, 탈출

---

433 **이용하다**

✓ use, make use of, utilize, take advantage of, exploit, harness

0883 지형을 이용하다
take advantage[make use] of the lay of the land[topography]

0884 이 과정에는 중력의 법칙이 이용되고 있다.
The law of gravity is ***utilized*** in this process.

0885 우리는 우리나라의 천연자원을 충분히 이용해야 한다.
We must ***exploit*** fully our country's natural resources.

0886 그들은 그 강을 이용해서 발전소를 건설할 것을 계획하고 있다.
They are planning to ***harness*** the river to generate electricity.

---

434 **most of all**

✓ 무엇[누구]보다도, 우선 첫째로

0887 I'm going to miss you ***most of all***.
누구보다도 당신이 보고 싶을 거예요.

0888 All the governments involved must work jointly to protect their citizens and, ***most of all***, look for ways to restore peace in this war-torn country.
모든 관련국 정부는 긴밀히 협조하여 자국 시민을 보호하고, 무엇보다도 전쟁으로 파괴된 이 국가 내에서 평화 회복을 위한 방안을 모색해야 할 것이다.

예문의 길이와 수준이 이 정도면 거의 '단문독해' 수준이다. 한 문장을 정확하게 번역하는 것은 한 단락을 정확하게 바라볼 수 있는 초석이 됨을 명심하자.

= above all things, before everything else, first of all, of all things

---

435 **plenty of + (un)count noun**

✓ a lot of, lots of

0889 There was ***plenty of*** money.
돈이 많았다. (money는 불가산명사)

0890 There were ***plenty of*** apples on the tree.
나무에는 사과가 많았다. (apple은 가산명사)

cf. many + count noun
much, a great[good] deal of + uncount noun

---

436 **________ as S (may, will, would) V**

✓ 양보(though, although)

0891 ***Child as he was***, he was brave.
그는 어린애였으나 용감했다.

As child as he was의 형태에서 온 것

Child가 무관사(zero article)로 쓰였음에 유의

0892 ***Late as it was***, we started.
늦었지만 우리는 출발했다.

0893 ***Try as she would***, she could never remember a word of what he said.
아무리 해도 그녀는 그가 한 말을 한마디도 생각해낼 수 없었다.

✓ 이유

0894 ***Careless as she was***, she could never pass an examination.
그녀는 주의력이 부족해서 시험에는 도저히 합격할 수가 없었다.

0895 ***Young as he was***, it is not strange that he should have acted so foolishly.
나이가 어렸으므로 그가 그렇게 어리석게 행동을 한 것도 무리는 아니다.

437 **marine**

✓ of or relating to the sea

0896 ***marine*** exploration 해양 탐사

0897 ***marine*** life 해양 생물

0898 ***marine*** products 해산물

0899 a ***marine*** barometer 선박용 기압계

0900 ***marine*** transport(ation) 해운(海運)

0901 a ***marine*** chart 해도(海圖)

0902 ***marine*** power 해군력

0903 a ***marine*** corps [force] 해병대

'부대'를 뜻하는 이 단어는 단수와 복수의 형태가 같지만, 단수일 때는 [kɔːr]로, 복수일 때는 [kɔːrz]로 발음한다.

---

438 **(생선)회**

✓ sashimi, sushi, slices of raw fish, sliced (raw) fish

0904 참치회

slices of raw tuna / filleted raw tuna

fillet [filéi | fílit] (생선을) 저미다, 발라내다

0905 모듬회

a plate of assorted raw fish

assorted 여러 종류로 된, 다채로운 (←assort 분류하다)

0906 회를 뜨다

fillet raw fish / prepare sashimi / prepare sliced raw fish

'횟집'은 sushi restaurant 또는 sushi bar라고 한다.

---

439 **pride**

✓ 자랑, 자존심(self-respect)

0907 take ***pride*** in

~을 자랑으로 여기다.

✓ 자부하다, 자랑하다

0908 ***pride*** oneself on being a great reader of character

남의 성격을 잘 알아맞힌다고 자랑하다

440 **among과 between**

✓ 셋 이상에는 among, 두 사람[개]에는 between을 쓰는 원칙이나, 개개의 관계가 강조되는 문맥에서는 among 대신에 between을 쓰는 일도 있음

0909 a treaty[an agreement, a relationship] ***between*** the three nations
3국 간의 조약[협정, 관계]

---

441 **identity**

✓ who someone is or what something is

0910 admit[reveal] one's ***identity***
신원을 밝히다

0911 lose one's ***identity***
주체성을 잃다

0912 It could be ***identity*** theft.
명의[신원] 도용일 수 있다.

0913 The police described his ***identity*** as a white male weighing 200 pounds (90kilos), with gray hair.
경찰은 그의 신원을 90kg 나가는 백발의 백인 남성이라고 설명하였다.

---

442 **invasion**

✓ 침해, 침입, 침범

0914 an ***invasion*** of the earth from another planet
다른 행성에서의 지구 침략

0915 an ***invasion*** of viruses
병균의 침입

0916 an ***invasion*** of individual privacy
개인 프라이버시의 침해

ⓥ invade

= raid, encroachment, incursion, infringement, intrusion

---

443 **ideology**

✓ ideas that form the basis of a political, economic, or other system

0917 ***embrace*** an ideology
이데올로기를 수용하다

0918 ***espouse*** an ideology
이데올로기를 지지하다

= belief, doctrine, tenet, conviction

444 **conflict**

✓ a state of disharmony between persons, ideas, or interests

0919 provoke a ***conflict*** 분쟁을 일으키다

0920 resolve a ***conflict*** 분쟁을 해결하다

= clash, disagreement, dissension, discord, strife, hostility, contention

> *dis-* + *sense* = 생각이 서로 다른 것(dissent)
> → assent 생각이 같은 것 → 찬성, 동의(consent)

---

445 **race**

✓ a group of people united or classified together on the basis of common history, nationality, or geographic distribution

0921 the German ***race*** 게르만 민족

0922 the white[yellow] ***race*** 백색[황색] 인종

0923 colored ***race*** 유색 인종

0924 the human ***race*** 인류

0925 She's of the Caucasian ***race***. 그녀는 백인이다.

= breed, species, stock, strain

> 즉, '잡아당기기, 긴장, 과로'를 뜻하는 말과 동음이의어(homonym)가 되는 셈이다. 기존 지식과 새로운 지식이 충돌함으로써 생기는 순간적인 혼동은 즉시 확인하여 정립하는 것이 가장 좋은 대비책이다. 이를 내버려 두면 원래 알고 있던 것마저도 헷갈리게 된다.

---

446 **discrepancy**

✓ a lack of correspondence or agreement

= difference, dissimilarity, unlikeness, variation, distinction

---

447 **accordingly**

✓ 〈접속사적〉 따라서, 그러므로

0926 He was told to speak briefly, ***accordingly*** he cut short his remarks.
짤막하게 이야기해 달라는 말이 있어서 그는 자기 의견을 간단하게 말했다.

= consequently, therefore, thus

✓ 〈앞의 동사를 수식하여〉 그것에 따라서[상응하여]

0927 Anyone who violates the laws should be treated ***accordingly***.
누구나 법을 어긴 자는 그에 상응하는 처벌을 받아야 한다.

= correspondingly

448 **unify**

✓ to make into or become a unit

0928 They were ***unified*** into one nation.
그들은 하나의 국가로 통일되었다.

ⓝ unification

= ally, combine, consolidate, incorporate, join, unite

unify, unite에서 '하나'를 뜻하는 uni-는 라틴어 unus에서 온 것이다.
→ unanimous 만장일치의

449 **remedy**

✓ something, such as medicine or therapy, that relieves pain, cures disease, or corrects a disorder

0929 prescribe a ***remedy***
약을 처방하다

0930 a folk ***remedy***
민간요법

0931 a herbal ***remedy***
약초 치료법

0932 a homeopathic ***remedy***
유사(類似)[동종(同種)]요법

질병과 비슷한 증상을 유발해 치료하는 대체의학의 일종으로, 이를테면 화상을 뜨거운 찜질로 치료하는 것 등을 가리킨다.

= cure, treatment, medicine, medication, therapy, antidote

해독제

450 **avoid**

✓ get[stay, keep] away from

= escape, shun, evade, hide from, elude, dodge

⇔ confront, face

Comprehension Checkups

[1~10] Choose the word from the box below that best fits each definition.

marine	discrepancy	identity	conflict	treaty
deterrent	ideologyrace	harness	elude	

1 of or relating to the sea ________

2 who someone is or what something is ________

3 ideas that form the basis of a political, economic, or other system ________

4 a state of disharmony ________

5 a group of people united on the basis of common history ________

6 a lack of correspondence ________

7 stay away from ________

8 to control and use the force or strength of something ________

9 a thing that makes somebody less likely to do something ________

10 a formal agreement between two or more countries ________

Answer

1 marine | 2 identity | 3 ideology | 4 conflict | 5 race | 6 discrepancy | 7 elude | 8 harness | 9 deterrent | 10 treaty

[11~20] Fill in each blank so that the two language expressions match each other.

11 그들은 하나의 국가로 통일되었다.
They were ________ into one nation.

12 유색 인종에 대한 차별을 철폐해야 합니다.
We should get rid of the discrimination against c______d r___s.

13 우리 회사는 명의도용을 예방하는 조치를 채택하였습니다.
Our company adopted the measure to prevent i_______y t___t.

14 비록 늦기는 하였지만 우리는 출발했다.
Late __ it was, we started.

15 한글의 우수성은 가히 세계에 자랑할 만하다.
You can rightly t___ p____ in the worldwide recognition of Hangeul.

16 우리는 어떻게든 차를 수리해야 한다.
We must get the car fixed ____how or ot___.

17 바다는 천연자원의 보고이다.
The sea is a rich repository of n_______ r_________.

18 우리는 지형을 이용하기로 하였다.
We decided to take a_________ of the l__ of the land.

19 이것은 전진하는 군대를 궁지에 몰아넣는 대단히 효율적인 방법이었다.
This was a very efficient way to keep advancing troops a_ b__.

20 당신이 그렇게 말하는 것은 갈등을 해결하는 데 도움이 되지 않습니다.
Your saying like that doesn't help to r_____e the c______t.

Answer

11 unified | 12 colored / races | 13 identity / theft | 14 as | 15 take / pride | 16 somehow / other | 17 natural / resources | 18 advantage / lay | 19 at / bay | 20 resolve / conflict

Words by Topic

Human Body

1 **abdomen** 배, 복부(belly)

His lower abdomen was expanding and contracting in a deep, regular pattern.

2 **bronchial** 기관지의

ⓝ bronchus 기관지 (pl. bronchi)

He was presently in the grip of a bronchial infection that made it hard for him to carry on.

3 **cartilage** 연골(조직)

There were also floating bits of cartilage running round the knee.

4 **duodenum** 십이지장

pl. duodena, duodenums

A small intestinal biopsy specimen was taken from the duodenum, and routinely processed for histological examination.

[báiɑpsi] 생검(生檢)(법) (생체 조직의 현미경 검사)

조직검사

5 **eardrum** 고막

Cicadas have circular eardrums on either side of the thorax .

6 **gastric** 위(胃)의

Peptic ulcer is a convenient term which covers both gastric and duodenal ulcers.

위궤양. peptic은 '소화제, 소화기관; 소화를 돕는'이라는 의미.

7 **hiccup** 딸꾹질

Don't drink so fast – you'll get the hiccups.

8 **large intestine** 대장

The large intestine is the lower part of your bowels, where food is changed into solid waste matter.

9 **larynx** 후두(voice box)

In a healthy larynx, the chords vibrate gently, releasing puffs of air that are transformed into the voice.

10 **nasal** 코의; 콧소리의, 비음의

Doreen was a girl who always sounded as though her nasal passages were obstructed or her throat sore.

> 라틴어 ocularis는 '눈'을 의미
> → optic, optical, optician(안경사)

11 **ocular** 눈의

Improved cleanliness of young children can reduce the nasal and ocular discharges that constitute a major reservoir of infectious material.

12 **pancreas** 췌장

Insulin is a hormone produced in the pancreas that regulates how the body converts food into energy.

> *per-* 뚫고 + *spiration* 숨 쉬는 것

13 **perspiration** 발한 (작용) (sweating); 땀

To keep your body cool, wear cotton clothing that absorbs perspiration .

> 피의 혈구를 제외한 액상(液狀) 성분

14 **plasma** 혈장(血漿)

Once it is absorbed, calcium is added to plasma.

15 **puberty** 사춘기

Fourteen is a fairly normal age for a girl to reach puberty.

16 **rectum** 직장 (대장과 항문 사이)

In a few cases, it may be necessary to look at and take samples from the rectum.

17 **spine** 등뼈, 척추

For months he had hung between life and death, with a bullet in his spine.

18 **spleen** 비장, 지라

He was taken to Lee General Hospital with broken ribs and a damaged spleen.

19 **temple** 관자놀이

Your temple is the flat area on either side of your forehead next to your eyes.

20 **thyroid (gland)** 갑상선

There may be other causes as well, like a thyroid or blood-sugar problem.

Unit 19

UNIT GUIDE

- ✓ Diagnostic Pretest
- ✓ Words and Expressions
- ✓ Comprehension Checkups
- ✓ Words by Topic: Crime & Law

—

It is better to be poor than dishonest.

Diagnostic Pretest

Correct the grammatical error(s) (* marks), fill in the blank(s), or choose the correct expression in the square.

1 I was totally knocked out from ________ work.

2 He's been living in [inclusion / seclusion] since he retired from acting.

3 Hydrogen and oxygen are the [constituents / combination] of water.

4 He experimented ________ animals ________ the new medicine.

5 The doctor will be here soon. In ________ meantime, try and relax.

6 S________ to it that you do not betray our confidence.

7 He was seriously [injured / damaged] in the car accident.

Answer

1 over | 2 seclusion | 3 constituents | 4 on, with | 5 the | 6 See | 7 injured

Words and Expressions

451 **mental**

✓ of or relating to the mind

0933 a ***mental*** worker 정신노동자

cf. a manual worker 육체노동자

0934 ***mental*** power[strength] 정신력

= cerebral, cognitive, intellectual, psychological, rational

'뇌'를 뜻하는 cerebrum의 형용사.
cerebral hemorrhage 뇌출혈

---

452 **overwork**

✓ excessive work

0935 be knocked out from ***overwork***
과로로 지치다

0936 He broke down through ***overwork***.
그는 과로로 인해서 건강을 해쳤다. (= He fell ill from overwork.)

= overexertion, excessive labor, strains of work

잡아당기는 힘→긴장→중압,
부담→과로

---

453 **rest**

✓ freedom or relief from labor, responsibility, or strain

= relaxation, repose, leisure, ease, comfort

pose는 pause와 어원이 같다.
즉 중단하는 것은 쉬는 것이 된다.

---

454 **counsel**

✓ to listen to and give support or professional advice to somebody who needs help

0937 Therapists were brought in to ***counsel*** the bereaved.

= advise, exhort, instruct, admonish

유족 ⓥ bereave 빼앗다, 앗아가다

455 **retreat**

✓ a place of calm and safety, often where one goes to think

= refuge, haven, shelter, den, sanctuary, hideaway, resort, asylum

haven: 정박하는 곳→항구→피난처

den: (짐승의) 굴→(서재·침실 등) 사실(私室)

---

456 **solitude, isolation, seclusion**

✓ the state of being alone

0938 crowded ***solitude***

군중 속에서 느끼는 고독감

0939 No one can deny the painful feeling that comes with ***isolation***.

고립에서 생기는 고통스러운 감정을 부인할 수 있는 사람은 아무도 없다.

0940 He's been living in ***seclusion*** since he retired from acting.

그는 배우 활동에서 은퇴한 이후로 죽 칩거 생활을 해 오고 있다.

---

457 **gaiety**

✓ high spirit, merriment

0941 The colourful flags added to the ***gaiety*** of the occasion.

= cheerfulness, gladness, happiness, delight, pleasure, joy, mirth, elation

---

458 **disposition**

✓ arrangement, positioning, distribution

✓ the combination of qualities that identify a person

= mood, temperament, character, personality, nature

dis– 떨어져 + *position* 놓는 것 = 배열, 배치→성격, 기질
ⓥ dispose 배치하다, 마음이 내키게 하다

---

459 **구성요소**

✓ element: 기본적이며 불가결한 요소

0942 Letters are the ***elements*** out of which all our words are formed.

문자는 모든 말을 구성하는 데 불가결한 요소이다.

✓ component: 분리 가능한 존재로서 성분의 하나

0943 the ***components*** of a machine
기계 부품들

✓ constituent: 구성 요소 전부를 가리키며 불가결한 구성 분자라는 뜻이 강함

0944 Hydrogen and oxygen are the ***constituents*** of water.
수소와 산소는 물의 성분이다.

0945 the ***constituents*** of a ray of light
광선의 구성 분자

✓ factor: 어떤 특정한 결과의 요인

0946 common ***factors*** in the development of social unrest
사회 불안의 일반적 요인

✓ ingredient: 혼합물의 성분

0947 the ***ingredients*** of a drink 음료의 성분

언어학자(linguist)들, 특히 의미론(semantics)을 하는 이들에 의하면 '세상에 완벽한 한 쌍의 동의어는 없다'고 한다. 위의 예에서 보는 바와 같이 소위 동의어라고 하는 말들도 조금씩 다른 상황에 사용되는 것이다. 최근 어휘 시험에서는 이러한 내용도 반영되는 경향이 있어 수험자들을 매우 당황스럽게 하고 있다. 동의어를 무분별하게 암기하기보다는 자신의 어휘력 목록을 체크하는 정도로 활용하고, 가능하면 단어들 간의 뉘앙스 차이에 오히려 더 관심을 기울여야 할 것이다. '문장에서 담화로의 이동'이라는 현대 영어교육의 흐름을 실감할 수 있는 대목이다.

---

460 experiment

✓ 실험하다

0948 ***experiment*** on animals with a new medicine
신약을 갖고 동물 실험을 하다

0949 ***experiment*** with new methods of teaching
새로운 교수법을 실험하다

= explore, investigate, probe, test

---

461 alloy

✓ a metal that is formed by mixing two types of metal together, or by mixing metal with another substance

0950 Brass is an ***alloy*** of copper and zinc.
놋쇠는 구리와 아연의 합금이다.

0951 Steel is an ***alloy*** of iron, carbon and other elements such as phosphorus and nickel.
강철은 쇠와 탄소 및 인과 니켈 같은 기타 원소들의 합금이다.

= admixture, mixture, amalgam, composite, compound

---

462 **lean**

✓ 기울(이)다 → (사상 등이) 치우치다

0952 ***lean*** forward[back] 몸을 앞으로 구부리다[뒤로 젖히다]

0953 ***lean*** toward communism 공산주의로 기울어지다

= recline, incline, bend, slant

기울다 → decline(기울다, 쇠퇴하다, 거절하다)

---

463 **reusable**

✓ *re*– 다시 + *use* 사용 + *able* 할 수 있는

이렇듯 단어를 쪼개면 다시 의미를 가진 최소의 단위인 이른바 형태소(morpheme)라 하는 것들이 등장한다. 부지불식간에 익혀온 것들, 이제 의식적으로 하나씩 점검하다보면 어휘 증강의 속도가 배가될 것이다. 우리가 이 책에서 심심찮게 보고 있는 어원들도 따지고 보면 형태소에 대한 자각에서 출발한다고 할 수 있다.

0954 the development of ***reusable*** energy resources
재생 에너지 자원의 개발

0955 Keep ***reusable*** grocery bags in the trunk of your car.
재활용 가능한 장바구니를 차의 트렁크에 가지고 다니세요.

0956 The first ***reusable*** space ship, Space Shuttle is launched for the first time.
최초의 재사용 가능한 우주선, 스페이스 셔틀이 최초로 발사됩니다.

---

464 **(in the) meantime**

✓ in the period of time between now and a future event, or between two events in the past

0957 The doctor will be here soon. ***In the meantime***, try and relax.

0958 I didn't see her for another five years, and ***in the meantime*** she had got married and had a couple of kids.

= meanwhile

465 **convert**

✓ change or cause to change in form, character, or function

0959 The drive of the Ministry of Education to ***convert*** the current undergraduate course into a medical graduate school would lead to an inefficient educational system, I think.

현행 학부 과정을 의학대학원으로 전환하려고 하는 교육부의 추진은 비효율적인 교육 시스템을 초래할 것이라고 나는 생각한다.

---

466 **telescope**

✓ tele 멀리 + scope 보는 것

0960 microscope : *micro* (small) + *scope* = 현미경

0961 periscope : *peri* (around) + *scope* = 잠망경

0962 riflescope : *rifle* (총) + *scope* = 사냥용 총의 조준 망원경

어원(etymology)이라는 것은 생산성이 있을 경우에만 학습 의미가 있다. 어원 하나 암기하고 해당 어휘 고작 하나 늘리는 식의 외국어 학습은 대단히 비효율적이다. 초동 학습자의 경우 어원 학습이 주를 이루어서는 안 된다. 어원학은 언어학자들조차 대단히 부담스러워하는 고전 인문학이다.

---

467 **instrument**

✓ 기구, 도구 → 악기(음악 기구)

0963 surgical[astronomical] ***instruments***

외과용[천문]기계

0964 musical ***instruments***

악기

0965 a stringed[percussion, wind] ***instrument***

현[타, 관]악기

---

468 **have[be] yet to ~**

✓ 이제(yet) 해야 한다(have to) → 아직 ~하지 않다

0966 He ***has[is] yet to*** learn that I have succeeded.

내가 성공한 것을 그는 아직 모르고 있다.

0967 Much ***yet*** remains ***to*** be done.

여전히 해야 할 일이 많다.

469 **reveal**

✓ 드러내다, 폭로하다

0968 ***reveal*** a plan of action
행동계획을 누설하다

0969 ***reveal*** one's ignorance
무식을 드러내다

0970 The report ***revealed*** (the fact) that many teenagers are alcoholics.
그 보고서는 많은 10대 아이들이 알코올 중독임을 밝혔다.

= bare, expose, show, uncover, betray, disclose, divulge

re 뒤로 + *veal* 가리개 = 가리개를 뒤로 치우다 → veil

---

470 **see to it that ~**

✓ to make sure that something happens

0971 Can you ***see to it that*** everyone knows the date of the meeting?
모임 날짜를 모두들 알고 있는지 확인 좀 해주시겠어요?

0972 ***See to it that*** you do not betray our confidence (in you).
우리가 너에게 가지고 있는 신뢰를 배신하지 않도록 확실하게 해라.
→ (의역) 우리 기대에 어긋나지 않기를 바란다.

직역과 의역의 문제는 전체의 맥락을 얼마나 이해했는가, 또 과거의 독서량이 어느 정도 되는가, 그리고 언어적 센스 혹은 구사력의 개인차 등에 의해 사람마다 다르다. 번역을 결코 쉽게 보아서는 안 된다.

---

471 **buckle (up)**

✓ (단단히) 죄다, 채우다

0973 ***buckle (up)*** one's belt
혁대를 채우다

0974 ***Buckle up***, please.
안전벨트를 매 주십시오. (= Please fasten[wear] your seat belt.)

0975 She ***buckled*** the baby into the seat.
그녀는 아기를 시트에 앉히고 벨트를 채웠다.

---

472 **desert**
[dézərt]

✓ 사막

0976 the ship of the ***desert*** 사막의 배 (낙타의 별칭)

= sand, wasteland, wilderness

473 **desert**

[dizə́:rt]

✓ 버리다

0977 The husband ***deserted*** his wife.

그 남편은 아내를 버렸다.

= abandon, forsake, leave

어원적으로는 '사막'을 의미하는 desert와 같다. 사막은 버려진 것이므로.

---

474 **dessert**

[dizə́:rt]

✓ 디저트 (식사의 마지막 코스)

= afters

---

475 **injured**

✓ 〈신체가〉 다친

0978 an ***injured*** leg

부상당한 다리

0979 the ***injured*** party

피해자

0980 the dead and the ***injured***

사상자 (= the killed and the wounded, casualties, losses)

0981 be seriously[slightly] ***injured***

중상[경상]이다

사람과 그 신체에 대해 사용한다는 점의 유의한다. 물건의 손괴에는 보통 damage라는 말을 쓰며, 구분 없이 편하게 쓰기에는 harm과 같은 말이 있다.

Comprehension Checkups

[1~10] Choose the word from the box below that best fits each definition.

alloy	percussion	counsel	repose	launch
mental	retreat	disposition	ingredient	gaiety

1 a metal that is formed by mixing two types of metal together ________

2 of or relating to the mind ________

3 freedom or relief from labor or strain ________

4 to listen to and give support to somebody who needs help ________

5 a place of calm and safety, often where one goes to think ________

6 high spirit ________

7 the combination of qualities that identify a person ________

8 a component part or element ________

9 send (a rocket, missile, etc.) on its course ________

10 musical instruments played by hitting them with your hand or with a stick ________

Answer

1 alloy | 2 mental | 3 repose | 4 counsel | 5 retreat | 6 gaiety | 7 disposition | 8 ingredient | 9 launch | 10 percussion

[11~20] Fill in each blank so that the two language expressions match each other.

11 그 보고서는 많은 10대 아이가 알코올 중독임을 밝혔다.
The report re____ed that many teenagers are alco______.

12 내가 성공한 것을 그는 아직 모르고 있다.
He has ___ to learn that I have succeeded.

13 안전벨트를 매어 주십시오.
B______ u_, please.

14 사상자의 수는 아직 파악되고 있지 않다.
The number of the d___ and the i_______ is not known yet.

15 지하실을 여분의 침실로 개조하면 어떨까?
Why don't we con____ the basement ____ the spare bedroom.

16 정신노동자들의 어려움을 이해할 수 있습니까?
Can you understand the difficulties of m_____ w_____s?

17 그는 과도한 노동으로 인해 건강을 해쳤다.
He b____ d___ through excessive labor.

18 치료 전문가들이 유가족을 상담하기 위해 왔다.
Therapists were brought in to counsel the be______.

19 놋쇠는 구리와 아연의 합금이다.
Brass is an alloy or c_____ and z___.

20 그는 똑같은 실수가 반복되지 않도록 주의했다.
He ___ to it that the same mistake was not repeated.

Answer

11 revealed / alcoholics | 12 yet | 13 Buckle / up | 14 dead / injured | 15 convert / into | 16 mental / workers | 17 broke / down | 18 bereaved | 19 copper / zinc | 20 saw

Words by Topic

Crime & Law

1 **acquit** 석방하다, 무죄로 하다

His lawyer thought he had a good chance of being ***acquitted*** at the trial, if no further evidence was found.

라틴어에서 온 어근 quit는 'rest'의 뜻, 즉 '휴식할 수 있는 자유가 주어진 상태'를 의미 → quiet(휴식할 수 있는 조용한 상태), quit(쉬다 → 해방하다 → 떠나다, 그만두다)

2 **black market** 암시장(暗市場)

Apart from drugs, detectives believe money is laundered from a variety of ***black market*** deals involving arms and high technology.

3 **collusion** 공모

In fact, the political party will be in ***collusion*** with evil if it does not stand on the side of the victim.

ⓥ collude (= conspire)

4 **delinquency** 범죄, (청소년의) 비행

The study clearly demonstrates the link between juvenile ***delinquency*** and child abuse.

ex 밖으로 + *tort* 비틀다
→ distort(비틀다, 왜곡하다)

5 **extort** (돈 따위를) 억지로 빼앗다, 강탈하다

He sought to ***extort*** money by threatening to reveal secrets about his boss's private life.

6 **forensic** 과학수사의, 법의학의

Forensic evidence showed that the woman had been raped before being murdered.

이 단어를 얼마 전에 본 기억이 나는지... 422번 어휘였는데... 가물가물할 때는 주저 없이 다시 찾아보기 바란다. 귀찮음은 어휘 학습의 최대 난적(亂賊)이다.

7 **grand jury** 대배심

Being called before a ***grand jury*** does not mean a witness has done anything wrong.

발음에 유의 [indáitmənt]

8 **indictment** 기소(장), 고발(장)

A 15-page ***indictment*** was placed before the panel of judges.

juris 맹세, 법 + *diction* 선언

9 **jurisdiction** 재판권, 사법권

In general, the American courts have no ***jurisdiction*** to deal with crimes outside the USA.

10 **larceny** 절도죄[범]

Most hackers are more interested in ***larceny*** than espionage, targeting credit card numbers and bank records.

null 무효의, 존재하지 않는; 영

11 **nullify** 무효로 하다, 폐기[취소]하다

부정선거(투표자의 수를 속이는)

The election results were ***nullified*** because of voter fraud.

12 **parole** 가석방

He was released on ***parole*** after serving two years.

13 **penal** 형(刑)의, 형벌의; 형법상의, 형사상의

These mainly constructive changes in ***penal*** policy were not matched by changes within the prison system.

14 **plaintiff** (민사상) 원고(原告)

⇔ 피고: the accused(형사), defendant(민사)
형사상 원고는 accuser, prosecutor라고 함

Ten ***plaintiffs*** are suing the companies for damages from the blast.

15 **probation** 집행유예, 보호관찰

The judge sentenced Jennings to three years' ***probation***.

16 **ransom** 몸값, 배상금

The kidnappers were demanding a ***ransom*** of $250,000.

17 **smuggle** 밀수입[수출]하다

The guns were ***smuggled*** across the border.

18 **subpoena** 소환장, 호출장

A ***subpoena*** to them, I suggest, is bound to uncover a good deal of information, including doctors' names.

19 **technicality** 전문적 사항[방법]; 절차상의 문제, 형식

Baxter was released on a ***technicality*** because his offence was committed in the city, and only a city judge had the authority to sign the warrant.

근거→보증→영장

20 **testimony** 증언

In his ***testimony***, he denied that the company had ignored safety procedures.

라틴어 testis는 'witness'의 뜻이었다.
➜ testify(증명하다, 증언하다)

Unit 20

UNIT GUIDE

- ✓ Diagnostic Pretest
- ✓ Words and Expressions
- ✓ Comprehension Checkups
- ✓ Words by Topic: Geography & Geology

Diagnostic Pretest

Correct the grammatical error(s) (* marks), fill in the blank(s), or choose the correct expression in the square.

1 * The judge commanded that the thief remains in prison for two years.

2 It [exasperates / expounds] me to hear comments like that.

3 The Nile River [empties / evacuates] into the Mediterranean Sea.

4 No [defense / offense], but isn't that a little paranoid?

5 The drought exh________ed the water supply.

6 Few musicians are as ver________le as he is: he plays, composes, arranges, and teaches.

7 As a writer, he was so fer________ that he wrote as many as 100 novels.

Answer

1 remains → (should) remain | 2 exasperates | 3 empties | 4 offense | 5 exhausted | 6 versatile | 7 fertile

476 **recommend**

✓ 추천하다, 권하다

0982 I ***recommend*** that you (should) think carefully.
신중히 생각하는 것이 좋아.

= commend, suggest, offer, propose

---

477 ***should* in that-clause**

✓ 명령, 주장, 제안, 요구, 중요, 필요 등을 나타내는 동사, 형용사, 명사 뒤에서

0983 The judge commanded that the thief ***(should)*** remain in prison for two years.

0984 It is very important that every child ***(should)*** have the same education.

---

478 **무조건 should만?**

✓ *Many witnesses insisted that the accident **should take place** on the crosswalk. (수능 기출)

많은 학습자들이 명령, 주장, 제안, 요구, 당위성, 필요성, 중요성 등의 어구에 동반하는 that절에서는 무조건 should나 가정법현재(동사원형)를 사용해야 하는 것으로 생각하는 경향이 있지만, 꼭 그렇지만은 않으므로 주의를 요합니다. 그렇게 본다면 위의 예문은 틀릴 것이 없습니다. 그렇지만 위의 예문은 분명히 문법적으로 잘못되었습니다. 종속절에 should나 가정법현재를 사용한다는 것은 that절 앞의 어구들이 that절에 당위성을 부여할 때에 한하기 때문입니다. '목격자들이 사고가 일어나야 한다고 주장했다'라고 번역하는 것은 이치에 맞지 않는 우스꽝스러운 표현이 됩니다. 즉 이 경우 동사 insisted는 that절에 당위성을 부여하는 것이 아니라 that절의 사실을 있는 그대로 주장하는 것이므로 should를 빼고 직설법으로 표현해야 맞습니다. 그러면 어떻게 고쳐야 할까요? 사고가 일어난 시점이 주장한 시점보다 먼저이므로 대과거(had+p.p.)를 이용해서 should take place를 had taken place로 고치는 것이 가장 무난하겠습니다. 의미(meaning)를 배제한 기계적인 형태(form)의 암기가 얼마나 위험한 것인가를 잘 보여주는 사례라 하겠습니다.

—「What a Grammar!」 p. 213 (한국문화사. 이광희)

479 **first aid**

✓ 응급 치료, 구급 요법

0985 a ***first aid*** kit
응급용 약품 세트

0986 give[apply] ***first aid*** to urgent cases
응급 환자에게 응급 치료를 하다

---

480 **at (the) best**

✓ used to emphasize that something is not very good even if you consider it in the best possible way (기껏해야 → 좋아봤자)

0987 The campaign was ***at best*** only partially successful.

0988 The technique is ***at best*** ineffective and at worst dangerous.

최악의 경우에; 아무리 나빠도

---

481 **at (the) most**

✓ used to say that you think an amount cannot be larger than the amount you are mentioning (기껏해야 → 많아봤자)

0989 It'll take 20 minutes ***at the most***.

0990 There were ***at most*** 50 people in the audience.

0991 The boy looked nine ***at the very most***. (= he was probably younger)

---

482 **화나게 하다**

0992 It really ***irritates*** me when he doesn't help around the house.

0993 It ***exasperates*** me to hear comments like that.

0994 The dog would not have attacked if it hadn't been ***provoked***.

0995 It ***infuriated*** him that his girlfriend was with another man.

0996 The governor's racist comments ***enraged*** civil rights activists.

0997 It really ***annoys*** me when I see people dropping litter.

483 **the Mediterranean (Sea)**

✓ 지중해

0998 ***The Mediterranean*** is a sea surrounded by the countries of South Europe, North Africa, and Southwest Asia.

0999 The Nile River empties into ***the Mediterranean Sea***.
나일 강은 지중해로 흘러든다.

cf. the Arctic Ocean 북극해, the Antarctic Ocean 남극해
the East Sea 동해, the Yellow Sea 황해, the Red Sea 홍해

medi– 중간 + *terra* 땅 = 지중(地中)

---

484 **epidemic**

✓ 〈병 따위의〉 유행[만연](하는)

1000 a flu ***epidemic*** 유행성 독감

1001 a cholera ***epidemic*** 콜레라의 유행

cf. endemic 풍토병(의), pandemic 전국적[세계적] 유행병(의)

demic은 '사람들'을 뜻하는 후기 라틴어 demos에서 온 말
epi–는 between, en–은 in, pan–은 all을 뜻하는 접두어

---

485 **죽다**

✓ die ; pass away; be gone; breathe one's last; meet one's end[death]; lose one's life; be killed; perish; kick the bucket; expire; close one's day[life]; end one's career; leave this world; go to the better world

병으로 죽을 때는 die of, 다른 원인으로 죽을 때는 일정치 않음
die by violence[the sword], die from wounds, die of thirst[hunger, sorrow, disappointed love]

이 많은 표현들을 순서대로 다 외울 수 있느냐가 중요한 것이 아니다. 하나씩 보며 어휘력을 점검하는 차원으로 활용해야 한다. '외우고 있다'보다 더 확실한 것은 '알고 있다'라는 것이다

'자살하다'는 kill oneself 또는 commit suicide

486 **malaria**

✓ *mal* (bad) + *aria* (air)

1002 ***mal***function, ***mal***formed fish, ***mal***nutrition

487 **affect**

✓ ~에 영향을 미치다, 작용하다

1003 The changes of this period ***affected*** English in its vocabulary.

이 시기의 변화는 영어의 어휘에 영향을 미쳤다.

✓ ~인 체하다(pretend)

1004 ***affect*** indifference[ignorance, composure]

무관심한[아무것도 모르는, 침착한] 체하다

1005 I ***affected*** not to understand.

나는 모르는 체했다.

동사 compose의 파생명사
- composition 구성; 작문, 작곡
- composure 침착, 평정

488 **bloodstream**

✓ blood (피) + stream (흐름) = 혈류

1006 air***stream***

(고층) 기류 (= airflow)

1007 down***stream***

하류로, 강 아래로 (↔ upstream 상류로)

1008 head***stream***

(하천의) 원류(源流)

1009 main***stream***

(강의) 본류; (활동·영향의) 주류

489 **coordinate**

✓ to bring together for a common purpose → to harmonize

1010 She ***coordinated*** a research project by telling each scientist what to do.

1011 We ***coordinated*** the colors of wall paint and furniture in our living room.

co– 함께 + *order* 순서, 질서
→ subordinate(아랫사람), superordinate(윗사람)

490 **vehicle**

✓ a machine, such as a car or truck, that travels to transport people or goods

1012 We took our ***vehicle*** to the mechanic for its yearly safety inspection.

---

491 **violation**

✓ an act of breaking a law, contract, rule, etc.

1013 A ***violation*** of a law can bring punishment.

= breach, encroachment, infraction, infringement, trespass

---

492 **criminal**

✓ a person who commits a serious crime, like theft or murder

= convict, culprit, lawbreaker, malefactor, offender, outlaw

---

493 **offense**

✓ the breaking of a law or rule

1014 He committed a minor ***offense*** by parking his car on the wrong side of the road.

✓ something that hurts others' feelings

1015 Her bad behavior was an ***offense*** to others attending church.

1016 No ***offense***, but isn't that a little paranoid?

편집[망상]성의

---

494 **diversity**

✓ 다양(성)

1017 There is a ***diversity*** of opinion as to the matter.
그 일에 대해서는 여러 가지 의견이 있다.

1018 The greater the ***diversity*** in a community, the less civic engagement it shows.
사회의 다양성이 커질수록 그 사회의 민간참여는 줄어든다.

1019 Ethnic ***diversity*** is, on (the) balance, an important social asset.
인종의 다양성은 따지고 보면 중요한 사회적 자산이다.

ⓐ diverse (*di*– 떨어져 + *verse* 회전하다 → converse(거꾸로의), reverse(반대의), verse(운문))

= variety, difference, variance

---

495 **originality**

✓ 독창력[성]

1020 a man of ***originality*** 독창력 있는 사람

1021 a work of ***originality*** 독창적인 작품

1022 She was a writer of astonishing imagination and ***originality***.
그녀는 놀랄만한 상상력과 독창성을 가진 작가였다.

= novelty, creativity, ingenuity

> ⓐ ingenious
> *cf.* ingenuous 솔직한, 순진한

---

496 **versatile**

✓ capable of doing many things competently

1023 Few musicians are as ***versatile*** as he is: he plays, composes, arranges, and teaches.

> diverse에서 보았던 어근이 versa로 변형된 것뿐이다. '다재다능한' 것은 '구부러질 수 있는' 유연한 능력이다.

ⓝ versatility

= adaptable, all-purpose, multifaceted, multipurpose

---

497 **exhaust**

✓ 다 써버리다

1024 My patience was ***exhausted***.
참을성의 한계가 지났다.

1025 The drought ***exhausted*** the water supply.
가뭄으로 저수량이 바닥났다.

= use up, consume, deplete, dissipate, drain

498 **fertile**

1026 ***fertile*** land[soil]

1027 As a writer, he was so ***fertile*** that he wrote as many as 100 novels.

기본적으로 '많이 만들어 내는'의 의미를 가지며 이 단어를 어디에 적용하느냐에 따라 '다산(多産), 다작(多作), 혹은 땅이 비옥하다' 등의 의미를 가진다. 영어와 우리말이 서로 일대일로 대응하지 않는다는 사실을 깨닫는 것은 학습의 큰 진척이다. 어휘는 머릿속에 그리고 몸으로 느낄 때 활용 가능성이 가장 높아진다.

---

499 **periodical**

✓ a publication issued at regular intervals

1028 Where does the library keep current ***periodicals*** ?

period가 '기간'을 의미한다는 것만 알면 쉽게 짐작할 수 있는 단어이다. 물론 period의 파생 형용사로서 '정기적인' 혹은 '정기간행물의'와 같은 의미를 나타낼 수도 있다.

cf. weekly 주간, biweekly 격주, monthly 월간
semi-monthly 월 2회, quarterly 계간, annual 연간

---

500 **output**

✓ 출력

1029 the daily ***output*** of automobiles
하루 자동차 생산량

1030 The industrial ***output*** figures showed widening disparities across industries.
산업 생산 수치는 업종별로 큰 차이를 보였다.

= product, production, turnout, yield

어떠한 대상이 되었건 '입력(input)'의 반대 개념이다. 예를 들어 작가가 어떤 경치를 보고 시를 지었다면 input은 경치가 되고 output은 시가 되는 것이다. 또 학생이 받아쓰기를 하였다면 input은 교사의 발화이고, output은 학생의 답안이 될 것이다.

Comprehension Checkups

[1~10] Choose the word from the box below that best fits each definition.

versatile	fertile	culprit	violation	offense
vehicle	coordinate	periodical	endemic	affect

1 to bring together various people and activities for a common purpose ________

2 an act of breaking a law, contract, rule, etc. ________

3 something that hurts others' feelings ________

4 capable of doing many things competently ________

5 a publication issued at regular intervals ________

6 a person who has done something wrong or against the law ________

7 regularly found among particular people or in a certain area ________

8 to pretend to be feeling or thinking something ________

9 a machine that travels to transport people or goods ________

10 of land or soil that plants grow well in ________

Answer

1 coordinate | 2 violation | 3 offense | 4 versatile | 5 periodical | 6 culprit | 7 endemic | 8 affect | 9 vehicle | 10 fertile

[11~20] Fill in each blank so that the two language expressions match each other.

11 참을성의 한계가 지났다.
My patience was ex_______.

12 그 일에 대해서는 여러 가지 의견이 있다.
There is a d_______y of opinion as to the matter.

13 나는 모르는 체했다.
I af_____ed n__ to understand.

14 그는 뇌물 수수 사건으로 고민 끝에 자살했다.
Worry about the bribery case drove him to c_____ s______.

15 여행이나 캠핑할 때는 반드시 응급용 약품 세트를 가지고 가십시오.
Be sure to keep your f____ a__ k__ available while you travel or camp.

16 기껏해야 20분 걸릴 겁니다.
It'll take 20 minutes a_ t__ m___.

17 그는 아프리카의 만성적인 가난과 영양실조에 맞서 싸우기를 원한다.
He wants to battle Africa's chronic p_____y and mal_________.

18 그는 90세에 숨을 거두었다.
He b_______ his l___ at the age of 90.

19 그녀의 행동은 교회에 출석한 다른 이들의 기분을 상하게 했다.
Her behavior was an off___e to others attending church.

20 그녀는 놀랄만한 상상력과 독창성을 가진 작가였다.
She was a writer of astonishing im_________ and ori________.

Answer

11 exhausted | 12 diversity | 13 affected / not | 14 commit / suicide | 15 first / aid / kit | 16 at / the / most | 17 poverty / malnutrition | 18 breathed / last | 19 offense | 20 imagination / originality

Words by Topic

Geography & Geology

1 **archipelago** 군도(群島)

The view was spectacular, taking in most of the fifteen islands of the ***archipelago***.

2 **axis** 지축(地軸)

The Earth rotates on an ***axis*** between the north and south poles.

3 **borough** 자치구

Many of those ***boroughs*** have the worst housing, longest waiting lists and highest poverty levels of the country.

'지키는 장소'에서 출발하여 '성→도시'의 뜻으로 변화. Edinburgh, Canterbury, Hamburg 에서 볼 수 있는 burgh, bury, burg 등으로 발전. → bury(지키다→파묻다)

4 **confluence** (강 따위의) 합류(점)

Here is the ***confluence*** of two Han Rivers: Bukhan and Namhan Rivers. That's why we call this point Dumulmeori.

'함께(con-) + 흐르다(flu←flow)'의 구조가 보이면 절대 어려운 단어가 아니다. 배운 것을 적극적으로 떠올려 활용해보자!

5 **contour** 윤곽; 등고선

An architect planned for a house that follows the ***contours*** of the hillside.

6 **corridor** 회랑(回廊) 지대

A ***corridor*** is a narrow area of land between cities or countries that has different qualities or features from the land around it.

7 **cove** 작은 만(灣)

This place is a perfect ***cove*** of white sand bordered by black lava rock.

8 **crevasse** 갈라진 틈, (빙하의) 균열

A ***crevasse*** is a deep open crack in the thick ice on a mountain.

9 **dune** 모래 언덕

I lay there feeling my stomach sinking slowly into the sand on the top of the ***dune***.

10 **ecosystem** 생태계

Many species of burrowing insects are essential for maintaining a healthy soil ***ecosystem***.

ⓥ burrow 굴을 파다, 굴에서 살다
(위에서 학습한 borough와 같은 어원)

11 **erode** 부식하다; 침식하다

Caves are formed by water ***eroding*** rock.

그래서 gridlock이 '교통 정체'라는 뜻이 되는 것이다.

12 **grid** 바둑판 모양, 격자

In many U.S. cities, the streets are organized in a ***grid***.

13 **islet** 아주 작은 섬

They moored in the evenings to the various ***islets*** which dotted the river.

14 **isthmus** 지협

An ***isthmus*** is a narrow piece of land with water on both sides, that connects two larger areas of land such as the Isthmus of Panama.

15 **marsh(land)** 습지(대)

Marshland is land with a lot of wet, muddy areas.

16 **pampas** 팜파스(남아메리카, 특히 아르헨티나의 대초원)

An important trade is concerned with the exploitation of the great grasslands variously known as prairie, ***pampas***, savannah, etc.

17 **plateau** 고원, 대지(臺地)

They were tired and ill and they could not walk up to the ***plateau***.

18 **ravine** 협곡, 산골짜기, 계곡

A bus plunged 250 feet into a ***ravine***, killing thirty people.

19 **rugged** 울퉁불퉁한

He loved the ***rugged*** landscape of the West.

20 **uncharted** 해도[지도]에 실려 있지 않은; 미지의

Space is filled with unknown stars and ***uncharted*** galaxies.

Unit 21

UNIT GUIDE

- ✓ Diagnostic Pretest
- ✓ Words and Expressions
- ✓ Comprehension Checkups
- ✓ English by Context: 영국이 기르면 프랑스가 먹는다?

—

To flatter people is to lay a trap for their feet.

Diagnostic Pretest

Correct the grammatical error(s) (* marks), fill in the blank(s), or choose the correct expression in the square.

---

1 월식
a lunar ________

2 박사 논문
a doctoral ________

3 (미국의) 하원과 상원
the House of ________________ and the ________

4 Eating too much salt can cause fluid [retention / attention].

5 Anyone doing that is [liable / likable] to a fine.

6 The dose was ad________ed to the child intravenously.

7 꽃꽂이를 하다
________ flowers

Answer

1 eclipse | 2 dissertation | 3 Representatives, Senate | 4 retention | 5 liable | 6 administered | 7 arrange

Words and Expressions

501 **lunar**

1031 **a lunar eclipse** 월식

⇔ a solar eclipse

1032 **the lunar orbit** 달의 궤도

1033 **the lunar calendar** 음력

⇔ the solar[Julian] calendar

〈 Julius Caesar

---

502 **충동**

1034 ~하고 싶은 충동을 느끼다

feel[have] an ***urge*** to ~

1035 충동을 억제하다

suppress[stifle, inhibit, resist] an ***impulse***

1036 충동으로 구매하다

buy on ***impulse***

---

503 **논문**

1037 ~을 주제로 (석사) 논문을 쓰다

write a ***thesis*** on ~

1038 학회에서 (연구) 논문을 발표하다

present a ***paper*** at the conference

1039 박사 논문의 주제가 무엇입니까?

What is your doctoral ***dissertation*** on?

---

504 **밑바닥**

1040 구두의 밑바닥

the ***sole*** of a shoe

1041 밑바닥으로부터 출세하다

rise out of the ***depths***

(액체 표면에) 떠 있는 찌끼→최하층

1042 밑바닥 생활을 하는 사람들

the ***submerged tenth[class]*** ; the ***scum*** of society

영국 국민의 1/10은 궁핍의 밑바닥에 있다고 한 William Booth(1829–1912)의 말에서.
cf. the upper ten 상류 계급

505 **Congress**

✓ is the elected group of politicians that is responsible for making the law in the United States. It consists of two parts: the House of Representatives (하원) and the Senate (상원).

cf. Parliament (영국) 의회
→ 하원(the House of Commons)과 상원(the House of Lords)으로 구성

---

506 **govern**

✓ manage, oversee, regulate, supervise, control, dominate, rule, tyrannize

⇔ follow, obey, submit

---

507 **primitive**

✓ ancient, prehistoric, primal [práiməl] , aboriginal, native, primeval [praimíːvəl]

⇔ modern, cultured, refined, advanced

> Unit 21부터는 느낌이 조금 다르지요? 중·상급 학습자로 도약하기 위한 과정입니다. 앞에서 배웠던 것들도 많이 보일 겁니다.

---

508 **detail**

1043 **(down) to the smallest detail**
극히 사소한 세목에 이르기까지

1044 **defeat[beat] in detail**
각개격파(各個擊破)(하다)

1045 **detail by detail**
하나하나 상세히

---

509 **retention**

✓ keeping

1046 **The company needs to improve its training and retention of staff.**
그 기업은 교육과 직원 유지[이직 방지]를 개선할 필요가 있다.

1047 **Eating too much salt can cause fluid retention.**
소금을 너무 많이 섭취하면 체액의 이상 정체 현상이 생길 수 있다.

1048 Visual material aids the retention of information.
시각적 자료는 정보의 보존을 돕는다.

ⓥ retain

---

510 관습

1049 상거래 관습
a commercial ***practice***

1050 옛 관습을 지키다
keep (on) old ***usage*** alive

1051 이것은 이 지방의 오랜 관습이다.
This is a ***custom*** of long standing in this district.

1052 그는 관습에 얽매이는 사람이 아니다.
He is ***unconventional***. / He's an ***unfettered*** man.

fetter 차꼬를 채우다, 구속하다

---

511 벌금

1053 벌금을 과하다
fine <a person> / impose[inflict] a ***fine*** on <a person>

1054 그것을 행하는 자는 누구든지 벌금에 처한다.
Anyone doing that is liable to a ***fine***.

책임을 져야 할, 면할 수 없는

---

512 administer

1055 to administer a charity/fund/school
자선단체/기금/학교를 운영하다

1056 to administer justice/the law
법을 집행하다

1057 The dose was administered to the child intravenously.
그 약은 그 아이에게 정맥주사로 투여되었다.

정맥을 vein이라 하고 그 형용사형이 venous이다. intra-는 '안으로'를 의미하니 이 단어는 '정맥 안으로'라는 뜻이 되는 것이다.

1058 His wife could not have administered the poison.
그의 아내가 그 독약을 주입했을 리가 없다.

1059 He administered a severe blow to his opponent's head.
그는 상대의 머리에 심한 가격을 가했다.

513 **arrange**

✓ 기본적으로 '줄을 맞추어 배열하다'라는 의미에서

1060 arrange flowers
꽃꽂이를 하다

1061 arrange the dining room for supper
저녁 식사 준비를 하다

1062 Everything is all arranged.
만반의 준비가 다 되었다.

1063 It was arranged for Bill to accompany her.
빌이 그녀와 동반하기로 결정되었다.

1064 arrange disputes[differences] between them
그들 사이의 다툼을 조정하다

---

514 **제외하고**

1065 Now clear everything from your desk ***except (for)*** your pencils and erasers.
이제 책상 위에 연필과 지우개를 제외하고 모두 치우십시오.

1066 I can eat everything, ***save (for)*** insects.
나는 벌레를 제외하고는 어떤 것도 먹을 수 있다.

1067 There was no one left ***but*** me.
남은 것은 나뿐이었다.

1068 Everyone, not ***excepting*** myself, agreed to the plan.
나 자신을 포함해서 모두가 그 안에 찬성했다.

1069 There are 26 days in this month, ***exclusive of*** Sundays.
이달은 일요일을 빼고 26일이다.

1070 All his novels are set in Italy ***with the exception of*** his last.
그의 모든 소설은 마지막을 제외하고는 배경이 이탈리아이다.

1071 Most of the sites did not offer services in languages ***other than*** English.
대부분 사이트가 영어로만 쓰여 있었다.

---

515 **exile**

✓ enforced removal from one's native country

= banishment, deportation, expulsion; 추방된 자 expatriate, fugitive, outcast

516 **border**

✓ the dividing line between two countries

= boundary, confines, edge, perimeter [pərímitər], periphery, margin, fringe, hem

---

517 **상징하다**

1072 The red rose ***symbolizes*** love in this poem.
이 시에서 빨간 장미는 사랑을 상징한다.

1073 Kites, ***representing*** the 32 qualifying countries, graced the skies.
32개 본선 진출국을 나타내는 연들이 하늘을 장식했습니다.

1074 What does the 'LKH' ***stand for***?
LKH는 무엇을 나타내나요?

---

518 **lengthy**

✓ drawn out, prolonged, protracted, long-winded

tract 끌다 → attract, detract(줄이다, 손상시키다), trace(끌어서 생긴 흔적)

---

519 **ensue**

✓ 계속해서 일어나다; 결과를 가져오다

1075 Heated discussions ensued.
격론이 벌어졌다.

1076 What will ensue on[from] this?
이제부터 무엇이 일어날까?
→ 이것은 어떤 결과를 가져올까?

1077 as the days ensued
날이 감에 따라

---

520 **증명하다**

1078 무죄를 증명하다
prove one's innocence

1079 학설을 증명하다
verify[confirm] a theory

1080 이 사람은 본교 교원임을 증명함.
This is to ***certify*** that this person is a teacher at our school.

1081 그 이론은 아직 과학적으로 증명되지 않았다.
The theory is not yet scientifically ***established***.

---

521 **draw**
관련 표현

✓ ***draw a blank***
to fail to find or remember something
1082 I tried to remember her telephone number, but I could only draw a blank.

✓ ***draw and quarter***
to punish severely
1083 The teenager was drawn and quartered for wrecking the family's only car.

✓ ***draw straws***
to decide by a lottery with straws of unequal lengths
1084 Let's draw[cast] straws[lots] to decide who should go first.

---

522 **feature**

✓ 특징 → 얼굴의 특징: 이목구비 → 언론의 특징: (신문·텔레비전 등의) 특집
1085 An interesting feature of the city is the old market.
그 도시의 재미있는 특색 중 하나가 재래시장이다.
1086 his strong handsome features
그의 또렷하고 잘생긴 이목구비
1087 a special feature on education
교육 특집 기사[방송]
1088 water feature
(정원의) 인공 폭포[수로, 연못]

cf. figure 형상; 인물; 숫자; 도표, 삽화

---

523 **exclaim**

✓ to cry out suddenly from surprise or emotion
1089 The children exclaimed with excitement.

= cry, ejaculate, holler, shout, vociferate, yell

voice + *fer* (carry) → transfer, confer, infer, refer, ferry

524 **설명(說明)**

1090 슬라이드로 설명하다

illustrate with[by] slides

1091 대충 설명하다

explain briefly[roughly] / give a brief ***explanation***

1092 왜 그런 행동을 했는지 설명해 보시오.

Please ***account for*** your conduct.

1093 그 교수는 우주의 본질을 설명했다.

The professor ***elucidated*** the nature of the universe.

1094 인생에는 설명할 수 없는 것이 많이 있다.

There are many ***inexplicable*** things in life.

〈 explicate 해설하다

---

525 **기간, 간격(間隔)**

✓ **일간**

1095 일간신문

a ***daily*** (newspaper)

✓ **주간**

1096 시사 주간지

a ***weekly*** (news magazine)

1097 격주의

biweekly, fortnightly , every other[second] week

✓ **월간**

1098 월간지

a ***monthly*** (magazine)

1099 격월 발행의 잡지

a ***bimonthly*** (magazine)

cf. semimonthly 월 2회 발행의

✓ **계간(季刊)**

1100 계간지

a ***quarterly*** (magazine)

✓ **연간**

1101 연간의

yearly, annual

1102 격년(隔年)에 열매를 맺다

bear fruit ***biennially[every second/other year]***

1103 4년마다의

quadrennial

1	mono	6	hexa
2	di, bi, dual	7	hepta
3	tri	8	octa
4	tetra, quad(ri)	9	nona
5	penta	10	deca

Comprehension Checkups

[1~20] Follow the directions in each of the questions below. (filling in the blanks, multiple-choice questions, finding grammatical errors (* mark), vocabulary corresponding to the English definition, etc.)

1 음력
the ____ calendar

2 충동으로 구매하다
buy ______________

3 밑바닥으로부터 출세하다
rise out of the d___s

4 govern의 유의어가 아닌 것
① submit ② regulate
③ supervise ④ tyrannize

5 소금을 너무 많이 섭취하면 체액의 이상 정체 현상이 생길 수 있다.
Eating too much salt can cause fluid re______.

6 그는 관습에 얽매이는 사람이 아니다.
He is un________al. / He's an un_____ed man.

7 그것을 행하는 자는 누구든지 벌금에 처한다.
Anyone doing that is li___ to a f__.

8 '제외하고'의 영어 표현이 아닌 것
① except (for) ② save (for)
③ but ④ another than

9 enforced removal from one's native country
ex__

10 이 사람은 본교 교원임을 증명함.
This is to c_____ that this person is a teacher at our school.

11 I tried to remember her telephone number, but I could only ___ a blank.

12 Let's draw st___ to decide who should go first.

13 그녀의 눈이 그녀에게서 가장 눈에 띄는 부분이었다.
Her eyes are her most st_____ f_____.

14 그의 또렷하고 잘생긴 이목구비
his s____ handsome f_____

15 exclaim의 유의어가 아닌 것
① ejaculate ② yowl
③ holler ④ vociferate

16 왜 그런 행동을 했는지 설명해 보시오.
Please a_____ f__ your conduct.

17 인생에는 설명할 수 없는 것이 많이 있다.
There are many inex_______ things in life.

18 격주의
bi_____, fort______

19 격년(隔年)에 열매를 맺다
bear fruit bi________[every __________ year]

20 4년마다의
____ennial

Answer

1 lunar | 2 on impulse | 3 depths | 4 ① | 5 retention | 6 unconventional / unfettered | 7 liable / fine | 8 ④ | 9 exile | 10 certify | 11 draw | 12 straws | 13 striking / feature | 14 strong / feature | 15 ② | 16 account / for | 17 inexplicable | 18 biweekly / fortnightly | 19 biennially / second[other] | 20 quadrennial

영국이 기르면 프랑스가 먹는다?

영어 단어를 가만히 들여다보면 프랑스어에서 유래된(originated) 것들이 제법 많습니다. 가령 beef(소고기), pork(돼지고기), mutton(양고기)은 사실 프랑스어에서 그대로 들여온 말(차용어(借用語), loan word)입니다. 거기서는 차례대로 bœuf [bœf/뵈프], porc [pɔːʀ/뽈끄], mouton [mutɔ̃/무똥]이라고 하지요.

그런데 말입니다, 영어가 된 beef, pork, mutton은 도살한(slaughtered, butchered) 식용(edible) 고기를 뜻합니다. 각각의 살아 있는 동물을 나타내려면 cow, hog, sheep처럼 차용어가 아닌 원래부터가 영어인 말을 써야 하지요. 어째서 살아 있으면 영어이고 죽으면 프랑스어일까요? 언어의 역사를 연구하는 학자들에 따르면 여기에는 나름의 역사적인 배경이 있는데요, 그것은 1066년 프랑스어를 사용하는 바이킹족이 영국을 침략하여 3세기 넘도록 식민 통치를 한 사건(Norman Conquest)과 관련하여 이해할 수 있다는 것입니다. 피지배 계급(governed class)이 된 영국인들은 이제 프랑스어 화자들의 지배를 받게 된 것이지요. 남의 일이 아닌 것 같네요. 어쨌든 언어의 관점에서 35년의 아픔을 겪은 우리나라에 아직도 일제의 잔재(remaining vestiges of Japanese imperialism)가 남아 있는 것을 본다면, 300년이 넘는 세월은 틀림없이 영어의 모습을 무척이나 많이 바꾸어 놓았을 것입니다. 게다가 프랑스어는 라틴어의 한 방언(dialect)으로 시작했으니 영어 단어에 라틴 계열의 어원(etymology)이 많은 것은 당연한 얘기입니다.

영미권 화자들이 프랑스인들을 오만하다고(arrogant) 생각하고, 또 프랑스인들이 웬만하면 영어를 쓰지 않으려고 하는 등, 그들 간에 은근히 깔린 미묘한(subtle) 대립과 반목(antagonism)이 아마도 이러한 연유(cause)에서 비롯된 게 아닐까 싶습니다.

Unit 22

UNIT GUIDE

- ✓ Diagnostic Pretest
- ✓ Words and Expressions
- ✓ Comprehension Checkups
- ✓ English by Context: 사투리가 외국어로?

Diagnostic Pretest

Correct the grammatical error(s) (* marks), fill in the blank(s), or choose the correct expression in the square.

---

1 그는 쓰레기 같은 인간이다.
He is a good-for-_______.

2 주택단지
a housing _______ment

3 Women and children were eva_______ from the war zone.

4 He has a [dark / black] eye from the blow.

5 내 말 좀 끝까지 들어봐요.
Hear me [in / out], please.

6 적을 요새에서 쫓아내다
___lodge the enemy from their fortifications

7 전화통에 대고 소리쳐 음식을 주문했다.
He [barked / biked] orders into the telephone for food.

Answer

1 nothing | 2 development | 3 evacuated | 4 black | 5 out | 6 dislodge | 7 barked

Words and Expressions

526 소비자

1104 최종 소비자

an ultimate ***consumer***

> con− + sume (take) → assume, presume, resume

1105 소비자 지향의

consumer-oriented

1106 소비자 물가 지수

the ***consumer*** price index (CPI)

---

527 재난

1107 재난을 당하다

meet with ***misfortune*** / have ***bad luck***

1108 재난을 모면하다

escape a ***disaster***

1109 나는 뜻밖의 재난을 당했다.

I met with an unexpected ***calamity***.

1110 재난의 연속이다.

One ***calamity*** has followed on the heels of another.

---

528 쓰레기

1111 부엌 쓰레기

kitchen ***refuse*** / ***garbage***

1112 쓰레기 버리는 곳

a ***garbage*** dump

1113 〈게시〉 쓰레기 투기 금지

No ***dumping***.

1114 인간쓰레기

the ***dregs*** of mankind / the ***scum*** of society

1115 그는 쓰레기 같은 인간이다.

He is a ***good-for-nothing***.

529 **toxic**

✓ poisonous

1116 The factory is sending out toxic waste.

= noxious, unhealthy, venomous, virulent [vírjulənt], deadly, fatal, lethal, mortal

→ nuisance, obnoxious(불쾌한)

venom (뱀의) 독

〈L. virus 독 → virus ('독'을 의미하는 라틴어 virus는 영어에서도 그대로 virus라는 말로 남았다.)

→ toxemia(독혈증; 임신중독증), toxication(중독), toxin(독소), toxiphobia(독물 공포증)

---

530 **단지(團地)**

1117 주택단지
a housing ***development[complex, project]***

1118 종합운동장
a sports ***complex***

---

531 **잠그다**

1119 창고 잠그는 것을 잊지 말아라.
Don't forget to ***lock up*** the warehouse.

1120 문하고 창문을 모두 잠갔어요?
Have you ***fastened*** all the doors and windows?

1121 가스를 잠그다
turn off the gas / ***turn*** the gas ***out***

1122 나는 수도 잠그는 것을 잊어버렸다.
I forgot to ***turn off*** the water.

---

532 **(액체·기체 등이) 새다**

1123 공기[가스]가 새지 않는 파이프
an ***airtight***[a ***gastight***] tube

1124 파이프에서 가스가 새고 있다.
Gas is ***leaking[escaping]*** from the pipe.

1125 수도꼭지에서 물이 똑똑 떨어진다.
Water is ***trickling*** from the faucet.

cf. 방수(防水)의, 물이 새지 않는
waterproof, water-repellent, water-resistant

533 **evacuate**

✓ 비우다; 대피시키다

1126 Women and children were evacuated from the war zone.

< L. e- 밖으로 + vacu 빈 + ate 동사파생접미사 → 밖으로 비우다 → 대피시키다 → vacant, vacation, vacuum

---

534 **ovum**

✓ the female reproductive cell of animals

= egg

⇔ sperm, semen

→ seed

---

535 **nail 관련 표현**

✓ ***a nail in(to) one's coffin***

목숨을 줄이는 것(술, 담배, 무절제 등)

✓ ***bite one's nails***

손톱을 물어뜯다 → 안절부절못하다

✓ ***hit the (right) nail on the head***

요점[핵심]을 찌르다

✓ ***on the nail***

당면한; 즉석에서(on the spot)

1127 the subject on the nail 당면한 문제

1128 pay on the nail 즉석에서 지불하다

✓ ***to the (finger)nail***

철저히, 완전히, 빈틈없이

---

536 **멍**

1129 멍들다

be ***bruised***

1130 가혹한 말이 그녀의 마음에 상처를 주었다.

Harsh words ***bruised*** her feelings.

1131 그는 맞아서 눈에 멍이 들었다.

He has a ***black eye*** from the blow.

1132 그는 싸움 후에 온몸에 멍이 들었다.

He was ***black and blue*** all over after the fight.

537 **aloof**

✓ distant physically or emotionally

1133 The President should remain aloof from everyday politics.

1134 She acts aloof toward people because she is very shy.

= detached, indifferent, remote, reserved, withdrawn, unapproachable

---

538 **강조의 particle**

✓ well

1135 He makes well over $200,000 a year.
그의 수입은 1년에 20만 달러를 훨씬 넘는다.

1136 He must be well past fifty.
그는 50세를 훨씬 넘었을 것이다.

✓ ***up***

1137 eat[drink] up
다 먹어 치우다[마셔버리다]

1138 pack it up neatly
깨끗이 포장하다

1139 I finished up all my homework.
숙제를 싹 다 끝냈다.

✓ ***out***

1140 I had my sleep out.
자고 싶은 만큼 실컷 잤다.

1141 Hear me out, please.
제발 끝까지 들어 주세요.

1142 Working all day tired me out.
온종일 일해서 기진맥진했다.

✓ ***off***

1143 kill off the rats
쥐를 전멸시키다

1144 Clear off the table.
탁자를 말끔하게 치워라.

불변화사: 관사, 전치사, 접속사 등 어형 변화가 없는 것을 말한다.

539 **sap**

✓ the watery liquid in plants and trees

1145 Maple syrup is made from sap extracted from the sugar maple tree.

✓ to weaken or destroy gradually

1146 The hot sun sapped our energy.

1147 Years of failure have sapped him of his confidence.

---

540 **지진**

1148 지진파 a ***seismic***[an ***earthquake***] wave

1149 지진계 a ***seismo***meter; a ***seismo***graph

1150 지진학 ***seismo***logy

〈 Gk. seismo 지진

---

541 **dislodge**

1151 dislodge a heavy stone with a crowbar
쇠지레로 무거운 돌을 치우다

1152 dislodge a beast from its lair
짐승을 굴에서 몰아내다

1153 dislodge the enemy from their fortifications
적을 요새에서 쫓아내다

dis + lodge 오두막, 정자 = 빼내다, 제거하다
→ lobby, lodging house(하숙집)

---

542 **충돌**

1154 상사와 충돌하다
come into ***conflict*** with one's boss

1155 그는 툭하면 동료들과 충돌한다.
He ***quarrels*** with his colleagues at the drop of a hat.

신호가 있으면; 즉시

1156 This plan ***clashes*** with his interests.
이 계획은 그의 이익과 상충한다.

1157 여당은 법안 처리를 놓고 야당과 충돌했다.
The ruling party ***collided*** with the opposition over the handling of legislation.

ⓝ collision

= impact, crash, smash

543 **~동안**

1158 과거 5년 동안
for the past five years

1159 어떤 여자가 부재중에 두 번 전화했습니다.
A woman called twice ***during*** your absence.

during은 특정 기간, for는 시간의 양
during the week 그 1주일 동안(에) (When~에 대한 답)
for a week 1주일 동안 (How long~에 대한 답)

1160 살아 있는 동안은
as long as one lives / ***while*** one lives

1161 그러는 동안에 저녁 준비가 되었다.
In the meantime supper was ready.

1162 We hurried home ***amid[in the middle of]*** the storm.
폭풍우가 한창 몰아치는 가운데 급히 집에 갔다.

---

544 **bark**

✓ (짐승이) 짖다 → (사람이) 외쳐대어 말하다

1163 bark at a stranger
낯선 사람에게 짖어대다

1164 Barking dogs seldom bite.
〈속담〉 짖는 개는 좀처럼 물지 않는다.

1165 He barked out his orders.
그는 고함쳐서 주문했다.

✓ 나무껍질(을 벗기다)

1166 Beavers eat bark, roots, leaves and twigs.
비버는 나무껍질, 뿌리, 잎 그리고 가지를 먹는다.

'짖다'라는 의미의 bark는 고대영어 beorcan에서, '나무껍질'의 bark는 중세 스칸디나비아의 게르만어 börkr에서 유래하였다. 즉, 어원적 계통의 차이가 있는 만큼 여기서 이 두 의미의 확장성을 생각하는 것은 무리이다. 사전에서 bark1, bark2로 별개 어휘 취급하는 것도 그와 같은 연유에서이다.

---

545 **diminutive**

✓ small, little, petite, puny, runty, scrawny, meager

이 단어에서 diminish, minute [mainjúːt], minus, minor가 보이는가?

546 **riddle**

✓ 수수께끼

= conundrum, puzzle, enigma, mystery

✓ (벌집처럼) 구멍투성이로 만들다

1167 a door riddled with bullets
총탄으로 벌집처럼 된 문

---

547 **lumber, timber**

✓ wood used for building houses or making furniture

1168 The man who cannot be trusted is to society what a bit of rotten timber is to a house.

A is to B what[as] C is to D: A의 B에 대한 관계는 C의 D에 대한 관계와 같다 (A:B= C:D)

---

548 **infamous**

✓ well known for something bad

'유명하지 않은'의 의미로 착각하지 않도록 유의

발음에도 유의: [infe´iməs]가 아니라 [ínfəməs]

= notorious

---

549 **험담(險談)**

1169 I caught him ***digging dirt on*** me.
= I caught him ***speaking ill of*** me.
그가 내 험담을 하는 것을 발견했다.

1170 He always ***talks badly about*** others behind their back.
그는 사람들 등 뒤에서 항상 험담을 한다.

1171 I wish you would stop ***bad-mouthing*** her.
네가 그 여자애 험담을 안했으면 좋겠어.

1172 There's a lot of ***gossip*** about him.
그에 관해 사람들이 이러쿵저러쿵 말이 많다.

---

550 **penance**

✓ self–punishment suffered for religious reasons

= atonement, contrition, expiation, propitiation, repentance, remorse

Comprehension Checkups

[1~20] Follow the directions in each of the questions below. (filling in the blanks, multiple-choice questions, finding grammatical errors (* mark), vocabulary corresponding to the English definition, etc.)

1 재난의 연속이다.
One cal____ has followed on the h___ of another.

2 그는 쓰레기 같은 인간이다.
He is a good-for-______.

3 toxic의 유의어가 아닌 것
① noxious ② robust
③ venomous ④ virulent

4 주택단지
a housing d________[c_____, p_____]

5 수도꼭지에서 물이 똑똑 떨어진다.
Water is tri_____ from the faucet.

6 Women and children were eva_____ from the war zone.

7 ovum의 반의어
________, ________

8 안절부절못하다
b__ one's nails

9 그는 맞아서 눈에 멍이 들었다.
He has a b___ eye from the blow.

10 aloof의 유의어가 아닌 것
① detached ② indifferent
③ reserved ④ approachable

11 내 말 좀 끝까지 들어봐요.
Hear me __, please.

12 the watery liquid in plants and trees

____

13 지진파

a s_____ wave

14 적을 요새에서 쫓아내다

dis____ the enemy from their fort________

15 여당은 법안 처리를 놓고 야당과 충돌했다.

The r____ p___ col____ with the opposition over the handling of legislation.

16 전화통에 대고 소리쳐 음식을 주문했다.

He b____ o____ into the telephone for food.

17 diminutive의 유의어 아닌 것

① petite ② puny

③ runty ④ merger

18 '수수께끼'의 영어 표현이 아닌 것

① riddle ② conundrum

③ puzzle ④ stigma

19 wood used for building houses or making furniture

________, ________

20 self-punishment suffered for religious reasons

pe____, at______

Answer

1 calamity / heels | 2 good-for-nothing | 3 ② | 4 development[complex, project] | 5 trickling | 6 evacuated | 7 sperm / semen | 8 bite | 9 black | 10 ④ | 11 out | 12 sap | 13 seismic | 14 dislodge / fortifications | 15 ruling / party / collided | 16 barked / orders | 17 ④ | 18 ④ | 19 lumber / timber | 20 penance / atonement

사투리가 외국어로?

우리가 보통 사투리, 또는 방언(dialect)이라고 하는 것은 어떻게 생겨났을까요(how did it originate)? 언어의 역사를 연구하는 학자들의 설명은 이렇습니다.

시간을 한참 거슬러 올라가 보면 특정 지역의 사람들은 처음에 모두 같은 느낌의 말을 사용하고 있었다고 합니다. 음의 고저(pitch), 단어의 강세(stress), 문장의 억양(intonation) 등 하나의 언어가 공유할 수 있는 음성적(phonetic), 음운적(phonological) 요소 간의 차이가 전혀 없었단 말이지요.

자, 이제 시간이 흐릅니다. 지리적(geographical) 이유가 되었건, 정치적(political) 이유에서건 아무튼 사람들은 서로 일정한 무리를 이루게 되고, 집단 간의 왕래는 오랜 시간 동안 뜸해지게 됩니다. 서로의 말도 조금씩 달라지기 시작하면서 말이지요. 처음에는 아마 '저 사람 말을 좀 이상하게 하네(he's got a little different accent)', 뭐 이 정도 차이로 생각했을 겁니다.

긴 시간이 흐르고 또 흐릅니다. 그러다 보면 차이가 점점 더 벌어져 심지어는 서로 의사소통이 거의 불가능한(almost impossible to communicate with each other) 상황에까지 이르게 되는데요, 이렇게 되면 사실상 방언의 차원을 넘어서 외국어(foreign language)로 인식하는 정도까지 가게 됩니다. 그 대표적인 예가 바로 이탈리아어(Italian), 스페인어(Spanish), 프랑스어(French)입니다. 이 세 언어는 모두 그 옛날 유럽의 공용어(common language)로서 로마제국(Roman Empire)의 언어였던 라틴어(Latin)의 방언으로부터 출발했습니다. 그래서 오늘날에도 이 말들을 "로망스어"라고 부르는 겁니다. 그들의 먼 조상은 서로 거리낌(hesitation) 없이 대화를 나누었단 말이죠.

우리나라도 과거 탐라국이라 했던 제주를 한반도로 편입시켰기에 망정이지 다른 정치 체제로 오랫동안 떨어져 살았다면(if we have lived apart for a long time under a different political system), 지금 제주공항에 내려서 제일 먼저 봐야 할 게 다름 아닌 외국어 안내서일지도 모를 일입니다.

Unit 23

UNIT GUIDE

- ✓ Diagnostic Pretest
- ✓ Words and Expressions
- ✓ Comprehension Checkups
- ✓ English by Context: Spoonerism (두음전환, 頭音轉換)

—

Quarrels disappear when gossip stops.

Diagnostic Pretest

Correct the grammatical error(s) (* marks), fill in the blank(s), or choose the correct expression in the square.

---

1 포도주의 병마개를 뽑다
un_______ a bottle of wine

2 ___poon:
a weapon consisting of a blade on a pole attached to a rope, used for hunting big fish

3 제때의 한 바늘은 나중의 아홉 바늘을 던다.
_____________________________.

4 의식주(衣食住)
f_______, c_______, and s_______

5 pouch:
a small bag often closing with a [drawstring / hamstring]

6 발암물질
ca_______gen

7 식물원
[biological / botanical] gardens

Answer

1 uncork | 2 harpoon | 3 A stitch in time saves nine |
4 food / clothing / shelter | 5 drawstring | 6 carcinogen | 7 botanical

551 **뽑다**

1173 (나무) 가시를 뽑다

pull out a splinter

> ※ thorn 장미 가시
> prickle (식물 잎, 동물 피부의) 가시
> bramble 덤불 가시
> bur 밤송이 가시
> fish bone 생선 가시
> *cf.* sprinter 단거리 주자

1174 이를 뽑다

have a tooth ***pulled (out)[extracted]***

1175 잡초를 뽑다

dig up weeds / ***weed*** a garden

1176 제비를 뽑아 결정하다

draw[cast] lots

1177 새의 털을 뽑다

pluck feathers from a bird

1178 포도주의 병마개를 뽑다

uncork[open] a bottle of wine

---

552 **내내, 줄곧**

1179 1년 내내

throughout the year; ***all*** (the) year ***(a)round***

1180 내내 선두를 달리다

lead the race ***from start to finish***

1181 서울에서부터 내내 서서 왔다.

I was kept standing ***all the way*** from Seoul.

1182 그 애는 내내 말썽이다.

That boy is troublesome ***as ever***.

1183 그는 3년 동안 내리 학급 수석이다.

He has been at the top of his class for ***the whole*** three-year period.

---

553 **뽐내다**

1184 그것은 뽐낼 것이 못 된다.

That's nothing to ***boast of[brag about]***.

1185 그는 항상 저만 잘난 것처럼 뽐낸다.

He is always ***puffed up*** with self-importance.

1186 그녀가 요리 솜씨를 뽐낸다.
She ***prides herself on*** her cooking.

---

554 **glee**

✓ a feeling of joyful satisfaction
= delight, jollity, joy, merriment, mirth

---

555 **harpoon**

✓ a weapon consisting of a blade on a pole attached to a rope, used for hunting big fish
1187 A sailor threw[hurled, fired] a harpoon at a whale.
1188 The whale dived as the harpoon struck it.

---

556 **sled**

✓ a vehicle used for carrying people or loads over ice and snow
= sledge, sleigh, bobsleigh(경기용), toboggan

sled를 비롯하여 이 말들에서 slide가 보이는지...

---

557 **hide**

✓ 가죽 → 피부 → 안전 → 목숨

동사 hide가 '가리다, 숨기다'의 뜻이므로 명사 hide는 '가려주는 것 → 가죽'이 된 것이다.

1189 have a thick hide
낯가죽이 두껍다, 무신경이다
1190 She would do anything to save her own hide.
그녀는 자신의 목숨을 구하기 위해서 무슨 짓이든 할 것이다.

---

558 **stitch**

✓ 깁다, 꿰매다; 한 바늘, 한 땀 → 조금, 약간
1191 stitch by stitch
한 땀 한 땀씩, 조금씩, 착실히
1192 a wound requiring eight stitches
여덟 바늘을 꿰매는 부상

1193 He didn't do a stitch[bit] of work.
그는 조금도 일을 하지 않았다.

1194 A stitch in time saves nine.
〈속담〉 제때의 한 바늘은 나중의 아홉 바늘을 던다.

= patch, embroider

이 말은 특히 '자수하다(수를 놓다)'라는 의미이다.

---

559 **tendon**

✓ 힘줄, 건(腱)

1195 the tendon of Achilles, Achilles' tendon
아킬레스건

= sinew, string

sinewy arm 힘줄이 굵은 팔
strings in the meat 고기 힘줄

---

560 **shelter**

✓ 피난처, 은신처

1196 an air-raid[bombproof] shelter
방공호

1197 a night shelter for the homeless
노숙자들을 위한 야간 쉼터

1198 an animal shelter
동물 보호소

1199 a bus shelter
(지붕이 달린) 버스 정류소

1200 food, clothing, and shelter
의식주(衣食住)

= housing, lodging, quarters, haven, protection, refuge, sanctuary

'숙소, 거처; 막사' 등의 뜻일 때 복수형 → headquarters

---

561 **rod**

✓ (가느다랗고 둥근) 막대 → 회초리 → 낚싯대(fishing rod) → 피뢰침(lightning rod)

1201 a curtain rod 커튼 막대

1202 give a person the rod 남을 매질하다

1203 Spare the rod and spoil the child.
〈속담〉 귀한 자식 매로 키워라.

1204 A rod in pickle tends to be more tormenting than to be beaten now.
앞으로 떨어질 체벌이 지금 맞는 것보다 더욱 고통스러운 경향이 있다.

> 준비되어[대기하고] 있는 벌(회초리에 탄력을 주려고 소금물에 담그는 데서 유래한 표현)

hot rod (마력과 속도를 높이기 위해) 개조한 자동차
hot rodder 스피드광, 폭주족

---

562 license

✓ 허가, 면허

1205 a license to practice medicine
의사 개업 면허

1206 grant a person a license to excavate
남에게 발굴 허가를 내주다

= certificate, permit, permission, warrant, authorization, entitlement

> per (통과) + mit, mis (보내다) = 통과시키다, 허락하다
> → transmit, admit, missile, mission

---

563 available

✓ present and ready for use

= at hand, ready, accessible, handy, obtainable, procurable, securable

⇔ inaccessible, inconvenient, unavailable

---

564 pouch

✓ a small bag often closing with a drawstring

1207 Baby kangaroos live in a pocket or pouch on their mothers' stomachs.

= bag, pack, pocket, purse, sack, satchel

> 모두 '가방'을 뜻하는 라틴어 saccus에서 온 말이다.

565 **cloud**
관련 표현

✓ ***a cloud on the horizon***
something that is likely to spoil a situation
1208 The only cloud on the horizon is the possibility of a hostile takeover.

✓ ***on cloud nine***
extremely happy
1209 I was a bit down before, but now I'm floating on cloud nine.

✓ ***under a cloud***
with your reputation damaged because you may have done something wrong

✓ ***Every cloud has a silver lining.***
something good usually comes out of a bad situation

---

566 **brink**

✓ the upper edge of a steep or vertical slope → the verge
1210 the brink of a cliff
1211 on[at] the brink[verge] of starvation

---

567 **scatter**

✓ 흩뜨리다, 뿌리다
1212 scatter seeds over the field
밭에 씨를 뿌리다
1213 The path was scattered with flowers.
길에는 꽃들이 여기저기 피어 있었다.

= disperse, dissipate, disseminate, distribute, spread, sprinkle, strew

> 이 단어의 어근에서 semen, seed가 보이는가?
> 즉, 이 말은 '씨를 뿌리다'라는 뜻이다.

---

568 **우연히**

1214 나는 우연히 그 가게에 들렀다.
I dropped in at the store quite ***by chance***.

> drop in at + 장소
> drop in on + 사람

1215 나는 우연히 그 사실을 알게 되었다.

I found out the truth ***by accident[incident]***.

1216 우연히 그들은 현장에 있었다.

They ***happened[chanced] to*** be on the spot.

1217 우연히 어떤 생각이 떠올랐다.

An idea ***crossed*** my mind.

An idea ***struck[occurred to, hit]*** me.

⇔ intentionally, with design, purposely, on purpose, deliberately

---

569 extent

✓ 정도

1218 to a certain[limited, some] extent[degree]

어느 정도까지는

1219 They lacked vitality to a surprising extent.

그들은 놀라울 정도로 활기가 없었다.

1220 To what extent can he be trusted?

그를 어느 정도까지 신용할 수 있겠는가?

> ex(밖으로) + tent(늘이다) = 늘어난 정도
> → extend, tendon

---

570 diet 관련 표현

✓ ***a low-fat, salt-free diet***

저지방, 무염(無鹽)식

✓ ***be on a diet***

다이어트 중이다

✓ ***staple diet*** 주식(主食, staple food)

1221 Bamboo is the panda's staple diet.

대나무는 판다의 주식이다.

1222 a staple diet of meat and potatoes

고기와 감자로 된 주식

571 **sticky**

✓ adhesive, gluey, gummy, pasty, tacky, viscous

⇔ slippery, greasy, oily, slick, soapy

---

572 **intestinal**

✓ 장(腸)의

1223 the intestinal wall
장벽

1224 an intestinal worm
회충(roundworm, mawworm, ascarid)

intestine 장(bowels)
small intestine 소장
large intestine 대장

→ internal

---

573 **carcinogen**

✓ a cancer-causing substance

cf. contaminant 오염 물질
attractant 유인 물질(동물을 끌기 위한)
neurotransmitter 신경 전달 물질
harmful[hazardous] substance 유해 물질

---

574 **botany**

✓ the science or study of plants

botanist 식물학자(⇔ zoologist)

botanical gardens 식물원

---

575 **code**

✓ 법전; 기호, 암호

1225 the code of civil[criminal] procedure
민사[형사]소송법

1226 the Code of Hammurabi
함무라비 법전

1227 the code of honor
사교상의 예법; 신사[숙녀]도; (옛날) 결투의 예법

1228 **a message[a telegram] in code**
암호 전보

1229 **break the enemy's codes**
적의 암호를 해독하다

= (법) law, regulation, rule, standard, statute
(암호) cryptogram, cryptograph

crypt (secret) + gram, graph (letter, write)
→ cryptic(숨은, 비밀의), cryptanalysis(암호문 해독),
cryptology(암호학), cryptonym(익명(anonymity))

Comprehension Checkups

[1~20] Follow the directions in each of the questions below. (filling in the blanks, multiple-choice questions, finding grammatical errors (* mark), vocabulary corresponding to the English definition, etc.)

1 포도주의 병마개를 뽑다

un___ a bottle of wine

2 줄곧 서 있었다.

I was kept standing a_ t_ w_.

3 그것은 뽐낼 것이 못 된다.

That's nothing to b__ a___.

4 glee의 유의어가 아닌 것

① delight ② jollity

③ mirth ④ stickiness

5 a weapon consisting of a blade on a pole attached to a rope, used for hunting big fish

____

6 '썰매'를 뜻하는 영단어 3개

________, ________, ________, ________, ________

7 She would do anything to save her own side / hide.

____

8 제때의 한 바늘은 나중의 아홉 바늘을 던다.

________________________________.

9 아킬레스건

the t____ of Achilles

10 의식주(衣食住)

f__, c______, and s_____

11 귀한 자식 매로 키워라.

S___ the rod and s___ the child.

12 의사 개업 면허

a license to p______ m______

13 available의 유의어가 아닌 것

① admissible ② accessible
③ procurable ④ securable

14 a small bag often closing with a drawstring

____

15 extremely happy

on cloud ___

16 the upper edge of a steep or vertical slope

____

17 길에는 꽃들이 여기저기 피어 있었다.

The path was sc______ with flowers.

18 나는 우연히 그 가게에 들렀다.

I d_____ in _ the store by chance.

19 주식(主食)

s____ diet[food]

20 회충

an inte_____ worm

Answer

1 uncork | 2 all / the / way | 3 brag / about | 4 ④ | 5 harpoon | 6 sled / sledge / sleigh / bobsleigh / toboggan | 7 hide | 8 A stitch in time saves nine | 9 tendon | 10 food / clothing / shelter | 11 Spare / spoil | 12 practice / medicine | 13 ① | 14 pouch | 15 nine | 16 brink | 17 scattered | 18 dropped / at | 19 staple | 20 intestinal

English by Context

Spoonerism (두음전환, 頭音轉換)

TV의 한 오락프로에서 '여보! 보일러 댁에 아버님 놓아드려야 하겠어요'라는 익살스러운(ludicrous) 표현을 듣고 한참 웃었던 적이 있습니다. 어떤 광고를 흉내 내서 웃음을 주려고 했던 것이지요. 언어학(linguistics)에서는 이를 두음전환(spoonerism) 현상이라고 하는데요, 두 소리나 단어 일부를 치환(transposition)하는 것을 일컫습니다.

영국의 목사이자 학자였던 William Archibald Spooner(1844~1930)라는 사람이 이런 실수를 하도 많이 해서 결국 그의 이름을 딴 언어학 용어(terminology)가 만들어지게 됐다고 합니다. 이런 사례는 우리 주변에서 흔하게 발견할 수 있습니다(examples like this can be found all around us). half-wormed fish라고 말해야 할 것을 half-formed wish라고 한다든지, 좌석을 안내하는 표현으로 Let me show you to your seat라고 해야 할 것을 Let me sew you to your sheet(당신을 침대 시트에 꿰매어 드릴게요)로 잘못 말하는 것 등 말입니다.

당연히 우리말에도 이런 현상은 매우 빈번합니다. 필자의 친구 중 한 명은 '타의 추종을 불허하다(be second to none)'라는 말을 늘 '타의 불허를 추종하다'로 말하였고, 학창 시절 국어 시간에 한 친구는 '불타는 질투'를 '질타는 불투'로 읽어서 모두를 크게 웃게 한 적이 있습니다. 사실 요즘 웃긴다고 하는 거의 모든 코미디 소재는 이런 현상을 이용한 것들이 엄청나게 많습니다.

왜 이런 말을 들으면 웃길까요(why is it funny to hear this)? 우리의 두뇌는 세상의 모든 현상(phenomenon)을 정상적으로 받아들여 이해하고 처리하는 인지능력(cognitive ability)이 있습니다. 그런데 그 영역에 전혀 예상하지 못한 엉뚱한 내용을 주입하게 되면 우리의 인지구조가 혼선을 일으키게 되는 것입니다. 그것이 불쾌감을 조장하지 않는 가벼운 것이라면 바로 웃음을 유발하게 되는 것이죠. 인간의 말이라는 것이 이모저모로 참 쓸모가 많은 것 같습니다(it seems that human words are very useful in every way).

Unit 24

UNIT GUIDE

- ✓ Diagnostic Pretest
- ✓ Words and Expressions
- ✓ Comprehension Checkups
- ✓ English by Context: Spelling Reform Movement

Diagnostic Pretest

Correct the grammatical error(s) (* marks), fill in the blank(s), or choose the correct expression in the square.

---

1 *This project needs a good deal of efforts.

2 천연자원

____

3 *If you cancel your flight, you will be forfeited of your deposit.

4 He is very discreet / discrete in giving his opinion.

5 수(數)에 있어서 적을 능가하다

___number the enemy

6 Someone who is [ingenious / ingenuous] is good at inventing things and solving problems in new ways.

7 I [conceived / perceived] someone lying in ambush.

Answer

1 efforts → effort | 2 natural resources | 3 be forfeited of → forfeit | 4 discreet | 5 outnumber | 6 ingenious | 7 perceived

Words and Expressions

576 **a good[great] deal[amount] of + mass noun**

1230 a good deal of effort
큰 노력

1231 There was a great deal of talk about peace.
평화에 관한 논의가 많았다.

cf. a lot of, plenty of는 count/mass noun에 모두 쓰일 수 있음

불가산명사(uncountable noun)

---

577 **혼동, 착각**

1232 자유와 방종을 혼동하다
take[mistake] license ***for*** liberty

'면허, 허가'의 뜻으로도 쓰이는
이 단어는 licence로 철자해도 된다.

1233 목적과 수단을 혼동하다
confuse[confound] the means ***with*** the end

1234 공과 사를 혼동하고 있는 사람이 많다.
There are a lot of people who ***do not draw a clear line between*** public and private matters.

---

578 **conserve**

✓ 보존[보호]하다

conservative 보수적인(⇔ progressive, liberal)
conservatism 보수주의(⇔ liberalism)

con (함께) + serve (유지하다) → reserve, observe,
preserve, preservative(방부제(antiseptic); 보존하는)

---

579 **자원**

1235 천연자원 natural ***resources***
1236 인력[인적 자원]의 부족 a shortage of ***manpower***
1237 자원 보호 conservation of ***resources***
1238 자원 외교 ***resource*** diplomacy

580 **다루다**

1239 다루기 편한 머리

hair that is easy to ***manage***

1240 그 문제를 다룬 책이 있습니다.

There is a book that ***deals with*** the problem.

1241 이런 일은 내가 전에 다룬 적이 없다.

I have never ***handled*** this type of job before.

---

581 **~와 같은**

1242 그와 같은 사람

a man ***like*** him / the ***like of*** him

1243 장난감 같은 것

toys ***or the like***

1244 그는 네가 생각하는 것처럼 훌륭한 학생이 아니다.

He is not ***such*** a great student ***as*** you think.

1245 그는 일요일 같은 날에는 자주 찾아오곤 했다.

He would call on us ***of*** a Sunday.

> on Sunday(s)가 일반적인 표현. of는 시간의 부사구를 만드는 것으로 '부사적 속격(adverbial genitive)'의 한 종류이며 현대 영어에 남아 있는 표현에는 다음과 같은 것들이 있다.
> - *of late* 최근에
> - *of a sudden* 갑자기
> - *arrive of an evening* 어느 저녁에 도착하다
> - *of one's own accord* 자발적으로

---

582 **curtail**

✓ to cut short

= abbreviate, decrease, diminish, reduce, shorten, abridge

⇔ expand, augment, dilate

> → tailor(재단사←자르는 사람),
> retail(소매하다←조각으로 나누어 팔다)

---

583 **이용하다**

1246 기회를 이용하다

take advantage of an opportunity

1247 지형을 (잘) 이용하다

make (good) use of topography

good 대신 poor, better, the best[most] 등으로 어감을 조절할 수 있다.

1248 이 과정에는 중력의 법칙이 이용되고 있다.

The law of gravity is ***utilized*** in this process.

1249 여가를 최대한 이용하다

turn one's spare time ***to*** the best possible ***advantage***

1250 우리는 우리나라의 자원을 충분히 이용해야 한다.

We must ***exploit*** fully our country's natural resources.

> **이 말은 부정적인 어감으로 '착취하다'의 느낌으로도 쓰인다.**
> *The boss exploited his men for his own ends.*
> **사장은 부하들을 (자신의 목적을 위해) 이용해 먹었다.**

1251 그들은 그 강을 이용해서 발전소를 건설할 것을 계획하고 있다.

They are planning to ***harness*** the river to generate electricity.

> **자연력을 이용하는 경우에 주로 쓰는 말**

---

584 forfeit

✓ **~을 몰수[박탈]당하다**

1252 If you cancel your flight, you will forfeit your deposit.

비행을 취소하면 예약금을 못 돌려받을 것이다.

1253 He has forfeited his right to be taken seriously.

그는 진지하게 고려될 권리를 박탈당했다.

= be stripped of, be deprived of

> **그러나 forfeit은 '~을 몰수당하다'라는 뜻의 타동사이므로**
> ***be forfeited of로 쓰지 않도록 주의해야 한다.**

✓ **벌금, 과태료, 위약금**

1254 pay a forfeit

벌금을 물다

1255 A murder pays the forfeit of his life.

살인한 자는 사형에 처한다.

= fine, penalty

585 **insectivorous**

✓ 식충 동물[식물]의; 곤충을 잡아먹고 사는

cf. insectarium 곤충사육실(insectary)
insecticide 살충제(pesticide, vermicide)
insectology 곤충학(entomology)

pest와 vermin은 '해충'이란 뜻이므로

insect (곤충) + vorous 먹고사는 → carnivore(육식동물), herbivore(초식동물), omnivore(잡식동물)

---

586 **전공 명칭**

1256 **linguistics, philology** 언어학
1257 **Korean[English] language and literature** 국어국문학[영어영문학]
1258 **anthropology** 인류학
1259 **arch(a)eology** 고고학
1260 **philosophy** 철학
1261 **psychology** 심리학
1262 **sociology, social science** 사회학
1263 **politics, political science** 정치학
1264 **economy, economic science** 경제학
1265 **business administration** 경영학
1266 **journalism** 신문방송학
1267 **law** 법학
1268 **mathematics** 수학
1269 **physics** 물리학
1270 **biology** 생물학
cf. **ecology** 생태학
1271 **chemistry** 화학
1272 **meteorology** 기상학(aerology)
1273 **electronics** 전자공학
1274 **electrical engineering** 전기공학
1275 **mechanical engineering** 기계공학
1276 **childhood education** 유아교육학
1277 **oriental medicine** 한의학
1278 **pharmacology** 약학
1279 **veterinary medicine[science]** 수의학

그래서 '경영학 석사'를 뜻하는 MBA는 Master of Business Administration에서 온 말이다. 참고로 NBA는 National Basketball Association으로 '미국 프로농구 협회'이다.

학과를 말할 때는 department of ~ 또는 ~ department를 이용한다. 가령 언어학과는 department of linguistics 또는 linguistics department라고 한다.

linguistic이라고 하지 않도록 유의해야 한다. 그렇게 쓰면 속성적으로 '언어학적인' 학과라는 뜻이 된다.

587 논평

1280 이 문제에 관한 신문의 논평

newspaper ***comments*** on this subject

1281 남의 작품에 논평을 가하다

make a ***review*** of somebody's work

1282 논평을 삼가하다[피하다]

reserve[eschew, avoid] ***comment***

[istʃú]

---

588 discrete vs. discreet

✓ **discrete 별개의, 구별된(separate, distinct)**

1283 two discrete objects

두 별개의 사물

✓ **discreet 분별 있는, 신중한(prudent) (← 추상적으로 구분할 줄 아는)**

1284 He is very discreet in giving his opinion.

그는 자기의 의견을 말하는 데 몹시 신중하다.

1285 There was a discreet tap at the door.

문을 조심스레 노크하는 소리가 났다.

둘 다 어원적으로는 '분리하다'라는 의미의 라틴어에서 유래
(→ discern(식별하다←떨어져 분리하다), concern(관계하다←함께 나누다))

---

589 glass

1286 유리 한 장

a pane[sheet] of glass

1287 창문에 유리를 끼우다

put glass in a window / glaze a window

1288 손가락에 유리 조각이 박혔다.

I have a glass splinter in my finger.

앞서 '나무가시'라고 배운 적이 있다.
여기서는 '부서진 조각'이라는 의미.

1289 차창은 방탄유리로 되어 있다.

The windows of the car are made of bulletproof glass.

glass가 물질로서의 '유리'라면, a glass는 '잔'을, glasses는 '안경'을 의미한다.

590 **still less ~**

✓ 〈부정문에 이어〉 하물며[더구나] ~은 아니다

1290 No one would borrow such a car, still less buy it.
아무도 그런 차를 빌리려고 하지 않을 것이며, 하물며 사려고 하지는 더더욱 않을 것이다.

= much less, even less

cf. less 대신 more를 쓰면 반대로 긍정적 느낌의 추가
I like him for his ability, ***still more*** for his honesty.
나는 그가 능력이 있어서 좋아하지만, 정직하기 때문에 더더욱 좋아한다.

---

591 **능가(凌駕)**

1291 실력에서 나머지를 능가하다
excel the rest in ability

1292 젊은이를 능가하다
outdo[surpass] the young

1293 수(數)에 있어서 적을 능가하다
outnumber the enemy

1294 그의 힘을 능가할 만한 것은 아무것도 없다.
Nothing is ***beyond*** his power.

1295 토론에서 그를 능가할 사람이 없었다.
No one could ***get the better of*** him in an argument.

1296 그는 기량에서 부친을 능가하였다.
He ***surpassed*** his father in skill.

---

592 **archetype**

✓ 원형(原型), 전형(典型)

= paradigm, pattern, prototype

arch(i)-라는 접두어는 '주된; 원시적, 기원의'라는 의미 → archbishop(대주교), archaeology(고고학), archaic(고풍의), archive(기록 보관소)

593 **manure**

✓ 거름, 비료

1297 **barnyard[farmyard] manure** 퇴비

1298 **nitrogenous manure** 질소 비료

= fertilizer, compost

> '손'을 뜻하는 라틴어 manus에서 유래. 거름은 손으로 주는 육체노동을 수반하였으므로. → manual labor(육체노동), manipulate(다루다, 조종하다), maneuver(기동, 연습; 술책, 책략) manuscript(원고)

---

594 **ingenuous**

✓ someone who is ingenuous believes everything that people tell them, especially because they have not had much experience of life

= gullible, naive, innocent, unsophisticated, trusting

ⓝ ingenuousness

---

595 **ingenious**

✓ someone who is ingenious is good at inventing things and solving problems in new ways

= astute, bright, brilliant, inventive, adroit, deft, dexterous

ⓝ ingenuity, ingeniousness

---

596 **conceive**

✓ 품다 → 생각하다 → 잉태하다

1299 **She conceived a warm affection for him.**
그녀는 그에게 따뜻한 애정을 품었다.

1300 **She conceived her first child at 21.**
그녀는 첫 아이를 21세 때 잉태했다.

perceive는 지각(知覺)적 의미

I ***perceived*** someone lying in ambush.
누군가 잠복하고 있음을 알아챘다.

I ***perceived*** someone coming in.
누군가가 들어오는 것을 알아챘다.

> -ceive는 'seize'의 뜻
> → perceive, receive, deceive

597 **genome**

✓ a complete set of chromosomes with its associated genes

gene(유전자)과 chromosome(염색체)의 혼성(blending)

---

598 **유전(遺傳)**

1301 유전적 변이

genetic variation

1302 그의 병이 자식들에게 유전되었다.

His disease was ***passed down[on] to*** his children.

1303 당뇨는 유전된다.

Diabetes is a ***hereditary*** disease. / Diabetes appears to ***run in families***.

1304 우성유전

dominant ***inheritance***

(⇔ recessive inheritance 열성유전)

---

599 **서류, 문서**

1305 비밀 서류

confidential[classified] ***paper*** / secret ***documents***

1306 선적 서류

shipping ***documents***

1307 서류를 작성하다

draw up[write out] a ***document***

cf. 서류 가방 a briefcase, an attaché case

[æ̀təʃéi] (대사·공사의) 수행원

---

600 **plagiarize**

✓ to take someone else's work, ideas, or words, and use them as if they were your own

1308 Log off to make sure that nobody can plagiarize your personal information.

1309 College authorities announced that students who plagiarize their paper will face severe punishment.

= lift, pirate — '해적질하다, 약탈하다'라는 의미에서

ⓝ plagiarism

Comprehension Checkups

[1~20] Follow the directions in each of the questions below. (filling in the blanks, multiple-choice questions, finding grammatical errors (* mark), vocabulary corresponding to the English definition, etc.)

1 *This project needs a good deal of efforts.

_______ → _______

2 자유와 방종을 혼동하다

__________ license for liberty

3 방부제

____

4 천연자원

____

5 그는 일요일 같은 날에는 자주 찾아오곤 했다.

He would call on us _ a Sunday.

6 curtail의 유의어가 아닌 것

① abbreviate ② decrease
③ tailor ④ abridge

7 지형을 이용하다

make use of the topo_____

8 *If you cancel your flight, you will be forfeited of your deposit.

____________ → _______

9 살충제

_____cide, ____cide, ____cide

10 전자공학과 전기공학

e_______ and e_______ e_______

11 He is very [discreet / discrete] in giving his opinion.

12 차창은 방탄유리로 되어 있다.
The windows of the car are made of bullet____ glass.

13 나는 그가 능력이 있어서 좋아하지만, 정직하기 때문에 더더욱 좋아한다.
I like him for his ability, s____ m___ for his honesty.

14 수(數)에 있어서 적을 능가하다
___number the enemy

15 접두어 arch-로 시작하는 영단어 3개
__________, __________, __________, __________, __________

16 Someone who is [ingenious / ingenuous] is good at inventing things and solving problems in new ways.

17 I [conceived / perceived] someone lying in ambush.

18 a complete set of chromosomes with its associated genes
____

19 우성유전
d______ i________

20 Log off to make sure that nobody can [circularize / plagiarize] your personal information.

Answer

1 efforts → effort | 2 take[mistake] | 3 preservative | 4 natural resources | 5 of | 6 ③ | 7 topography | 8 be forfeited of → forfeit | 9 insecticide / pesticide / vermicide | 10 electronics / electrical / engineering | 11 discreet | 12 bulletproof | 13 still / more | 14 outnumber | 15 archetype / archbishop / archaeology / archaic / archive | 16 ingenious | 17 perceived | 18 genome | 19 dominant / inheritance | 20 plagiarize

Spelling Reform Movement

프랑스어, 독일어, 스페인어 등에 비해 영어는 유난히 철자와 발음의 괴리가 큰 언어(a language with a large gap between spelling and pronunciation)입니다. 원어민조차도 철자를 얼마나 어렵게 생각하는지는 해마다 미국 고등학교에서 열리는 철자대회(spelling contest) 같은 것만 봐도 쉽게 알 수 있지요. 왜 그럴까요?

그 이유는요, 우리가 지금 사용하고 있는 영어의 철자법이 대문호(a great writer) 셰익스피어(1564~1616) 시대와 별반 차이가 없는 데 반해, 발음은 그동안 엄청나게 많은 변화를 겪었기 때문이라고 합니다. 당연히 철자와 발음의 차이가 계속 벌어질 수밖에 없게 된 거죠.

원어민들한테도 나름 문제였나 봅니다(it seems to be a problem for native speakers too). 이 문제를 해결하기 위해 철자를 소리 나는 대로 적자는 이른바 철자개혁(spelling reform) 운동이 종종 있었으니 말이죠. 그 대표적 주인공들은 **Bernard Shaw, Noah Webster, Benjamin Franklin, Andrew Carnegie, Theodore Roosevelt** 등 상당한 사회적 영향력을 가진 사람들이었습니다(they were people of considerable social influence).

하지만 그 유명인들의 개혁 의지는 모두 실패로 돌아갔습니다(all end in failure). 그 사람들이 간과한 몇 가지 이유가 있었기 때문입니다. 첫째, 소리 나는 대로 적을 경우 현재까지의 모든 간행물은 후손들에게 외국어가 되어버리고 맙니다. 둘째, 철자개혁에는 방언의 차이라고 하는 만만치 않은 벽을 넘어야 하는 어려움도 있습니다. 셋째, 그들은 현재의 철자법이 오히려 우리에게 많은 도움을 주고 있다는 사실을 놓쳐버렸습니다. 가령 to, too, two와 같은 동음어(homophone)를 구별한다든지, logic, logician 같은 경우 철자 c의 발음이 [k]와 [ʃ]로 서로 다르지만 그 두 단어가 서로 파생(derivation) 관계에 있다는 것을 쉽게 알 수 있다든지 하는 것 등은 분명 현행 철자법의 장점으로 보입니다.

문득 구관이 명관이로구나(better the devil you know than the devil you don't know) 하는 생각이 듭니다.

Unit 25

UNIT GUIDE

- ✓ Diagnostic Pretest
- ✓ Words and Expressions
- ✓ Comprehension Checkups
- ✓ English by Context: Placebo Effect

—

A little extra sleep, a little more rest–and poverty will pounce on you like a bandit.

Diagnostic Pretest

Correct the grammatical error(s) (* marks), fill in the blank(s), or choose the correct expression in the square.

---

1 문서에 서명하고 도장을 찍다
s________ and s________ a document

2 basic skills, or the simple facts about a subject
ru________s

3 If an object or a surface gle________, it shines because it is reflecting light.

4 * Are you convenient tonight?
____

5 * It was since Sam arrived that John left.
________ → ________

6 The little house gave us [sanctuary / obituary] from the wind and cold.

7 이 말들은 독일어에서 파생된 것이다.
These words are [arrived / derived] from German.

Answer

1 sign / seal | 2 rudiments | 3 gleams | 4 Is tonight convenient for[to] you? | 5 since → because | 6 sanctuary | 7 derived

Words and Expressions

601 감명, 감동

1310 감명 깊은 연설[공연, 영화]

a ***moving*** speech[performance, film]

1311 청중들에게 깊은 감명을 주다

make a deep ***impression*** on the audience

1312 강의에 깊은 감명을 받았습니다.

I was deeply ***touched[moved, impressed]*** by your lecture.

1313 그 배우는 청중을 감동하게 한다.

The actor ***carries*** his audience ***with him***.

---

602 도장

1314 인감도장

a registered ***seal***

1315 ~에 도장을 찍다

affix[impress/stamp/set/put] one's ***seal*** to ~

1316 도장을 파다

make[engrave] a ***seal***

1317 문서에 서명하고 도장을 찍다

sign and ***seal*** a document

1318 이 계약서는 이 선생의 도장이 찍혀 있다.

This contract bears the ***seal*** of Mr. Lee.

---

603 strip

✓ a piece of something that is much longer than it is wide

1319 a strip of tape

1320 Cut the turkey into strips.

1321 The airport is built on a low-lying strip of land.

✓ a series of drawings that tell a story, especially a funny story

= comic[cartoon] strip

〈비교〉
strip, belt: 좁고 긴 지역
zone: 경계가 명확한 구역
area 경계가 명확하지 않고 개략적인 지역

604 **intricate**

✓ 뒤얽힌, 복잡한

= complex, complicated, sophisticated, elaborate, labyrinthine, tangled

⇔ simple, plain, unambiguous

---

605 **미로(迷路)**

1322 미로를 빠져나오다
thread a ***maze***; go[find one's way out] through a ***labyrinth***

1323 미로 같은
labyrinthine; ***labyrinthian***

1324 미로에 빠지다
be lost in a ***maze***; be at a ***loss***

---

606 **rudiment**

✓ 〈~s〉 basic skills, or the simple facts about a subject

1325 the rudiments of arithmetic

1326 the rudiments of a plan

= principle, element, foundation

rudis(rough) → rude, crude

---

607 **조사(調査)**

1327 ~을 철저히 조사하다
make a thorough ***investigation*** into ~

1328 남의 사생활을 조사하다
probe[pry] into someone's personal life

1329 시장조사를 하다
conduct[do] market ***research[survey]***

1330 내가 그 건에 대해 좀 더 조사해 보고 말해 주겠다.
I'll let you know after ***checking*** a little bit more into the case.

1331 경찰이 교수의 실종 사건에 대해 조사 중이다.
The police are ***looking into*** the disappearance of the professor.

608 **거만(倨慢)**

1332 거만한 태도로 말하다
speak in a ***lofty*** manner

1333 거만한 태도를 취하다
assume an attitude of ***arrogant*** superiority

1334 그는 태도가 거만하다.
He is ***haughty***. / He has a ***grand[supercilious]*** manner.

1335 그는 학생들에게 거들먹거리는 태도를 보인다.
He has a ***condescending*** attitude towards his students.

1336 그녀는 대학을 안 다닌 사람들을 항상 무시해 왔다.
She's always been ***disdainful of*** people who haven't been to college.

---

609 **throne**

✓ 왕좌, 권좌

1337 The banished king was restored to the throne.
추방되었던 왕은 복위하였다.

1338 The old king laid down the scepter and his son ascended the throne.
늙은 왕이 물러나자 그의 아들이 왕위에 올랐다.

(제왕의) 홀(笏)

1339 Hamlet was the heir to the throne.
햄릿은 왕위의 후계자였다.

1340 The king abdicated his throne and left the country.
왕은 권좌를 버리고 조국을 떠났다.

cf. thorn: the sharp point on plants and trees

---

610 **gleam**

✓ If an object or a surface gleams, it shines because it is reflecting light.

1341 He polished the gold until it gleamed.

= beam, flicker, ray, luster, shine

cf. lust 욕망, 갈망 (비슷해 보이지만 어원적으로 무관하다. luster는 '정화하다'라는 의미의 라틴어에서 온 것이고, lust는 '즐거움'을 뜻하는 고대영어에서 유래한 것이다.)

cf. glean (이삭을) 줍다

611 **predecessor**

✓ Someone's predecessor is the person who had their job or role before them.

1342 She wasn't being paid the same wage as her predecessor.

= elder, senior, superior, old-timer

---

612 **~에 관(關)한**

1343 종교에 관한 책

a book ***on[about]*** religion

'접촉'이라는 그 원형적 의미로 인해 on이 about에 비해 좀 더 구체적이고 전문적인 느낌이 든다.

1344 방위에 관한 논쟁

a dispute ***over[concerning]*** defense

1345 (너에 관해) 무슨 일이야?

What is the matter ***with*** you?

1346 이 건에 관한 모든 서류

all the documents ***referring to*** this matter

1347 이 일에 관하여

in this ***connection[respect]*** / ***in connection with*** this affair

1348 그에 관한 한 문제는 없다.

As far as he ***is concerned***, there is no problem.

---

613 **편리(便利)**

1349 편리한 기구

a ***convenient[serviceable, handy]*** utensil

1350 이 부엌에는 여러 가지 새로운 편리한 것이 갖추어져 있다.

This kitchen has all the modern ***conveniences***.

1351 지하철을 이용하면 편리합니다.

It is ***convenient*** if you use the subway.

convenient는 사람을 주어로 하지 않으므로 유의해서 사용해야 한다.

* Are you convenient tonight?

→ Is tonight convenient for[to] you?

1352 그것, 참 편리하군.

That is very ***convenient*** for me. / That ***suits*** me ***fine***.

문맥에 따라 이 문장은 '나에게 잘 어울린다[맞는다]'의 뜻으로 쓰일 수도 있겠다.

614 **rural, bucolic, rustic, pastoral**

✓ typical of the country as distinguished from the city

1353 ***Rural*** applies to sparsely settled or agricultural country.

1354 ***Bucolic*** is often used pejoratively(경멸적으로) or facetiously(우습게) of country people or their manners.

1355 ***Rustic*** frequently suggests a lack of sophistication or elegance, but it may also connote artless(꾸밈없는) and pleasing simplicity.

1356 ***Pastoral***, which evokes the image of shepherds, sheep, and verdant(푸릇푸릇한) countryside, suggests the charm and serenity of the country.

'아' 다르고 '어' 다르다는 말이 있듯이, 동의어라고 해서 100% 겹치는 쌍둥이 의미는 아니다.

---

615 **irrigate**

✓ to supply with water in order to help crops to grow; water

1357 A small pump will irrigate about an acre of land.

---

616 **heap, bank, mound, pile, stack**

✓ a group or collection of things lying one on top of the other

1358 a heap of old newspapers

1359 a bank of thunderclouds(뇌운(雷雲))

1360 a mound of boulders(둥근 돌)

1361 a pile of boxes

1362 a stack of firewood

차례로 쌓아, 포개어져 있는

---

617 **~(이)니까**

1363 네가 그렇게 말하니까

now that you say so

1364 그는 개를 무서워하니까 검둥이를 보자 도망쳐 버렸다.

Being afraid of dogs, he ran away at the sight of Blackie. ('이유'의 분사구문)

1365 식사 준비가 다 된 모양이니까 식당으로 가십시다.

As the meal seems to be all ready, let's go along to the dining room.

1366 오늘은 토요일이니까 일찍 돌아오겠다.

I'll be back home earlier than usual ***because*** it is Saturday today.

1367 몸이 아파서 일주일 내내 쉬었으니까, 그는 올 것 같지 않다.

Seeing (that) he's been off sick all week, he's unlikely to come.

1368 나는 그녀를 믿었다. 분명히 그녀가 내게 거짓말을 하지는 않을 테니까.

I believed her, ***for*** surely she would not lie to me.

1369 지금은 별로 바쁘지 않으니까 사무실에서 나갈 수 있다.

Since we're not very busy just now, I can get away from the office.

> ※ since의 유의할 용법
> ① why로 시작하는 의문문에 대한 대답에는 since를 쓰지 않음
> ② it ~ that … 강조 구문에서 이유를 강조하는 경우 since를 쓰지 않음
> It was *since Sam arrived that John left. (since → because)
> ⇒ 즉, since보다는 because가 직접적 이유를 나타내는 표현!

---

618 **sanctuary**

✓ a safe, protected place

1370 The little house gave us sanctuary from the wind and cold.

= haven, refuge, retreat, asylum, protection, shelter

---

619 **outlaw**

✓ to make something illegal

1371 Most states have outlawed the use of marijuana.

= ban, forbid, interdict, prohibit, proscribe

> *cf.* prescribe 규정하다; 처방하다

---

620 **genuine**

✓ real, rather than pretended or false

1372 That old vase is a genuine antique.

= authentic, bona fide, original, valid, veritable, guileless, unfeigned

> bonus (good) + fide (faith)

> verus (true) → verity(진실), very, verify(입증하다)

621 **colossal**

✓ extremely large in amount, extent, or degree

1373 a colossal statue

= tremendous, enormous, huge, immense

---

622 **이식(移植)**

1374 모발이식

hair ***implant***

1375 피부 이식수술을 받다

get a skin ***graft***

graft 접붙이기→이식

1376 그는 작년에 심장이식 수술을 받았다.

He had a heart ***transplant*** operation last year.

---

623 **(측)면**

1377 어느 면으로 보나

in every ***respect***

1378 사물의 밝은 면을 보다

look on the bright ***side*** of things

1379 그는 모든 면에서 훌륭하다.

He is splendid in every ***aspect***.

1380 이 문제를 다른 면에서 검토해 보자.

Let us consider this problem from another ***angle***.

---

624 **derive**

✓ 이끌어내다

1381 derive pleasure from conversation

남과의 대화에 즐거움을 느끼다

1382 These words are derived from German.

이 말들은 독일어에서 파생된 것이다.

= originate, stem

de + rīvus (stream) = 강에서 흘러나오다 → river, arrive(←강둑으로 오다), rival(←하나의 샘을 쓰는 자들),

625 **encyclopedia**

✓ **백과사전**

1383 The Encyclopedia Americana
아메리카나 백과사전 (1829년 창간)

1384 The Encyclopaedia Britannica
대영 백과사전 (1768년 창간)

–pedia, –paedia
두 형태 모두 가능

encyclo– (모든 것에 걸치는) + pedia (교육)
→ hypnopedia(수면 학습법), suggestopaedia(암시 학습법)

Comprehension Checkups

[1~20] Follow the directions in each of the questions below. (filling in the blanks, multiple-choice questions, finding grammatical errors (* mark), vocabulary corresponding to the English definition, etc.)

1 그 배우는 청중을 감동하게 한다.
The actor ca____ his audience with him.

2 문서에 서명하고 도장을 찍다
s__ and s__ a document

3 a series of drawings that tell a story, especially a funny story
c___ s___

4 intricate의 유의어가 아닌 것
① complex ② sophisticated
③ elaborate ④ tingled

5 미로를 빠져나오다
go through a la____th

6 basic skills, or the simple facts about a subject
ru_____s

7 남의 사생활을 조사하다
__be into someone's personal life

8 그는 학생들에게 거들먹거리는 태도를 보인다.
He has a conde______ attitude towards students.

9 왕은 권좌를 버리고 조국을 떠났다.
The king ab_____ his th___ and left the country.

10 If an object or a surface _eams, it shines because it is reflecting light.

11 Someone's prede____ is the person who had their job or role before them.

12 그에 관한 한 문제는 없다.

__________ he is concerned, there is no problem.

13 * Are you convenient tonight?

____________________?

14 bucolic의 유의어 2개

________, ________, ________

15 A small pump will ___gate about an acre of land.

16 heap의 유의어 3개

________, ________, ________, ________

17 * It was since Sam arrived that John left.

______ → ______

18 The little house gave us sanc____ from the wind and cold.

19 genuine의 유의어

___entic, bona ___

20 이 말들은 독일어에서 파생된 것이다.

These words are de____ from German.

Answer

1 carries | **2** sign / seal | **3** comic / strip | **4** ④ | **5** labyrinth | **6** rudiments | **7** probe | **8** condescending | **9** abdicated / throne | **10** gleams | **11** predecessor | **12** As far as | **13** Is tonight convenient for[to] you? | **14** rural / rustic / pastoral | **15** irrigate | **16** bank / mound / pile / stack | **17** since → because | **18** sanctuary | **19** authentic / fide | **20** derived

Placebo Effect

말기 암(terminal cancer) 환자가 있었습니다. 모든 희망과 가능성은 이제 그에게서 사라졌습니다.

죽음의 문턱을 넘나들던 어느 날(one day when he was at death's door), 의사는 환희에 찬 얼굴로 그에게 알약 하나를 내밀었습니다. "이번에 새로 개발된 신약입니다. 당신과 같은 환자에게 100% 완치(complete recovery)를 가져다줄 것입니다." 환자는 기쁨의 눈물을 흘리면서 매일 정성스럽게 약을 먹었고, 놀랍게도, 몇 달 후 시행된 조직검사(biopsy)에서 정말 완치 판정을 받게 되었습니다.

그런데요, 의사가 내민 것은 신약이 아니라 알약 모양으로 생긴 초콜릿 조각에 불과한 것이었습니다. 말하자면 자신의 병이 나을 것이라는 굳센 믿음이 그의 몸에서 암을 없애버린 것이지요.

의학에서는 이를 두고 위약효과(placebo effect)라고 합니다. 즉 모든 것은 마음먹기에 달려 있다는 것이지요(where there is a will, there is a way). 그렇지만 그 마음이란 것의 방향에 따라 때론 무서운 결과를 가져오기도 합니다. 담석(gallstone) 제거술을 받게 된 어느 환자는 수술대 위에서 자신의 배를 절개(incision)할 극도의 두려움에 휩싸인 나머지 알코올 솜으로 배를 닦는 차가움의 느낌만으로 그만 쇼크사(death from shock)로 숨져버린 일도 있고, 작동하지 않는 냉동 창고에 갇힌 어떤 사람은 체온이 점점 내려간다는 생각에 사로잡힌 나머지 동사(death from cold)하고 만 일도 있다고 합니다.

인간의 정신은 신체는 물론이고 환경까지도 지배할 수 있는 게 아닐까 싶네요(I think the human mind can control not only the body but also the environment).

Unit 26

UNIT GUIDE

- ✓ Diagnostic Pretest
- ✓ Words and Expressions
- ✓ Comprehension Checkups
- ✓ English by Context: Diabetes

Diagnostic Pretest

Correct the grammatical error(s) (* marks), fill in the blank(s), or choose the correct expression in the square.

1 영어 참고서
a re_______ book for the study of English

2 A [terrain / patio] is an area of flat blocks or concrete next to a house, where people can sit and relax or eat.

3 밤새 잘 생각해 보세요.
Consult your [blanket / pillow].

4 The horrible sight scared me [still / stiff].

5 a situation in which there is no government or no social control in a country
__archy

6 양쪽이 다 좋을 수는 없다.
You cannot have your _______ and eat it too.

7 머리가 띵하다.
My head [hums / walks].

Answer

1 reference | 2 patio | 3 pillow | 4 stiff | 5 anarchy | 6 cake | 7 hums

Words and Expressions

626 **참고서**

1385 영어 참고서

a ***reference book*** for the study of English

a ***key*** to the study of English

1386 교사용 참고서

a teacher's ***manual***

1387 학교 시험 대비를 위한 훌륭한 참고서

excellent ***aids*** in preparing for school examinations

---

627 **jaunt**

✓ a short trip that you take for fun

= trip, picnic, excursion, outing

---

628 **pram**

✓ 유모차

= baby carriage, stroller, (baby) buggy

ⓐ 벌레투성이의
ⓝ 2륜마차

ⓥ stroll 산책하다

perambulator의 줄임말

---

629 **patio**

✓ a flat area covered with stone, brick, etc. at the back of a house, where people can sit and relax or eat

1388 They are enjoying their meal on the patio.

1389 The restaurant's outdoor patio was continually busy.

---

630 **pillow**
관련 표현

1390 a pillow case

베갯잇

1391 plump up a pillow

베개를 불룩하게 만들다

1392 Consult (with) your pillow.

밤새 잘 생각해 보세요.

1393 stuff a pillow with feathers

베개에 깃털을 넣다

1394 sleep on a pillow
베개를 베고 자다

---

631 **diaper**

✓ a piece of soft cloth or paper worn by a baby between its legs and fastened around its waist to hold its liquid and solid waste

1395 종이 기저귀
a paper[disposable] diaper

1396 젖은 기저귀
a wet[soiled] diaper

ⓥ soil 더럽히다, 얼룩을 묻히다

1397 아기의 기저귀를 갈다
change the baby's diaper / change the baby

1398 아기에게 기저귀를 채우다
diaper[put a diaper on] a baby

= nappy, (baby's) napkin

---

632 **scrawl**

✓ 휘갈겨 쓰다; 낙서하다

1399 The student scrawled the assignment in his notebook.
그 학생은 공책에 숙제를 휘갈겨 썼다.

= doodle, scratch, scribble

---

633 **scared stiff**

✓ 겁에 질려 몸이 굳은, 무서워 죽을 것 같은

1400 The first time I appeared on TV, I was scared stiff.

1401 The horrible sight scared me stiff.

이 예문에서 알 수 있는 바와 같이 scared stiff는 scare a person stiff(무서워서 굳게 만들다→몹시 놀라게 하다)에서 만들어진 표현이다. 응용 표현으로 bored stiff(몹시 지루한), worried stiff(몹시 걱정스러운) 같은 것들이 있다.

634 **thief**

✓ 도둑

= burglar 밤에 집에 침입하는 강도[도둑], robber 폭력으로 물건을 강탈하는 강도

1402 **(as) thick as thieves**
떨어질 수 없는 사이인, 대단히 친밀한

1403 **Set a thief to catch a thief.**
〈속담〉 과부 사정은 과부가 안다.

1404 **There is honor among thieves.**
〈속담〉 도둑에게도 의리가 있다.

---

635 **blackmail**

✓ 공갈, 갈취, 협박(하다)

1405 **levy blackmail (up)on**
~을 갈취하다

1406 **by blackmail**
위압(威壓)으로

1407 **She received a threat of blackmail.**
그녀는 협박당했다.

1408 **Did you blackmail your dad for cash?**
너 아버지한테 돈 뜯어낸 거야?

1409 **If the Iranians were to have a nuclear weapon, they could blackmail the world.**
만일 이란이 핵무기를 보유하게 된다면 그들은 전 세계를 위협할 것이다.

= threat, menace, intimidation

---

636 **shoplift**

✓ to steal things from a store

1410 **When no one was looking, she shoplifted two lipsticks and put them in her purse.**

shoplifter의 역성(逆成)

637 **anarchy**

✓ a situation in which there is no government or no social control in a country

= insurrection, lawlessness, mobocracy, disorder, tumult

반란, 폭동(rebellion)

mob (폭도) + cracy (통치)

a(n) (without) + arch (ruler) = 지도자가 없는 상태 → 무정부 상태 → monarch(군주), oligarch(과두정치의 집정자), patriarch(가장, 족장)

---

638 **어지럽히다**

1411 heavy traffic that ***confused*** the novice driver
1412 problems that ***addle*** my brain
1413 a question that ***befuddled*** even the professor
1414 a plot so complex that it ***fuddles*** one's comprehension
1415 a head that was ***muddled*** by endless facts and figures
1416 behavior that really ***threw*** me

details, precise information

---

639 **mitigate**

✓ 경감하다, 완화하다

= relieve, alleviate, lighten, palliate, allay, assuage

---

640 **sanity**

✓ soundness of mind

ⓐ sane

⇔ insanity

라틴어 sanus는 '건강한'이라는 의미였다. → sanitary(위생의)

---

641 **cake**
관련 표현

1417 You cannot have your cake and eat it too.
〈속담〉 과자는 먹으면 없어지는 법. (양쪽이 다 좋을 수는 없다.)

1418 a piece of cake
식은 죽 먹기

1419 My cake is dough.
계획은 실패했다.

1420 go[sell] like hot cakes
날개 돋친 듯이 팔리다

1421 take the cake[biscuit]

압권이다 (= be the best or worst)

You've done some stupid things before, but this really takes the cake!

네가 전에도 멍청한 짓들을 좀 했지만 이번은 정말 최악이야.

---

642 **remnant**

✓ 나머지, 파편, 유물

1422 a remnant sale

염가 판매(clearance sale)

1423 the remnants of a crashed airliner

추락한 정기 여객기의 파편

1424 a remnant of feudal times

봉건 시대의 유물

---

643 **heart**
관련 표현

1425 My heart leapt into my mouth[throat].

(놀라서) 숨이 막힐 듯했다; 깜짝 놀랐다.

1426 I believe he has a bad[weak] heart.

그는 심장이 나쁜 것 같다.

1427 lose heart

용기를 잃다, 풀이 죽다 (↔ keep[take] heart)

1428 I had little heart for supper.

저녁 식사가 당기지 않았다.

1429 get to the heart of the problem

문제의 핵심으로 들어가다

---

644 **temple**

✓ a building dedicated to religious ceremonies or worship

= synagogue

✓ the flat region on either side of the forehead

645 **-ware**

✓ 〈복합어〉 (특정 종류의) 상품, 제품

1430 earthenware 도기(陶器)
silverware 은 제품(cutlery)
1431 tableware 식탁 용품
glassware 유리 제품
hardware and software

---

646 **sympathy**

✓ sym (together) + path (feel) = 동정(同情), 공감(共感)

→ telepathy, pathos(비애), ethos(정신), apathy(냉담)

---

647 **hum**

✓ 윙윙거리다 → 콧노래[허밍]를 부르다 → 우물거리다 → 웅성대다

1432 My head hums.
머리가 띵하다.

1433 The crowd hummed with anticipation.
군중은 고대하며 웅성거렸다.

1434 He hums and mumbles his words so indistinctly that he can't be understood.
그는 입 속에서 웅얼거리기만 해서 무슨 말을 하는지 알아들을 수 없다.

---

648 **dejected**

✓ 낙담한, 풀 없는

= sad, depressed, despondent, discouraged, disheartened, melancholy, hopeless

de (아래로) + ject (던지다) = 기가 꺾인 → project, inject

---

649 **〈음식물 등이〉 상하다**

1435 상한 배
a ***bruised*** pear

1436 상한 토마토
a ***rotten*** tomato

1437 상해 가는 고기
tainted[stale] meat

taint 더럼, 오염
stale 김빠진, 고약한 냄새가 나는

1438 썩기 쉬운 것

perishables

ⓥ perish 죽다, 소멸하다

1439 상한 냄새가 난다.

It smells as if it has ***gone bad***.

---

650 **humble**

✓ 비천한 → 변변찮은 → 겸손한

= meek, modest

as meek as a lamb 양처럼 순한

'땅, 낮은 곳'을 뜻하는 라틴어 humus에서 유래 → human, homo

Comprehension Checkups

[1~20] Follow the directions in each of the questions below. (filling in the blanks, multiple-choice questions, finding grammatical errors (* mark), vocabulary corresponding to the English definition, etc.)

1 영어 참고서

a ________ book for the study of English

2 jaunt의 유의어 2개

__________, __________, __________, __________

3 유모차

a baby _______

4 a flat area covered with stone, brick, etc. at the back of a house, where people can sit outside

____

5 밤새 잘 생각해 보게.

Consult with your _____.

6 종이 기저귀

a dis______ diaper

7 그 학생은 공책에 숙제를 휘갈겨 썼다.

The student ___awled the assignment in his notebook.

8 The horrible sight sc___ me st__.

9 도둑에게도 의리가 있다.

____.

10 너 아버지한테 돈 뜯어낸 거야?

Did you black___ your dad for cash?

11 When no one was looking, she sh_______ two lipsticks and put them in her purse.

12 a question that befuddled / puddled even the professor

13 a situation in which there is no government or no social control in a country
an____

14 mitigate의 유의어
_lieve, alle____

15 양쪽이 다 좋을 수는 없다.
You cannot have ________________________.

16 네가 전에도 멍청한 짓들을 좀 했지만, 이번은 정말 최악이야.
You've done some stupid things before, but this really takes ________!

17 (놀라서) 숨이 막힐 듯했다; 깜짝 놀랐다.
My heart leapt into my m___[th___].

18 the flat region on either side of the forehead
____

19 머리가 띵하다.
My head h__.

20 썩기 쉬운 것
peri_____

Answer

1 reference | 2 trip / picnic / excursion / outing | 3 carriage | 4 patio | 5 pillow | 6 disposable | 7 scrawled | 8 scared / stiff | 9 There is honor among thieves | 10 blackmail | 11 shoplifted | 12 befuddled | 13 anarchy | 14 relieve / alleviate | 15 your cake and eat it too | 16 the cake | 17 mouth / throat | 18 temple | 19 hums | 20 perishables

English by Context

Diabetes

시도 때도 없이 갑자기 허기가 지고 목이 마른 적이 있나요(have you ever suddenly felt hungry and thirsty)? 그렇다면 현대인의 흔한 질병 가운데 하나인 당뇨병(diabetes)을 의심해 보아야 합니다. 이름만 들어서는 소변(urine)에 과량의 당분(sugar)이 배출되는 것으로 이해할 수 있겠습니다만, 전문가들에 따르면 더 정확하게는 혈액이 끈적이는 혈관성 질환(vascular disease)이라고 하더군요.

그렇지만 무엇보다도 정작 알아야 할 것은 당뇨병의 원인인데, 그것은 우리 몸의 췌장(pancreas)에서 생성되는 인슐린이라고 하는 호르몬의 이상(an abnormality in a hormone called insulin)에서 비롯된다고 합니다. 인슐린이 신체의 각 세포들로 하여금 사람의 중요 에너지원인 포도당(glucose)을 잘 사용할 수 있도록 도와주는 물질이고 보면, 그것의 비정상적인 분비가 우리의 신체 활력을 많이 빼앗을 수 있다는 것은 당연한 결과일 것입니다.

당뇨병은 인슐린이 아예 분비되지 않는 인슐린 의존성 당뇨병(insulin-dependent diabetes), 인슐린 분비가 되기는 되지만 췌장의 기능이 원활하지 않은, 때로 성인형 당뇨병이라고도 일컬어지는 인슐린 비의존성 당뇨병(non-insulin-dependent diabetes)의 두 가지로 나눌 수가 있습니다. 현대인에게 나타나는 당뇨병 대부분은 후자의 경우라고 하는데요, 그 가장 큰 원인은 비만(obesity)과 무기력하고 나태한 생활 방식(a lethargic and lazy lifestyle) 때문이라네요.

전문가들은 식생활 개선과 운동 요법(dietary improvement and exercise therapy)이 가장 좋은 방법이라고 조언합니다. 필자도 요즘 체중이 만만치 않게 불어나서 고민 중이었는데 경쾌한 음악을 귀에 꽂고(with cheerful music in my ears) 당장 약수터에라도 올라가 봐야 할 것 같습니다.

Unit 27

UNIT GUIDE

- ✓ Diagnostic Pretest
- ✓ Words and Expressions
- ✓ Comprehension Checkups
- ✓ English by Context: Vitamin C

—

Stolen bread tastes sweet, but it turns to gravel in the mouth.

Diagnostic Pretest

Correct the grammatical error(s) (* marks), fill in the blank(s), or choose the correct expression in the square.

1 대장장이
black_______

2 something such as powder or a skin cream, designed to beautify the body by direct application

3 낙농제품은 우유를 가공해서 만든다.
Dairy products are made by pro_______ milk.

4 약사는 의사의 처방대로 약을 지었다.
The pharmacist filled the doctor's pre_______.

5 홀짝
o__ and e___

6 그가 정시에 출석할 가능성은 없다.
The [aids / odds] are against his coming to class on time.

7 After the Nazis came to power in Germany, many scientists [emigrated / immigrated] (that is, left Germany).

Answer

1 blacksmith | 2 cosmetic | 3 processing | 4 prescription | 5 odd / even | 6 odds | 7 emigrated

Words and Expressions

651 **-smith**

✓ 〈복합어〉 제작자

1440 **blacksmith** 대장장이 | **bladesmith** 칼 대장장이
1441 **goldsmith** 금세공인 | **brass-smith** 놋쇠 세공사
1442 **tunesmith** 작곡가 | **gunsmith** 총기 제작자
1443 **adsmith** 광고 문안 작성자(copywriter) | **jokesmith** 개그 작가

복합어를 이루는 두 단어의 결합력에 따라 서로 붙기도 하고, 떨어지기도 하며, 하이픈(-)을 이용하기도 한다. 동시대에 발간된 사전들조차도 서로 다른 모습을 보이는 경우가 흔하다. 따라서 어느 형태가 절대적으로 옳은지에 대한 기준은 없다. 다음은 저명한 세 사전이 각기 다른 형태를 보이는 사례이다.

wine press ***The American College Dictionary***
wine-press ***The Universal Dictionary of the English Language***
winepress ***The Concise Oxford Dictionary of Current English***

---

652 **denture**

✓ artificial[false] teeth, dental plate
dental prosthesis, prosthetics

dent(i)-는 '치아'를 의미하는 라틴어. → denticare (치아 위생), dentiform(이 모양의), dentist, dentine(이의 상아질)

---

653 **cosmetic**

✓ something such as powder or a skin cream, designed to beautify the body by direct application(적용→바르는 행위)

cf. toiletries (비누, 치약 등 세면용품을 포함한) 화장품류

toilet에는 '용변을 보는 곳' 외에도 '화장 (도구)'라는 의미도 있다.

---

654 **effective, effectual, efficacious, efficient**

✓ 효과적인

철자가 비슷하게 시작하는 것을 느낄 수 있다. ef-는 '밖'을 의미하는 ex-와 같은 것이다. 여기에 'make'를 뜻하는 라틴어 facere의 각 변이형이 결합된 형태이다. 즉, '만들어 나타낸 것→결과, 효과, 영향'의 뜻으로 발전하였다.

655 **가공(加工)**

1444 금[철]을 (~으로) 가공하다
work gold[iron] (into ~)

1445 원료를 가공해서 상품을 만들다
manufacture goods ***from*** raw materials

1446 낙농제품은 우유를 가공해서 만든다.
Dairy products are made by ***processing*** milk.

cf. 가공되지 않은 raw, unprocessed, unrefined

---

656 **beyond[without] (a) doubt**

✓ without question, certainly, definitely

---

657 **nutrient**

✓ a source of nourishment, especially a nourishing ingredient in a food

nutrient와 nourish는 '젖을 물리다(suckle)→기르다' 라는 의미의 라틴어 nūtrīre에서 유래한 것이다.

1447 필수 영양소
essential nutrients

1448 영양소의 파괴를 최소화하다
minimize destruction of nutrients

1449 이 식품에는 영양소가 골고루 들어 있다.
This food is nutritionally balanced.

---

658 **deter A from B**

✓ A가 B하는 것을 막다

1450 Nothing can deter him from (doing) his duty.
어떤 것도 그의 의무 수행을 막을 수는 없다.

= prevent / keep / hinder / impede / inhibit A from B

cf. defer 연기하다(postpone)
deterrent 억제하는 것
detergent 세제

659 **pejoration**

✓ 하락(depreciation), 악화; 어의(語義)의 하락

⇔ amelioration 개선, 개량; 어의의 상승

---

660 **virtuous**

✓ having or showing moral excellence

1451 My father led a virtuous life.

= ethical, moral, righteous, upright, commendable, meritorious, praiseworthy

ⓥ commend 칭찬하다; 권하다

ⓝ merit 칭찬할 만한 것, 공로; 장점

---

661 **physician**

✓ a person licensed to practice medicine; a medical doctor

cf. physicist 물리학자

이렇게 보면 physician과 physicist는 완전히 다른 단어 같지만, 사실 둘은 모두 'nature'를 의미하는 그리스어에서 출발하였다. physics(물리학), physic(약, 의술)도 마찬가지.

---

662 **OB/GYN, ob(-)gyn**

✓ obstetrician/gynecologist 산부인과 의사; obstetrics/gynecology 산부인과

obstetrics 산과학 gynecology 부인과 의학

---

663 **처방(處方)**

✓ 의사가 해 주는 것

1452 약사는 의사의 처방대로 약을 지었다.

The pharmacist[druggist] filled the doctor's ***prescription***.

사전을 한참 뒤적이면 fill이 '처방을 조제하다'라는 의미가 있다. 그러나 더 좋은 방법은 fill ~ prescription이라는 연어(collocation)로 표현으로 함께 기억하는 것이다.

1453 의사는 그에게 항생제를 처방했다.

The doctor gave him a ***prescription*** for antibiotics.

의사가 처방을 내릴 때는 fill이 아니라 give를 사용한다.

✓ 해결책

1454 땜질 처방

temporary[makeshift] ***measures***, ***patching up*** the problem

1455 감독 경질의 극약 처방

the ultimate ***decision*** to change the coach

---

664 **완전(完全)**

1456 완전[철저]한 연구

an ***exhaustive*** study

1457 완전히 새로운 이론

a ***whole*** new theory

1458 이 시계는 완전히 고장 났다.

This watch is ***completely*** out of order.

1459 그는 완전히 바보야.

He is an ***out-and-out*** fool. / He is an ***utter*** fool.

1460 그 일이 아주 완전하게 되지는 않았다.

The work has not been done very ***thoroughly***.

1461 그는 완전히 잊히고 말았다.

He was ***entirely[perfectly]*** forgotten.

---

665 **swindle**

✓ 속이다

1462 swindle a person out of his money

남에게서 돈을 사취하다

= swindle money out of a person

1463 The company swindled me out of $25,000.

그 회사는 내게서 25,000달러를 사취했다.

= beguile, delude, mislead, falsify, cheat, defraud, dupe

---

666 **odd**

✓ designating an integer not divisible by two, such as 1, 3, and 5

1464 odd and[or] even

홀짝

cf. an odd glove 한 짝만의 장갑 (← 외짝의)

at odd times 이따금 (← 규칙적이 아닌, 임시의)
an odd young man 기묘한 젊은이 (← 이상한, 기묘한)
odds and ends[sods] 나머지, 이것저것 잡동사니

---

667 **odds**

✓ probability

1465 The odds are that it will be fine today.
아마 오늘은 날씨가 좋겠지.

1466 The odds are against his coming to class on time.
그가 제시간에 출석할 가능성은 없다.

✓ (경기에서 약한 편에 주는) 유리한 조건(advantage), 핸디캡

1467 give[receive/take] odds
핸디캡을 주다[받다]

---

668 **masculine**

✓ of or relating to men or boys

= male, manly, muscular, powerful, robust, strong, virile, brawny

⇔ feminine, female, ladylike, womanly, delicate, dainty, soft

---

669 **lyrical**

✓ beautifully expressed in words, poetry, or music

cf. 서사[묘사]의 descriptive, narrative / 목가적인 pastoral, idyllic

---

670 **compose**

✓ write or create (a musical or written work)
ⓝ composition

✓ calm or settle (one's features or thoughts)
ⓝ composure

---

671 **outskirt**

✓ the outer area of s.t.

1468 Our car broke down on the outskirts of the city.

672 **suburb**

✓ a small city or town outside a large city

1469 We moved to a house with a yard in a suburb of Dallas.

sub (下) + urb (도시)

673 **rubbish**

✓ refuse , garbage, trash, waste

이때의 발음은 [rifjúːz]가 아니라 [réfjus]로 해야 한다.

674 **closet**

✓ a small room for storing clothes, towels, sheets, etc.

1470 We keep our coats and umbrellas in the closet by the front door.

675 **migrate, emigrate, immigrate**

✓ ***Migrate***, which is used of people and animals, sometimes implies a lack of permanent settlement, especially as a result of seasonal or periodic movement. ***Emigrate*** and ***immigrate*** are used only of people and imply a permanent move, generally across a political boundary.

✓ ***Emigrate*** describes the move relative to the point of departure.

1471 After the Nazis came to power in Germany, many scientists emigrated (that is, left Germany).

✓ ***Immigrate*** describes the move relative to the destination.

1472 The promise of prosperity in the United States encouraged many people to immigrate (that is, move to the United States).

Comprehension Checkups

[1~20] Follow the directions in each of the questions below. (filling in the blanks, multiple-choice questions, finding grammatical errors (* mark), vocabulary corresponding to the English definition, etc.)

1 대장장이

____

2 '의치'를 뜻하는 영어 표현 2개

______________, ______________, ______________, ______________

3 something such as powder or a skin cream, designed to beautify the body by direct application

____

4 '효과적인'을 뜻하는 영어 표현 3개

__________, __________, __________, __________

5 낙농제품은 우유를 가공해서 만든다.

D___ products are made by p________ milk.

6 이 식품에는 영양소가 골고루 들어 있다.

This food is nut_________ ba_____.

7 A가 B하는 것을 막다

de___[pre___, k___, hin___, im___, inhi___] A from B

8 pejoration의 반의어

ame________

9 virtuous의 유의어

__mendable, ____orious, praise_____

10 physician과 physicist의 구분

______________ / ______________

11 OB/GYN은 무엇의 줄임말?

_____________ / _____________ 또는 _____________ / _____________

12 약사는 의사의 처방대로 약을 지었다.

The pharmacist f____ the doctor's p_________.

13 swindle의 유의어

__guile, de___, de____

14 홀짝

__ and ___

15 그가 정시에 출석할 가능성은 없다.

The o__ are a_____ his coming to class on time.

16 masculine 반의어

fe_____, fe___

17 beautifully expressed in words, poetry, or music

____

18 compose의 명사형 2개 및 그 의미

__________________________ / __________________________

19 '쓰레기'를 의미하는 영어 표현 3개

_________, _________, _________, _________, _________

20 After the Nazis came to power in Germany, many scientists [emigrated / immigrated] (that is, left Germany).

Answer

1 blacksmith | 2 denture / artificial teeth / dental plate / false teeth | 3 cosmetic | 4 effective / effectual / efficacious / efficient | 5 Dairy / processing | 6 nutritionally / balanced | 7 deter / prevent / keep / hinder / impede / inhibit | 8 amelioration | 9 commendable / meritorious / praiseworthy | 10 physician 의사 / physicist 물리학자 | 11 obstetrician / gynecologist 또는 obstetrics / gynecology | 12 filled / prescription | 13 beguile / delude / defraud | 14 odd / even | 15 odds / against | 16 feminine / female | 17 lyrical | 18 composition 구성, 작문, 작곡 / composure 침착, 평정 | 19 rubbish / refuse / garbage / trash / waste | 20 emigrate

English by Context

Vitamin C

매 끼니 식사를 마칠 때마다 필자의 아버지는 큼지막한 약 바구니를 들고 오셔서 이 약 저 약 한 움큼(a handful of various kinds of pills)을 챙겨 드시곤 합니다. 가끔 제게도 좋은 것이니 먹어보라고 건네주시길래 보았더니 비타민C 1000mg 정제(tablet)더군요. 오늘은 아스코르브산(ascorbic acid)이라고도 불리는 바로 그 비타민C에 관해 한번 알아볼까 합니다.

1928년에 처음으로 분리되어(isolated) 세상에 널리 알려지게 된 비타민C는 인간이나 영장류(primate)는 체내에서 합성할 수 없는 물질로서 음식을 통해 섭취해야만 합니다. 이 물질이 부족하게 되면 피부나 점막(mucous membrane)에서 출혈이 발생하는 괴혈병(scurvy)에 걸리기 쉽습니다.

최근에 주목받는 비타민C의 기능은 그것이 각종 질병에 대한 면역력(immunity)은 물론 바이러스의 증식을 억제할 수 있는 항바이러스(antiviral) 작용을 한다는 것입니다. 그뿐만이 아닙니다. 수용성(water-soluble)의 성질을 지니는 비타민C는 투여량이 좀 많다 싶으면 체외로 그대로 배설되는데 그 과정에서 체내의 독소를 중화(neutralization)시키는 촉매제(catalyzer, catalyst)의 역할을 한다고 하니 그 효능은 정말 대단한 것 같습니다.

약에 너무 의존하는 게 좋은 것은 아니지만 그 위력이 이 정도이고 보면 일단 한번 먹어보는 것도 괜찮을 듯싶습니다(I think it's okay to try it once). 비타민이라는 말이 '생명'을 뜻하는 라틴어 vita에서 유래하였다는 사실이 정말이지 이상하게 느껴지지 않을 정도입니다.

Unit 28

UNIT GUIDE

- ✓ Diagnostic Pretest
- ✓ Words and Expressions
- ✓ Comprehension Checkups
- ✓ English by Context: Depression

Diagnostic Pretest

Correct the grammatical error(s) (* marks), fill in the blank(s), or choose the correct expression in the square.

---

1 The leak in the boat caused an oil [slick / slack] on the water.

2 My nose is all [clicked / clogged] up from a cold.

3 There was too much [grease / grandiose] on the plate; I couldn't eat my dinner.

4 아기를 우유로 기르다
raise a child on the ______

5 노동 집약적인 설탕 산업
the labor-______ sugar industries

6 변비와 설사
______ and ______

7 남독(濫讀), 난독(亂讀)
pro______s[random] reading

Answer

1 slick | 2 clogged | 3 grease | 4 bottle | 5 intensive | 6 constipation / diarrhea | 7 promiscuous

Words and Expressions

676 **return**
관련 표현

1473 **by return (of post[mail])**
(우편에서) 받는 즉시로

1474 **write in return**
답장을 쓰다

1475 **return policy**
환급정책

1476 **fill[make] out one's income tax return**
소득세를 신고하다

1477 **Many[I wish you many] happy ~s (of the day)!**
(생일·축제 등의 축사로) 축하합니다!

1478 **secure a return**
(의원으로) 당선되다

1479 **Small profits and quick returns.**
박리다매(SPQR)

1480 **without return**
이익 없이

---

677 **폭발**

1481 분노가 폭발하다
fly[burst] into a passion[rage]

1482 굉장한 폭발음을 내면서 폭발하다
blow up[go off] with a terrific ***explosion***

1483 다이너마이트를 폭발시키다
set[touch] off a dynamite

1484 분노를 폭발시키다
let loose one's indignation

---

678 **swarm**

✓ to move or gather in large numbers

1485 Every place swarmed with people on Sundays.

crowd, horde, press, throng, hive

679 **surplus**

✓ an amount more than what is needed or used

1486 When the party was over, we had a surplus of beer and wine.

excess, glut, plethora, surfeit

---

680 **convey, carry, bear, transport, transmit**

✓ move someone or something from one place to another

---

681 **frost**

✓ a deposit of minute ice crystals formed when water vapor condenses at a temperature below freezing

---

682 **conduct**

✓ manage or control

✓ to serve as a medium for conveying; transmit

1487 Some metals conduct heat.

cf. conductor 도체, semiconductor 반도체, nonconductor 부도체

〈 L. *con* (together) + *dūcere* (to lead)
→ conduce 도움이 되다, (어떤 결과로) 이끌다

---

683 **insulate**

✓ to prevent the passage of heat, electricity, or sound

〈 L. *īnsula* (island) → isolate

---

684 **tanker**

✓ a ship, plane, or truck constructed to transport liquids, such as oil, in bulk

685 **spill, leak**

✓ to cause or allow a liquid to fall from its container

686 **dump**

✓ to release or throw down in a large mass

✓ to place (goods or stock, for example) on the market in large quantities and at a low price

687 **slick**

✓ a slippery layer

1488 The leak in the boat caused an oil slick on the water.

688 **clog**

✓ a blockage

1489 a clog in a water pipe

barrier, impediment, obstacle, stoppage

✓ to block

1490 My nose is all clogged up from a cold.

block, choke, congest, obstruct, stop

689 **grease**

✓ animal fat that has been softened by cooking

1491 There was too much grease on the plate; I couldn't eat my dinner.

✓ any thick oily substance, esp. used to make moving parts of machines work more smoothly

1492 The mechanic put grease on the bike's wheels.

690 **기르다**

1493 가축을 기르다

raise livestock / ***breed*** domestic animals

1494 난초를 기르다

cultivate[grow / raise] the orchids

1495 아기를 우유로 기르다

feed[raise] a child on the bottle (⇔ ~ at the breast)

1496 낳은 정보다 기른 정

The ***foster*** parents are closer than the real[natural] parents.

---

691 **intensive**

✓ 집중적인

1497 intensive language study
집중적 어학 학습

1498 the labor-intensive sugar industries
노동 집약적인 설탕 산업

1499 capital-intensive techniques
자본 집약적인 기법

⇔ extensive 광대한, 광범위하게 미치는

---

692 **적혈구**

✓ a red (blood) cell, a red corpuscle, an erythrocyte [iríθrousàit]

⇔ a white (blood) cell, a white corpuscle, a leukocyte [lúkəsàit]

---

693 **병명(病名)**

1500 asthma 천식
1501 gout, podagra [poudǽgrə] 통풍
1502 food poisoning 식중독
1503 menstrual pain 생리통
1504 depression 우울증
1505 chickenpox 수두
1506 rash, hives 발진, 뾰루지
1507 gastritis 위염
1508 appendicitis 맹장염
1509 conjunctivitis, pinkeye 결막염
1510 short sight 근시(↔ long sight)
1511 astigmatism [əstígmətìzəm] 난시
1512 hepatitis 간염
1513 bronchitis 기관지염
1514 gastric ulcer[cancer] 위궤양[위암]
1515 sore throat 인후통

1516 schizophrenia 정신 분열

1517 arthritis 관절염

1518 heart attack[failure, arrest] 심장 발작[마비]

1519 venereal disease 성병

1520 bruise, contusion 타박상

1521 diabetes 당뇨병

1522 constipation 변비

1523 diarrhea 설사

1524 hardening of the arteries, arteriosclerosis 동맥 경화증

1525 tox(a)emia of pregnancy, gestosis [dʒestóusis] 임신 중독증

---

694 **duration**

✓ the time that s.t. continues or exists

1526 We hope that the business recession will be of short duration.

interval, period, span, spell, stretch, term

---

695 **promiscuous**

✓ 난잡한[문란한]; 되는 대로의, 잡다한

1527 promiscuous behavior
문란한 행동

1528 promiscuous[random] reading
이것저것 되는 대로 읽는 독서[남독(濫讀), 난독(亂讀)]

1529 a stylistically promiscuous piece of music
여러 스타일을 잡다하게 섞은 음악 작품

immoral, libertine, licentious, loose, unrestricted

---

696 **gather, collect, assemble, congregate, accumulate, amass**

✓ to bring or come together in a group or mass

697 **drastic**

✓ sudden, extreme, and severe

1530 We must take drastic steps to stop the disease.

---

698 **shoe**
관련 표현

1531 another pair of shoes
전혀 별개의 문제[일]

1532 Blast my old shoes (if I don't).
정말이고말고.

1533 die in one's shoes[boots] / die with one's shoes on
변사[횡사]하다, 비운에 죽다

1534 fill a person's shoes / fill the shoes of a person
남을 대신하다, 남의 책임을 인계받다

1535 If the shoe[cap] fits, wear it.
옳다고 생각되면 순순히 받아들여라.

1536 in a person's shoes
남과 같은 입장에, 남의 입장에 서서

1537 where the shoe pinches
고민[고통]의 진정한 원인

---

699 **daybreak**

✓ the beginning of day

aurora, cockcrow, daylight, morning, sunrise

---

700 **sanitation**

✓ the act of keeping an area clean and germ-free

1538 Strict sanitation is used in businesses such as barber shops and restaurants.

〈 L. *sānitās* (healthy) → sanity

Comprehension Checkups

[1~20] Follow the directions in each of the questions below. (filling in the blanks, multiple-choice questions, finding grammatical errors (* mark), vocabulary corresponding to the English definition, etc.)

1 소득세를 신고하다

fill out an in___ tax re___

2 다이너마이트를 폭발시키다

set ___ a dynamite

3 Every place [swarmed / swam] with people on Sundays.

4 surplus 유의어 3개

_________, _________, _________, _________

5 convey 유의어 3개

_________, _________, _________, _________

move someone or something from one place to another

6 a deposit of minute ice crystals formed when water vapor condenses at a temperature below freezing

____

7 도체, 반도체, 부도체

_____________, _____________, _____________

8 to prevent the passage of heat, electricity, or sound

____

9 a ship, plane, or truck constructed to transport liquids, such as oil, in bulk

____

10 to cause or allow a liquid to fall from its container

_________ 또는 _________

11 The leak in the boat caused an oil [slick / slack] on the water.

12 My nose is all [clicked / clogged] up from a cold.

13 There was too much [grease / grandiose] on the plate; I couldn't eat my dinner.

14 아기를 우유로 기르다
feed[raise] a child on the ________

15 노동 집약적인 설탕 산업
the labor-________ sugar industries

16 적혈구
____________, ____________, ____________

17 천식, 수두, 맹장염, 간염
____________, ____________, ____________, ____________

18 변비, 설사, 식중독
____________, ____________, ____________

19 남독(濫讀), 난독(亂讀)
pro________s[random] reading

20 gather 유의어 3개
________, ________, ________, ________, ________

Answer

1 income / return | 2 off | 3 swarmed | 4 excess / glut / plethora / surfeit | 5 carry / bear / transport / transmit | 6 frost | 7 conductor / semiconductor / nonconductor | 8 insulate | 9 tanker | 10 spill 또는 leak | 11 slick | 12 clogged | 13 grease | 14 bottle | 15 labor-intensive | 16 a red (blood) cell / a red corpuscle / an erythrocyte | 17 asthma / chickenpox / appendicitis / hepatitis | 18 constipation / diarrhea / food poisoning | 19 promiscuous | 20 collect / assemble / congregate / accumulate, amass

English by Context

Depression

괜스레(without reason) 가슴이 답답하고 짜증이 나며 어딘지 모를 깊은 나락 속으로 한없이 꺼져 들것만 같은 순간이 있습니다. 누구나 그럴 때가 있지요. 그런데 이런 일이 너무 자주 그리고 심하게 발생하면 그건 병이라고 할 수 있습니다. 우울증(depression)이 바로 그것이지요.

우울증은 다양한 처치의 역사가 있습니다. 옛날에는 우울함을 호소하는 환자에게 전기충격을 가해 깊은 무의식의 상태(deep unconsciousness)로 빠져들게 하는 전기충격(electric shock) 요법을 쓰기도 했습니다. 얼마나 위험했겠습니까? 이후 의학의 발전과 더불어 과학자들은 대부분의 우울증 환자가 세로토닌(serotonin)과 같은 정상적인 뇌의 기능(normal brain functionality)에 필수적인 화학 물질(chemical substances)을 상당 부분 결여하고 있다는 사실을 알아냈습니다. 그뿐만이 아닙니다. 특정 계절만 되면 감정의 기복을 겪는 계절적 정서 장애(Seasonal Affective Disorder, SAD)의 경우는 인위적으로 햇빛을 공급해주는 물리적 치료법(physical treatments)이 매우 효과적이라는 사실 또한 밝혀내기도 했습니다.

그런데 잊지 말아야 할 사실이 하나 더 있습니다. 전기적이건 화학적이건 물리적이건, 어떠한 치료법을 써서 우울증의 인자(factor)를 제거한다 해도 그 치료에는 심리적 관리(psychological management)가 반드시 수반되어야 한다는 것입니다. 왜냐하면 병의 원인이 사라졌다 해도 그로 인해 우리의 마음에 깊게 파인 고통의 자국만큼은 오래도록 지워지지 않을 수 있기 때문입니다.

필자는 의학적 치료와 더불어 종교에 의지함으로써(by relying on religion along with medical treatment) 그 힘겨운 싸움에서 이겨나가는 한 사람의 모습을 가장 가까이에서 지켜봐야 했습니다. 이제 거의 막바지에 접어든 것 같기도 한 그 기나긴 과정을 통해 필자에게 역시 바라보는 자로서 인내와 사랑하는 법을 깨닫게 하신 하늘의 그분께 진실한 감사를 올립니다(I give sincere thanks to the Heavenly One who made me realize patience and love).

Unit 29

UNIT GUIDE

- ✓ Diagnostic Pretest
- ✓ Words and Expressions
- ✓ Comprehension Checkups
- ✓ English by Context: Seismic Wave

—

An inheritance obtained early in life is not a blessing in the end.

Diagnostic Pretest

Correct the grammatical error(s) (* marks), fill in the blank(s), or choose the correct expression in the square.

1 나는 5달러가 모자란다.
I am five dollars _______.

2 * It's rash for you to go in just now.

3 간식을 삼가라.
You should stop eating _______ meals.

4 그녀의 성공은 분명하다.
Her success speaks _______ _______.

5 버스는 5분 후에 출발한다.
The bus leaves after / in five minutes.

6 그 지역은 한겨울이었다.
Winter gr_______ the region.

7 코딱지
nose _______

Answer

1 short | 2 for you → of you | 3 between | 4 for itself | 5 in | 6 gripped | 7 dirt[wax]

Words and Expressions

701 **divulge**

✓ to make known something private or secret

disclose, reveal, betray, expose

⇔ suppress, deny, conceal

〈 L. vulgus (common people) → vulgar

---

702 **infection**

✓ (공기·물에 의한) 전염, 감염

cf. contagion 접촉 전염[감염]

inflammation 염증; 점화

---

703 **pick over**

✓ to sort out or examine item by item

1539 a shopper who picked over the grapes before purchasing them

---

704 **run short**

✓ to become scanty or insufficient in supply

1540 Fuel oil ran short during the winter.

여기서 run은 연결동사(copula)이고 short는 '부족하다'라는 의미의 형용사

Bread was in ~ supply.

빵의 공급이 불충분했다.

I am five dollars ~.

5달러가 모자란다.

He was ~ in[of] common sense.

그는 상식이 부족했다.

---

705 **he[one] who …**

✓ …하는 사람(불특정한 한 명의 사람)

1541 He who laughs last laughs longest[best].

〈속담〉 마지막에 웃는 자가 가장 길게[잘] 웃는다.

1542 He who is born a fool is never cured.

〈속담〉 바보를 고칠 약은 없다.

1543 He that talks much errs much.
〈속담〉 말이 많으면 실수도 잦다.

pl. those who …하는 사람들

---

706 **rash**

✓ 무모한

1544 It's rash of you to go in just now.
지금 당장 들어가는 것은 무모하다.

의미상주어로 of ~ 구조가 사용되었음에 유의

reckless, careless, hasty, heedless, imprudent, impulsive

---

707 **선조**

✓ an ancestor; a forefather; a progenitor; a predecessor

1545 대대로 내려오는 가보
an ***ancestral[hereditary]*** treasure

1546 그의 집은 대대로 농사를 지었다
His family has engaged in farming ***for generations***.

---

708 **nibble**

✓ 갉아먹다; 물어뜯다

1547 nibble (at) one's nails
손톱을 물어뜯다

1548 She nibbles while watching television.
그녀는 TV를 보면서 군것질한다.

1549 Caterpillars nibbled the twigs bare.
송충이가 어린 가지를 몽땅 갉아 먹었다.

---

709 **간식(間食)**

1550 간식으로 고구마를 먹다
eat sweet potatoes ***for*** one's ***snack***

1551 간식을 삼가라
You should stop ***eating between meals***.

710 **in itself**

✓ 본질적으로, 본래, 그것 자체가

1552 For him money was an end in itself.
그에게는 돈은 그것 자체가 목적이었다.

(all) by itself 홀로; 자동적으로
for itself 단독으로
of itself 저절로, 자연히
to itself 혼자 차지하여

---

711 **itself 관련 표현**

✓ pay for itself 절약되다

1553 The rail pass will pay for itself after about two trips.
기차 정기 승차권을 사면 기차를 두 번쯤 타고 나면 들인 비용이 절약된다.

✓ lend itself to ~에 적합하다

1554 Her voice doesn't really lend itself well to blues singing.
그녀의 목소리는 사실 블루스를 부르기에 적합하지 않다.

✓ sort itself out 저절로 해결되다

1555 It will all sort itself out in the end.
그것이 결국에는 모두 저절로 해결될 것이다.

✓ speak for itself[themselves] 자명[분명]하다

1556 Her success speaks for itself.
그녀의 성공은 분명하다.

✓ in and of itself 그것 자체는

1557 In and of itself the plan might work, but I doubt that it will be approved.
계획 자체는 실행될지도 모르지만, 그것이 승인될지는 불확실하다.

---

712 **bulge**

✓ 부풀다; 불룩하다

1558 His muscles bulged out.
그의 근육은 불룩 솟아 있었다.

1559 His pocket bulged with an apple.
그의 주머니는 사과로 불룩했다.

balloon, bloat, distend, protrude, swell

713 **cruise**

✓ to sail on a boat or ship in a pleasant, comfortable manner

1560 We cruised down the coast in our sailboat.

navigate, float, glide, skim

찌꺼기를 걷어내다; 미끄러지듯 가다

---

714 **lean**

✓ 기대다, 의지하다(rely, depend) / 기울기, 경사(slope); 치우침, 구부러짐(bend)

1561 lean against a person
남에게 기대다

1562 lean on one's stick
지팡이에 의지하다

1563 a lean of 110°
110°의 경사

1564 a wall with a slight lean
약간 기울어진 벽

✓ 야윈, 깡마른(thin); 기름기가 적은, (고기가) 살코기의; 내용이 하찮은, 빈약한

1565 (as) lean[thin] as a rake
뼈와 가죽뿐인

1566 lean meat
살코기(red meat)

1567 a lean[plain, poor] diet
조식(粗食, 검소한 음식)

1568 lean crops
흉작

---

715 **odor**

✓ (나쁜) 냄새

1569 the personal[body] odor 체취

smell이 중성적인 느낌이고, fragrance, perfume, aroma, scent 등은 '향기'를 뜻함

---

716 **dust**

✓ 먼지(를 털다)

1570 a cloud of dust
부옇게 피어오르는 흙먼지

1571 **raise[stir up] dust**
먼지를 피우다

1572 **gather dust / get dusty all over**
먼지를 뒤집어쓰다

1573 **dust (off) a desk top**
책상 위의 먼지를 털다

1574 **dust oneself down**
먼지를 털다

duster 먼지떨이

---

717 **sole**

✓ the underside of a shoe

✓ being the only one

1575 **the sole survivor of the crash**

cf. soul 영혼, 정신

---

718 **clatter**

✓ 덜걱덜걱 소리(를 내다)

1576 **She clattered away down the hall.**
그녀는 복도를 통탕거리며 걸어갔다.

cf. clank 쨍그랑[철컥, 탁] 소리

---

719 **tip**

✓ 정점(apex)

1577 **the tip of a cone[an iceberg]**
원뿔의 꼭대기[빙산의 일각]

1578 **from tip to toe**
머리끝에서 발끝까지; 시종, 모조리

✓ 〈물건을〉 기울이다(incline)

1579 **tip the desk toward ~**
책상을 ~ 앞으로 기울이다

✓ 팁, 사례금(gratuity)

1580 **reward a porter with a big tip**
짐꾼에게 팁을 듬뿍 주다

720 **in**

✓ 시간의 경과

1581 in a second[a moment]
금방, 곧

1582 The bus leaves in five minutes.
버스는 5분 후에[5분 경과한 시점에서] 출발한다.

after five minutes는 5분 후의 불특정 시점을 말하고, within five minutes는 5분 이내를 뜻함

시간의 전치사 for는 시간의 양을 뜻함

---

721 **stop, cease, desist, discontinue, halt, quit**

✓ to bring or come to a cessation

1583 stop arguing

1584 ceased crying

1585 desist from complaining

1586 discontinued the treatment

1587 Company, halt!
〈구령〉 중대~ 서!

1588 quit laughing

---

722 **grip**

✓ 붙잡다

1589 grip him by the hand
그의 손을 붙잡다

1590 be gripped by anxiety[desperation]
근심에 잠기다[절망 상태에 빠지다]

1591 Winter gripped the region.
그 지역은 한겨울이었다.

clasp, clench, clutch

---

723 **nostril**

✓ the external openings of the nose

cf. 코딱지 nose dirt[wax]
콧물 nose running, snivel, snot

724 **sneeze**

✓ to send air forcefully through the nose and mouth because of an irritation, cold, allergy, etc.

1592 She sneezes every time that she smells pepper.

sn–으로 시작하는 말은 '코'와 관계된 것이 많음
sneer, sniff, sniffle, snook, snore, snorkel, snout, snuff, snarl

---

725 **tickle**

✓ to touch lightly the sensitive parts of the body so as to cause laughter

1593 The baby's father tickled its foot with his fingers.

Comprehension Checkups

[1~20] Follow the directions in each of the questions below. (filling in the blanks, multiple-choice questions, finding grammatical errors (* mark), vocabulary corresponding to the English definition, etc.)

1 **divulge** 유의어 3개

_________, _________, _________, _________

2 염증

infla_____

3 a shopper who p____ o__ the grapes before purchasing them

4 나는 5달러가 모자란다.

I am five dollars ____.

5 〈속담〉 마지막에 웃는 자가 가장 길게 웃는다.

____________________________________.

6 * It's rash for you to go in just now.

_______ → _______

7 그의 집은 대대로 농사를 지었다.

His family has engaged in farming for ge_______.

8 송충이가 어린 가지를 몽땅 갉아 먹었다.

Caterpillars ni____ the twigs b__.

9 간식을 삼가라.

You should stop ______________________.

10 기차 정기 승차권을 사면 기차를 두 번쯤 타고 나면 들인 비용이 절약된다.

The rail pass will ______________ after about two trips.

11 그녀의 성공은 분명하다.

Her success speaks ________.

12 그의 주머니는 사과로 불룩했다.

His pocket _____ with an apple.

13 to sail on a boat or ship in a pleasant, comfortable manner

____

14 살코기

_________ meat

15 체취

the personal[body] ___

16 the underside of a shoe

____

17 버스는 5분 후에[5분 경과한 시점에서] 출발한다.

The bus leaves [after / in] five minutes.

____

18 stop 유의어 3개

_________, _________, _________, _________

19 그 지역은 한겨울이었다.

Winter gr____ the region.

20 코딱지

nose _________

Answer

1 disclose / reveal / betray / expose | 2 inflammation | 3 picked / over | 4 short | 5 He who laughs last laughs longest | 6 for you → of you | 7 generations | 8 nibbled / bare | 9 eating between meals | 10 pay for itself | 11 for itself | 12 bulged | 13 cruise | 14 lean[red] | 15 odor | 16 sole | 17 in | 18 cease / desist / discontinue / halt / quit | 19 gripped | 20 dirt[wax]

English by Context

Seismic Wave

환(環)태평양 화산대(the Ring of Fire)라는 말을 들어 보았을 것입니다. 아메리카, 일본, 캄차카, 필리핀, 뉴기니에 걸친 습곡산맥(fold-mountain range) 지대인 이곳은 태평양을 중심으로 한 고리 모양의 커다란 외부 경계로서, 화산과 지진활동(volcanic and seismic activity)이 자주 일어나는 곳으로 알려져 있습니다. 오늘 이 시간에는 요즘 부쩍 관심이 높아진 지진(earthquake)에 관해서 살펴보기로 합시다.

우선 알아야 할 중요한 것 중의 하나는 진앙(epicenter)이라고 하는 말로 지구 내부에서 암석이 처음으로 움직이기 시작한 곳, 즉 지진이 시작된 시점을 말합니다. 진앙으로부터 발생한 에너지는 지구 내부의 입자(particle)를 흔들며 사방으로 퍼지기(radiation) 시작하는데, 이때 바로 P파(primary wave), S파(secondary wave), 그리고 표면파(surface wave)라고 불리는 세 가지의 파장, 다시 말해 지진파(seismic waves)가 관계하게 되는 것입니다.

그런데 이 세 가지의 지진파는 각각(respectively) 속도(velocity)와 그것이 통과할 수 있는 물질의 종류가 서로 다릅니다. 과학자들은 이러한 특징을 이용해서 지구를 이루고 있는 내부의 층(layer)을 연구할 수 있는 단서를 얻어 내기도 합니다. 그중에서 가장 빠른 녀석은 P파인데 지각(the earth's crust)을 무려 초속 5킬로미터의 속도로 통과합니다. 또한 P파는 고체, 액체, 기체를 모두 통과할 수 있습니다. 그다음으로 P파의 절반쯤 되는 속도(half the speed of primary waves)로 S파가 찾아옵니다. 흥미로운 사실은 P파와 달리 S파는 고체는 통과하지만, 액체와 기체는 통과하지 못한다는 것입니다. 마지막으로 찾아오는 S파는 지구의 내부(interior)가 아니라 표면을 따라서 움직입니다. 가장 느리게 움직이는 이 S파가 바로 지표면을 굽이치게 하기도 하고 좌우로 흔들기(rolling up and down and shaking from side to side)도 하면서 가장 막심한 피해를 주는 무시무시한 파장입니다.

Unit 30

UNIT GUIDE

- ✓ Diagnostic Pretest
- ✓ Words and Expressions
- ✓ Comprehension Checkups
- ✓ English by Context: Plate Tectonics

Diagnostic Pretest

Correct the grammatical error(s) (* marks), fill in the blank(s), or choose the correct expression in the square.

---

1 [facet / faucet] : one of the flat polished surfaces

2 이 시계는 정확하다.
This clock keeps [well / good] time.

3 십 년, 백 년, 천 년
a de_______, a cen_______, a mi_______

4 * Small birds [dwell / live] mainly on insects.

5 그것은 살인이나 다름없다.
* It is little more than murder.

6 There's a popular [legend / myth] that you can't be struck by lightning twice.

7 어린애는 열 수 없는 병(마개)
child_______ caps

Answer

1 facet | 2 good | 3 decade / century / millennium | 4 live | 5 more → less | 6 myth | 7 childproof

Words and Expressions

726 **facet**

✓ one of the flat polished surfaces

face 얼굴 + -ette 지소사(指小辭)

aspect, part, point, side, plane, surface

cf. faucet: a device for regulating the flow of a liquid

---

727 **덩어리**

1594 흙덩어리

a ***lump*** of earth

1595 핏덩어리

a ***clot*** of blood

1596 고깃덩어리

a ***chunk[hunk]*** of meat

1597 흙을 덩어리로 뭉쳐 던지다

fling mud in ***clumps***[lumps]

---

728 **정확(正確)**

1598 아직 정확한 위치가 아직 파악되지 않고 있다

We still don't know the ***exact*** locations.

1599 이 시계는 정확하다

This clock keeps ***accurate[good]*** time.

1600 학생들은 정확한 답을 했다

The students gave the ***correct[precise]*** answer.

---

729 **cipher**

✓ code

1601 The letter was written in cipher.

decipher (암호문 등을) 해독(하다)(decode)

✓ someone who has no power or is of no importance

1602 He was only a cipher.

✓ to solve problems in arithmetic

calculate, compute, reckon, figure

730 **appear, emerge, issue, loom, materialize, show**

✓ to come into view

1603 a ship appearing on the horizon
1604 a star that emerged from behind a cloud
1605 a diver issuing from the water
1606 a peak that loomed through the mist
1607 a flash of lightning that seemed to materialize from nowhere
1608 a ruffle showing at the edge of the sleeve

---

731 **decade**

✓ a period of ten years

cf. 백 년 a century, 천 년 a millennium

deca– (ten) → Decameron
cent(i)– (hundred) → centipede
milli– (thousand) → millionaire

---

732 **dwell**

✓ 살다; 존재하다

1609 dwell at the foot of a mountain
산기슭에 살다

1610 dwell in luxury
호강하며 살다

1611 Memory of him still dwelt in her mind.
그의 기억이 여전히 그녀의 마음속에서 사라지지 않고 있었다.

---

733 **dwell (up)on ~**

✓ ~을 곰곰이 생각하다; 자세히 다루다, 강조하다

1612 dwell on the pleasures of the past
지난날의 즐거운 추억에 잠기다

1613 dwell on trivia
사소한 일을 강조하다

1614 Newspapers always dwell on bad news.
신문은 늘 나쁜 뉴스를 자세히 취급한다.

1615 His mind dwells on unhappy memories.
그의 마음은 불행한 추억에서 떠나지 못한다.

cf. live on ~을 먹고 살다

Small birds live mainly on insects.
작은 새들은 주로 곤충을 먹고 산다.

You can't live on forty dollars a week.
일주일에 40달러로는 먹고 살 수가 없다.

734 **idyll**

✓ a happy event of rural life

1616 Their honeymoon was an idyll of camping and hiking in natural park.

---

735 **convention**

✓ a gathering of people of similar interests who listen to speakers

1617 We always go to the yearly convention of English teachers at a big hotel.

assembly, caucus, conclave, conference, meeting

✓ rule of behavior, a standard custom

1618 Guests observe the conventions at parties by always speaking first with the person(s) giving the party.

custom, formality, practice, protocol

---

736 **no[not, nothing, little] more than ~**

✓ ~보다 많지 않다 → 단지 ~밖에 안 된다(생각보다 적음)

1619 She has no more than 5 million won. (only)

1620 She has not more than 5 million won. (at most)

---

737 **no[not] less than ~**

✓ ~보다 적지 않다 → 적어도 ~는 된다(생각보다 많음)

1621 She has no less than 5 million won. (as much as)

1622 She has not less than 5 million won. (at least)

---

738 **nothing less than**

✓ very, completely; 다름 아닌, 그야말로

1623 It was nothing less than a disaster.

그것은 그야말로 대재난이었다.

1624 Their defeat was nothing less than amazing.

그들의 패배는 그야말로 놀라운 것이었다.

739 **little[barely, hardly, scarcely] less than ~**

✓ ~과 거의 같은 정도로

1625 **It is little less than murder.**
그것은 살인이나 다름없다.

---

740 **myth**

✓ an ancient traditional story about gods, heroes, and magic

1626 **Greek myths and legends**

✓ something that people wrongly believe to be true

1627 **There's a popular myth that you can't be struck by lightning twice.**

fable, legend, fantasy, fiction

---

741 **predict**

✓ pre(미리) + dict(말하다) → 예시하다

1628 **He predicted (that) there would be a drought.**
그는 가뭄이 일어난다고 예언했다.

forebode, forecast, foretell, prophesy

---

742 **mortality**

✓ 죽어야 할 운명

1629 **After her mother's death, she became acutely aware of her own mortality.**
어머니가 돌아가신 후 그녀는 자기 자신도 언젠가는 죽을 수밖에 없음을 뼈저리게 느끼게 되었다.

mortal, evanescence, impermanence, transience

✓ 사망자 수[사망률]

1630 **the infant mortality rate**
유아 사망률

1631 **Mortality from lung cancer is still increasing.**
폐암으로 인한 사망자 수가 아직도 증가하고 있다.

death, fatality, toll

〈 L. mors (death) → murder

743 **두려움**

✓ 공포(恐怖) fear, terror, dread, horror

✓ 염려(念慮) apprehension, anxiety, concern

✓ 외경(畏敬) reverence, veneration, awe

---

744 **agitate, churn, convulse, rock, shake**

✓ to cause to move to and fro violently

1632 land agitated by tremors
1633 a storm churning the waves
1634 buildings and streets convulsed by the detonation of a bomb
1635 a tornado rocking trees and houses
1636 an explosion that shook the ground

---

745 **mammal**

✓ a warm-blooded animal, the female of which feeds its own milk to its young

양서류 amphibian, 파충류 reptiles, 조류 birds, 갑각류 crustacean, 연체동물 mollusk

---

746 **prey**

✓ animals killed for food by other animals

cf. pray: to speak to God

---

747 **cruel, fierce, ferocious, barbarous, inhuman, savage, vicious**

✓ showing a disposition to inflict violence, pain, or hardship, or to find satisfaction in the suffering of others

748 **waterproof**

✓ made so that water cannot pass through

1637 I can wear my watch when I swim because it is waterproof.

- airproof 기밀(氣密)의(airtight)
- ballproof, bombproof, bulletproof 방탄의
- childproof caps 어린애는 열 수 없는 병(마개)

---

749 **fur**

✓ the thick coat of soft hair covering the skin of a mammal, such as a fox or beaver

- coat, fleece, hide, pelt, fuzz, hair, wool

---

750 **snatch**

✓ to take something quickly

1638 The boy snatched a piece of cake and ate it hungrily.

- grab, seize, yank, snap

Comprehension Checkups

[1~20] Follow the directions in each of the questions below. (filling in the blanks, multiple-choice questions, finding grammatical errors (* mark), vocabulary corresponding to the English definition, etc.)

1 [facet / faucet] : one of the flat polished surfaces

2 핏덩어리
a [cleft / clot] of blood

3 이 시계는 정확하다.
This clock keeps [well / good] time.

4 그 편지는 암호로 작성되었다.
The letter was written in ci___.

5 물에서 밖으로 나오는 잠수부
a diver is____ from the water

6 십 년, 백 년, 천 년
______________, ______________, ______________

7 *Small birds dwell mainly on insects.

8 신문은 늘 나쁜 뉴스를 자세히 취급한다.
Newspapers always d___ o_ bad news.

9 Their honeymoon was an id__ of camping and hiking in natural park.

10 Guests observe the con_______ at parties by always speaking first with the person(s) giving the party.

11 그녀는 기껏해야 5백만 원밖에 없다.
She has not ______________ 5 million won.

12 그것은 그야말로 대재난이었다.
It was nothing ______________ a disaster.

13 그들의 패배는 그야말로 놀라운 것이었다.
Their defeat was nothing __________ amazing.

14 그것은 살인이나 다름없다.
* It is little more than murder.

15 There's a popular [legend / myth] that you can't be struck by lightning twice.

16 predict 유의어 3개
________, ________, ________, ________

17 폐암으로 인한 사망자 수가 아직도 증가하고 있다.
Mor____ from lung cancer is still increasing.

18 agitate 유의어 3개
________, ________, ________, ________

19 포유류, 양서류, 파충류
________, ________, ________

20 어린애는 열 수 없는 병(마개)
child____ caps

Answer

1 facet | 2 clot | 3 good | 4 cipher | 5 issuing | 6 a decade / a century / a millennium | 7 dwell → live | 8 dwell / on | 9 idyll | 10 conventions | 11 more than | 12 less than | 13 less than | 14 more → less | 15 myth | 16 forebode / forecast / foretell / prophesy | 17 Mortality | 18 churn / convulse / rock / shake | 19 mammal / amphibian / reptiles | 20 childproof

Plate Tectonics

지구의 기원과 역사, 그리고 그 구조를 다루는 지질학(geology dealing with the origin, history and structure of the Earth)에서 판구조론(plate tectonics)의 등장은, 마치 생물학에서 다윈이 진화론(theory of evolution)을 제기한 것만큼이나 획기적인(epoch-making) 사건이었습니다.

판구조론이란 용어(terminology) 자체가 암시하듯 우리가 발을 딛고 살아가는 이 땅이 사실은 지구 깊숙이 자리 잡은 용암의 바다(sea of lava) 위를 떠다니는 일종의 판이라는 것입니다. 구조를 다루는 학문(구조론)을 영어로 tectonics라고 하니 plate tectonics라는 말이 그 가설에 가장 적절한 말이 된 것이지요. 그러고 보니 필자도 학창 시절 지구과학 시간이던가요, 아메리카 대륙과 아프리카 대륙을 이리저리 짜 맞추었던 생각이 나는 것도 같습니다.

판의 움직임은 크게 세 가지로 나누어 볼 수 있습니다. 첫째로, 판은 서로 미끄러져 스쳐 지나갈 수 있습니다(slide past each other). 스쳐 지나간다는 것이 엄청나게 거대한 덩어리끼리의 마찰이니 상상을 초월하는 에너지를 수반하는 것은 당연할 겁니다. 둘째로, 붙어 있던 두 개의 판이 서로 떨어져 버리는 일도 있습니다(drift apart). 그렇게 되면 아래에 있던 용암이 밖으로 분출하는(erupting) 일이 벌어집니다. 마지막으로 판끼리의 충돌(collision)을 생각해 볼 수 있습니다. 무거운 해양판과 상대적으로 가벼운 대륙판이 충돌하면 해양판이 대륙판의 밑으로 들어가 해안가의 산맥(mountain range)과 같은 것을 형성하고, 대륙판끼리 충돌하면 서로 밀쳐 융기(rise, uplift)하여 히말라야와 같은 높은 산맥을 만들게 되죠. 해양판끼리 충돌하면 어떻게 될까요? 그러면 해저에서 화산이 폭발해서 일본이나 하와이 같은 섬을 만들게 된다고 합니다.

이런 생각을 처음으로 해낸 과학자들 말이지요, 정말 대단한 사람들인 것 같습니다(they seem to be really great people). 우리 머리를 좀 아프게는 하지만 말입니다.

Unit 31

UNIT GUIDE

- ✓ Diagnostic Pretest
- ✓ Words and Expressions
- ✓ Comprehension Checkups
- ✓ English by Context: Butterfly Effect

—

Those who oppress the poor insult their Maker.

Diagnostic Pretest

Correct the grammatical error(s) (* marks), fill in the blank(s), or choose the correct expression in the square.

---

1 혹독한 시련을 겪다
be [tried / tired] in the furnace

2 우리는 그 가수의 어젯밤 공연이 그녀의 마지막 무대가 될 줄은 몰랐다.
We didn't know that the singer's performance last night was her ____________.

3 지진으로 인한 사망자 수
the d_______ t____ from the earthquake

4 승진하려고 기울인 모든 노력이 허사로 돌아갔다.
Everything I did to get promoted was to _______.

5 an undesirable secondary effect of a drug or therapy
_______ / _______ / _______ effect

6 a substance used by doctors to prevent a patient from feeling pain
an_______

7 그의 행위는 칭찬할 만하다.
His action is greatly to his c_______.

Answer

1 tried | 2 swan song | 3 death / toll | 4 no avail | 5 side / after / ill | 6 anesthetic | 7 credit

Words and Expressions

751 **inhabitant**

✓ a person who lives in a certain area

citizen, denizen, occupant, boarder, lodger, renter, tenant

---

752 **nun**

✓ a female member of a religious institution

⇔ monk

nunnery, convent 수녀원(↔ monastery)

---

753 **furnace**

✓ 노(爐), 아궁이; 혹독한 시련

1639 an electric furnace
전기로

1640 be tried in the furnace
혹독한 시련을 겪다

〈 try 시련을 겪게 하다, 혹사하다
My patience was severely tried.
울화통 터지는 것을 간신히 참았다.

---

754 **make up**

✓ 구성하다

1641 All things in our universe are made up of atoms.
우주의 만물은 원자로 이루어져 있다.

✓ 화장[분장]하다

1642 I'm almost finished making up my face.
얼굴 화장이 거의 끝나가요.

✓ 화해하다

1643 kissed and made up
키스하고 화해하였다

✓ 벌충[보상]하다 〈for〉

1644 He made up for the lost time by driving fast.
그는 속도를 내어 지연된 시간을 만회했다.

755 **본질(本質)**

1645 민주주의의 본질적 요소
the ***essentials*** of democracy

1646 이것이 우리 딜레마의 본질이다.
This is the ***nature*** of our dilemma.

1647 관용이 우정의 본질이다.
Tolerance is the ***essence*** of friendship.

1648 현상의 배후에 있는 본질
the ***inner meaning*** of the phenomenon

1649 본질적으로는 당신의 말에 찬성한다.
I agree ***in substance*** with what you say.

---

756 **emancipate**

✓ 해방하다

1650 emancipate a person from anxiety[prejudice, slavery]
사람을 걱정[편견, 노예 신분]에서 해방하다

1651 emancipate a country from tyranny
나라를 압제로부터 해방하다

free, liberate, release, unchain

⇔ enslave

---

757 **be bound [tied] up in[with] ~**

✓ ~과 단단히 매어져 있다

1652 He is bound up in his old house.
자기의 낡은 집일에 매어서 손을 뗄 수가 없다.

1653 She is bound up in another project.
다른 계획에 정신이 쏠려 있다.

< bind(묶다, 매다)의 p.p.
→ binder(묶는 것), bindery(제본소)

---

758 **horizon**

✓ 지평선, 수평선; (비유적) 범위, 한계

1654 There is an ominous cloud on the horizon.
심상치 않은 구름이 지평선 위에 있다.

1655 widen one's intellectual horizon
지식의 범위를 넓히다

edge, skyline, vista, frontier, outlook, perspective, sphere

전망, 경치 〈 L. vīsus 보이는 것
→ vision, visa, visage(얼굴, 생김새)

---

759 **in proportion to ~**

✓ ~에 비례하여

1656 **Energy use increases in proportion to the rise in temperature.**
기온이 상승함에 따라 에너지의 소비량은 는다.

또는 ***In proportion as*** temperature rises, energy use increases.

---

760 **concerned**

✓ 관계하는

1657 **They were deeply concerned in that business as well.**
그들은 그 일에도 깊이 관여하고 있었다.

1658 **I am not concerned with it.**
그것과는 아무 관계도 없다.

interested, involved

✓ 염려하는

1659 **We are concerned about his financial situation.**
그의 경제 상태가 걱정된다.

1660 **Mother was concerned for me.**
어머니는 나를 염려하고 계셨다.

solicitous, anxious, distressed, disturbed, troubled, worried

cern은 라틴어 *cernere*(체질하다, sift)에서 온 말.
즉, concern은 '함께 섞이다(mingle together)'라는 기본 의미에서 '관계'와 '염려'의 뜻으로 발전.

761 **farewell**

✓ a good-bye

1661 a farewell party
송별회

1662 a farewell address[speech]
고별사(valediction)

1663 take one's farewell of[say/bid farewell to]
~에게 작별을 고하다

fare가 '살아 나가다, 지내다'이므로
'잘 지내라/살아라'라는 의미에서

---

762 **swan song**

✓ last time that they do something for which they are famous

1664 We didn't know that the singer's performance last night was her swan song.
우리는 그 가수의 어젯밤 공연이 그녀의 마지막 무대가 될 줄은 몰랐다.

백조는 죽기 직전 가장 아름다운 노래를 부른다는 데서

---

763 **toll**

✓ 〈만종, 조종(弔鐘) 등을〉 울리다

1665 toll the bell at a person's death
종을 쳐서 죽음을 알리다

✓ 사용료[세]; 통행료

1666 a toll road[bridge]
유료 도로[다리]

✓ 사상자 수(casualties)

1667 the death toll from the earthquake
지진으로 인한 사망자 수

---

764 **lure**

✓ 유혹하다, 끌다

1668 lure a person to wrong
남을 나쁜 짓에 꾀다

1669 The sea lured him away from home.
그는 바다에 반해서 집을 떠났다.

allure, attract, entice, tempt, bewitch, charm, enchant, seduce

765 **rack one's brain(s)**

✓ to think long and hard

1670 I racked my brain for hours trying to recall her name.

rack 대신 beat, cudgel, drag, task, milk 등의 동사도 씀

[kʌ́dʒəl] 몽둥이로 치다

---

766 **허사로 돌아가다**

1671 I was sad that all the work ***went for nothing***.
나는 모든 일이 허사로 돌아가서 슬펐다.

1672 The efforts to increase sales always ***ended in failure***.
매출을 늘리려는 노력이 매번 허사로 돌아갔다.

1673 Everything I did to get promoted was ***to no avail***.
승진하려고 기울인 모든 노력이 허사로 돌아갔다.

1674 Friends campaigned ***in vain*** for her reinstatement.
그녀의 복직을 위한 친구들의 캠페인은 허사로 돌아갔다.

---

767 **band, company, corps, party, troop**

✓ a group of individuals acting together in a shared activity

---

768 **alienate**

✓ 소외시키다

1675 alienate communists from society
공산주의자를 사회로부터 소외시키다

distance, estrange, separate

alien 외국인, 외계인

---

769 **우선**

1676 우선 사건의 원인부터 조사해 봅시다.
In the first place[First of all / To begin with], let's investigate the cause of the accident.

1677 우선 아이들을 놓아줘라.
Let the children go ***first***.

1678 우선 돈이 필요하다.
We need funds ***above all[before anything else]***.

770 be to + V

✓ 〈예정〉

1679 He is to leave today.
그는 오늘 출발하기로 되어 있다.

✓ 〈의무〉

1680 You are to obey your parents to live long in this world.
이 세상에서 오래 살기 위해서는 부모님께 순종하여야 하느니라.

✓ 〈의도〉

1681 If you are to succeed, you have to study hard.
성공하려거든 열심히 공부해야 한다.

✓ 〈운명〉

1682 He was never to see his son again.
그는 두 번 다시 아들을 만날 수 없는 운명이었다.

✓ 〈가능〉

1683 The watch was not to be found anywhere.
시계는 아무 데서도 찾을 수 없었다.

> 기본적으로 to 부정사가 미래지향적 의미를 지닌다고 생각하고 보면 이해가 쉬울 것이다. infinitival to는 어원적으로 볼 때도 전치사 to에서 유래한 것이다.

---

771 side effect

✓ an undesirable secondary effect of a drug or therapy

≒ adverse reaction, aftereffect, ill effect

---

772 미리

1684 남에게 미리 알려주다
let a person know ***beforehand[ahead of time]***

1685 파티의 회비를 미리 내다
pay the fee for a party ***in advance***

1686 미리 모든 준비가 갖춰져 있었다.
Everything had been ***previously*** arranged.

773 **anesthetic**

✓ a substance used by doctors to prevent a patient from feeling pain

analgesic [æ̀nəldʒíːzik], drug, narcotic, opiate, painkiller

cf. aesthetic 미(美)의, 미술의

[óupiit, -pièit] 〈 opium(아편)

---

774 **칭찬(稱讚)**

1687 칭찬할 만한 행위

an ***admirable***[a ***praiseworthy***] deed

1688 People ***praised[lauded]*** the boy ***to the skies*** for his good deed.

사람들은 그의 훌륭한 행동을 칭찬했다.

1689 그의 행위는 칭찬할 만하다

His action is greatly ***to his credit***.

1690 그녀의 헌신은 아무리 칭찬해도 지나치지 않다.

We ***cannot praise*** her selflessness ***too much***.

1691 평론가들은 이 신진 작가를 칭찬하고 있다

Critics ***speak highly of*** this new writer.

1692 그것은 별로 칭찬할 만한 것이 못 된다.

There is nothing ***commendable*** about it.

1693 사람들은 그의 용기 있는 행동을 칭찬했다.

People ***applauded*** his courageous conduct.

1694 칭찬받고 화내는 사람은 없다

Nobody feels offended at ***compliment***s.

---

775 **겸손(謙遜)**

1695 겸손해하다

be ***modest[self- effacing / unassuming / humble]***

efface(지우다)←어근으로 face가 보인다.

1696 지나치게 겸손하다

think too ***meanly of oneself***

1697 그녀의 태도는 항상 겸손하다

She always takes a ***self-deprecating*** attitude.

1698 그는 겸손하여 잠자코 있다

Modesty keeps him from speaking.

Comprehension Checkups

[1~20] Follow the directions in each of the questions below. (filling in the blanks, multiple-choice questions, finding grammatical errors (* mark), vocabulary corresponding to the English definition, etc.)

1 inhabitant 유의어 3개

________, ________, ________, ________, ________, ________, ________

2 수녀원

________ 또는 ________

3 혹독한 시련을 겪다

be [tried / tired] in the furnace

4 그는 속도를 내어 지연된 시간을 만회했다.

He ________ for the lost time by driving fast.

5 본질적으로는 당신의 말에 찬성한다.

I agree in sub_____ with what you say.

6 emancipate 유의어 3개

__________, __________, __________, __________

7 다른 계획에 정신이 쏠려 있다.

She is b___ u_ in another project.

8 지식의 범위를 넓히다

widen one's intellectual hor___

9 기온이 상승함에 따라 에너지의 소비량은 는다.

Energy use increases in p_______ to the rise in temperature.

10 고별사

a ______ address[speech] 또는 vale______

11 우리는 그 가수의 어젯밤 공연이 그녀의 마지막 무대가 될 줄은 몰랐다.

We didn't know that the singer's performance last night was her ____________.

12 지진으로 인한 사망자 수

the d___ t___ from the earthquake

13 lure 유의어 3개

________, ________, ________, ________, ________, ________,

________, ________

14 머리를 쥐어짜다

_______ / _______ / _______ / _______ / _______ one's brain(s)

15 승진하려고 기울인 모든 노력이 허사로 돌아갔다.

Everything I did to get promoted was to ________.

16 band 유의어 3개

________, ________, ________, ________

17 그는 두 번 다시 아들을 만날 수 없는 운명이었다.

He __ never _ see his son again.

18 an undesirable secondary effect of a drug or therapy

_______ / _______ / _______ effect

19 a substance used by doctors to prevent a patient from feeling pain

an_______

20 그의 행위는 칭찬할 만하다.

His action is greatly to his c____.

Answer

1 citizen / denizen / occupant / boarder / lodger / renter / tenant | 2 nunnery / convent | 3 tried | 4 made up | 5 substance | 6 free / liberate / release / unchain | 7 bound / up | 8 horizon | 9 proportion | 10 farewell / valediction | 11 swan song | 12 death / toll | 13 allure / attract / entice / tempt / bewitch / charm / enchant / seduce | 14 rack / beat / cudgel / task / milk | 15 no avail | 16 company / corps / party / troop | 17 was / to | 18 side / after / ill | 19 anesthetic | 20 credit

Butterfly Effect

중국 베이징에 있는 나비의 작은 날갯짓(flaps of wings)이 한 달 후 미국 뉴욕의 폭풍을 일으킬 수도 있다는 얘긴데요. 에드워드 로렌츠(Edward Lorentz)라는 사람이 처음 제안한 이 이론은 기상 데이터를 수학적으로 분석하는 과정에서 초기 조건의 미세한 차이(minute differences in initial conditions)가 시간이 흐름에 따라 점점 더 커져 나중에는 엄청나게 큰 변화를 일으킬 수도 있다는 생각에서 비롯되었습니다.

예전 동남아시아에 무시무시한 지진해일(tsunami)이 덮쳤을 때도 이 나비효과(butterfly effect)라는 말이 등장했던 것을 아마 기억할 것입니다. 작은 파동(wave)이 점점 더 커져 마침내 사람들이 살고 있는 해안가에 도달할 때는 무시무시한 자연재해(natural disaster)로 변해 있었던 거죠.

기상학(meteorology)에서 출발한 이 나비효과 이론은 오늘날 사회학, 경제학 등 다양한 분야에서 응용되어 사용된다고 합니다. 가령 미국의 대공황(Great Depression)이 어느 시골에 있는 작은 은행의 부도(nonpayment)에서 비롯되었다고 주장한다면 이는 나비효과의 경제학적 예가 되는 것입니다. 또 동명의 영화(movie of the same name)도 있었습니다. 과거의 아픈 기억(sad memory)을 바꾸려는 시도가 후일 엄청난 결과를 가져온다는 줄거리로, 운명이 바뀔 수 있냐는 논란을 가져오기도 했었죠(it also brought about a controversy about whether destiny could be changed).

나비효과는 겉으로는 불안정해 보이지만 나름(in its own way) 질서와 규칙을 가지고 있는 현상, 즉 카오스 이론(chaos theory)의 토대가 되어 주식시장의 변화, 지진이나 해일의 원리(changes in the stock market, principles of earthquakes and tsunamis) 등을 설명해주기도 합니다.

우리가 살아가는 이 세상에도 나비효과는 정말이지 있는 것도 같습니다. 돌이켜 보면(thinking back) 그때 그렇게 했었던 작은 일의 진동이 오늘날 이렇게 좋거나 나쁘거나 하는 결과를 가져오는 삶의 사례가 심심찮게 있으니 말입니다.

Unit 32

UNIT GUIDE

- ✓ Diagnostic Pretest
- ✓ Words and Expressions
- ✓ Comprehension Checkups
- ✓ English by Context: Voyager

Diagnostic Pretest

Correct the grammatical error(s) (* marks), fill in the blank(s), or choose the correct expression in the square.

---

1 우리는 톰이 분별이 있다고 생각한다.
We [attribute / distribute] prudence to Tom.

2 Motorists [pull up / hold up] to a gas station where an attendant is enclosed in a glass booth with a tray for taking money.

3 감기에 걸리기 쉽다
be [susceptible / perceptible] to colds

4 나는 그 일을 처음부터 다시 해야만 했다.
I had to make the work from sc_______.

5 사전을 집으려고 손을 내밀다
[reach / reach to / reach for] a dictionary

6 독재 정치
mono_______

7 별(★)표
_______gram

Answer

1 attribute | 2 pull up | 3 susceptible | 4 scratch | 5 reach for | 6 monocracy | 7 pentagram

Words and Expressions

776 **attribute**

✓ ~로 돌리다, 추정하다

1699 ~ one's success to his encouragement
성공을 그의 격려로 돌리다

1700 We ~ prudence to Tom.
우리는 톰이 분별이 있다고 생각한다.

1701 ~ the play to Shakespeare
그 희곡을 셰익스피어의 작품으로 추정하다

〈 L. *at*–(으로) + *tribuere*(나누어 주다) = 탓으로 하다
→ tribute(공물; 찬사), tribe, contribute, distribute, tributary(종속국; 지류)
※ 더 분석하면 '셋'을 의미하는 tri–가 보인다.

---

777 **hold up A as a(n) example [model] of B**

✓ A를 B의 본보기로 제시하다

1702 She held up her father as an example to follow.
그녀는 본받을 예로 아버지를 들었다.

hold up을 문자 그대로 번역하면 '들어 올리다'이므로 '떠받치다, 지지하다, 제시하다'등의 의미로 확장. 그렇게 보면 hold up A to ridicule[scorn]이라는 표현은 'A를 웃음거리로 만들다'로 응용 가능.

---

778 **count**

✓ to have importance

matter, signify

1703 ~ for much[something]
중요하다 (↔ ~ for little[nothing])

1704 Every customer ~s.
〈게시〉 손님은 모두 소중한 분들입니다.

cf. 손님은 왕이다.
The customer is always right. The customer is king.

1705 Birth ~s for a great deal.
가문이 중요하다.

779 **pull up**

✓ to bring or come to a halt

1706 Motorists pull up to a gas station where an attendant is enclosed in a glass booth with a tray for taking money.

✓ to move to a position or place ahead, as in a race

1707 The student studied hard to pull up to his mate.

---

780 **감기(感氣)**

1708 감기에 걸리다
catch[take / get] (a) ***cold***

1709 감기 기운이 있다
have a slight[a touch of] cold

1710 나는 코감기에 걸렸다.
I have a cold in the head[nose].

1711 그는 감기로 누워 있다.
He is in bed with a cold.

1712 감기가 유행하고 있다.
There's a lot of ***flu*** about.

1713 감기에 걸리기 쉽다
be subject[susceptible] to colds

flu는 influenza의 단축형으로 grippe이라고도 함

---

781 **마술(魔術)**

1714 마술을 부리다
practice ***magic[witchcraft]***

1715 남에게 마술을 걸다
cast a ***spell*** on[over] a person

1716 여기 감추어진 마술은 없습니다.
There is no ***secret trick*** to this.

1717 마술사[마법사]
a ***magician***, a ***sorcerer***, a ***conjurer***

〈 *con*(함께) + *jure*(맹세하다) = 마력으로 불러내다 → adjure(명하다; 간청하다), jury(배심원), abjure(포기하다, 철회하다)

782 **span 관련 표현**

1718 **life span** 수명

1719 **attention span** 주의 지속 시간

1720 **memory span** 기억 범위

1721 **wing span** (항공기의) 날개 길이

---

783 **from scratch**

✓ 처음부터; 무(無)에서

1722 I had to make the work from scratch as I had erased it by mistake.

실수로 삭제해버려서 나는 그것을 다시 처음부터 시작해야만 했다.

scratch가 '출발점, 영(zero)'이라는 뜻에서

---

784 **transgenic**

✓ 이식 유전자의

1723 transgenic foods

유전자 변형 식품(genetically modified food(GMF))

〈 *trans*(across) + *gene*(유전자) + *-ic*(형용사 어미)

---

785 **blame A for B = blame B on A**

✓ B에 대하여 A를 비난하다, B를 A의 탓으로 돌리다

1724 She blames him for the divorce.
= She blames the divorce on him.

---

786 **dairy**

✓ a commercial establishment for processing or selling milk and milk products

1725 dairy cows

낙농장의 젖소

1726 dairy products[goods]

유제품

cf. diary 일기

787 **temperature 관련 표현**

1727 room temperature 상온
1728 body temperature 체온
1729 atmospheric[air] temperature 기온
1730 sub-zero temperature 영하의 기온
1731 mean temperature 평균 온도
1732 temperature gauge 온도계
1733 freezing temperature 결빙 온도
1734 raise/lower the temperature
(어떤 상황의) 열기를 더하다/떨어뜨리다

---

788 **reach for**

✓ ~을 잡으려고 손을 뻗치다

1735 reach for a dictionary
사전을 집으려고 손을 내밀다

1736 reach (out) for new knowledge
새로운 지식을 추구하다

1737 Reach for the sky!
(강도 따위가) 손들어!

1738 reach for the moon
불가능한 것을 꾀하다[바라다]

reach to 〈범위가〉 ~에 미치다, 이르다
The ladder looks long enough to reach to the roof.

따라서 reach를 타동사로만 생각하는 것은 잘못.

---

789 **babble**

✓ 떠듬거리며 말하다; 졸졸 소리 내며 흐르다

1739 I was babbling like an idiot.
나는 바보같이 횡설수설하고 있었다.

1740 a babbling brook
졸졸 흐르는 시내

jabber, prattle

790 **have[get] ~ down to a fine art**

✓ achieve a high level of skill in something through experience

1741 **I spend so much time traveling that I've got packing down to a fine art.**
나는 여행하는 데 하도 시간을 많이 보내서 짐 싸는 데는 도사가 다 됐다.

1742 **Tom has operating the machine down to a fine art.**
톰은 그 기계를 다루는 것을 완전히 습득했다.

---

791 **stunning**

✓ 기절시키는, 놀랄 만큼 멋진

1743 **a ~ announcement**
아연실색(啞然失色)하게 하는 발표

1744 **a ~ woman**
놀랄 만큼 아름다운 여인

striking, amazing, shocking, exquisite, gorgeous

---

792 **mono-**

✓ 하나

1745 **monochrome** 단색화; 흑백 사진

> 〈 Gk. *chróma*(색) → chromatic(색채의), chromosome(염색체)

1746 **monocle** 단안경, 모노클, 외알 안경
1747 **monocracy** 독재 정치(autocracy)
1748 **monodrama** 1인극
1749 **monogamy** 일부일처제 (cf. bigamy, polygamy)
1750 **monolingual** 한 언어를 사용하는 (cf. bilingual, multilingual)
1751 **monologue** 독백
1752 **monopoly** 독점
1753 **monotonous** 단조로운

---

793 **di-, bi-**

✓ 둘

1754 **dichloride** 2염화물
1755 **dichotomy** 이분(법)
1756 **dilemma**

> 〈 Gk. *lêmma*(가정) = 이중의 어려운 가정 사이에 놓임 → lemma(보조 정리(定理), 전제(前提), 부명제(副命題))

1757 **digamy** 재혼

1758 **bicycle** 자전거 (바퀴 2개)
1759 **biennale** 비엔날레(격년 행사)
1760 **biyearly** 2년에 한 번
1761 **bimonthly** 격월의
1762 **biplane** 복엽(複葉) 비행기

---

794 tri-

✓ 셋

1763 **triangle** 트라이앵글
1764 **tripod** (카메라를 고정하는) 삼각대
1765 **triatomic** 3원자의
1766 **triaxial** 3축의
1767 **trialogue** 3명이 등장하는 장면, 3인극, 3자 대담[회담]
1768 **triarchy** 삼두(三頭) 정치

---

795 tetra-

✓ 넷

1769 **tetragon** 4각형(square)
1770 **tetrachloride** 4염화물
1771 **tetralogy** (연극·오페라·소설 등의) 4부작, (고대 그리스의) 4부극
1772 **tetroxide** 4산화물
1773 **tetrarch** 사두(四頭) 정치 통치자의 한 사람

---

796 penta-

✓ 다섯

1774 **pentagon** 5각형 (cf. Pentagon 미국 국방부)
1775 **pentagram** 별(★)표(pentacle)
1776 **pentecostal church** 오순절 교회
1777 **pentathlon** 5종경기

---

797 hexa-

✓ 여섯

1778 **hexagon** 6각형
1779 **hexagram** 육각[육선] 성형(✡)
1780 **hexapod** 다리가 여섯 있는
1781 **hexahedron** 6면체

798 hepta-

✓ 일곱

1782 **heptaglot** 7개 국어로 쓰인 책
1783 **heptasyllable** 7음절의 단어
1784 **heptachord** 7음 음계
1785 **heptagon** 7각형
1786 **heptathlon** 7종 경기

---

799 octa-

✓ 여덟

1787 **octagon** 8각형
1788 **octave** (음악의) 옥타브, 8개 한 벌
1789 **octopus** 낙지
1790 **October** 10월

> 로마력은 3월이 첫째 달이므로 여덟 번째 달에 해당

---

800 deca-

✓ 열

> '아홉'을 의미하는 접두어로 라틴어 nōnus에서 유래한 nona-가 있으나 nonagon(9각형) 말고는 사례가 거의 없음. 아마 숫자 9를 응용한 신조어를 만드는 데 참조하면 좋을 듯.

1791 **decade** 10년간
1792 **decimal** 10진법의
1793 **decathlon** 10종 경기
1794 **Decameron**

> 이탈리아 Boccaccio의 작품으로 10명이 10일 동안 한 100가지 이야기

Comprehension Checkups

[1~19] Follow the directions in each of the questions below. (filling in the blanks, multiple-choice questions, finding grammatical errors (* mark), vocabulary corresponding to the English definition, etc.)

1 우리는 톰이 분별이 있다고 생각한다.
We [attribute / distribute] prudence to Tom.

2 그녀는 본받을 예로 아버지를 들었다.
She [came up / held up] her father as an example to follow.

3 손님은 왕이다.
The customer is always [present / right].

4 Motorists [pull up / hold up] to a gas station where an attendant is enclosed in a glass booth with a tray for taking money.

5 감기에 걸리기 쉽다
be [susceptible / perceptible] to colds

6 주의 지속 시간
a______ s__

7 나는 그 일을 다시 처음부터 시작해야만 했다.
I had to make the work from sc____.

8 유전자 변형 식품
trans____ foods 또는 GMF(G________ M______ F__)

9 그녀는 이혼을 그의 탓으로 돌렸다.
She blames the divorce [for / on] him.

10 a commercial establishment for processing or selling milk and milk products: [dairy / diary]

11 상온(常溫)
r__ t_______

12 사전을 집으려고 손을 내밀다

[reach / reach to / reach for] a dictionary

13 나는 바보같이 횡설수설하고 있었다.

I was [babbling / gambling / bubbling] like an idiot.

14 achieve a high level of skill in something through experience

= have something down to a ___ art

15 stunning 유의어 3개

_________, _________, _________, _________, _________

16 독재 정치

mono____

17 이분법

dich____

18 4산화물

___oxide

19 별(★)표

____gram

Answer

1 attribute | 2 held up | 3 right | 4 pull up | 5 susceptible | 6 attention / span | 7 scratch | 8 transgenic / Genetically / Modified / Food | 9 on | 10 dairy | 11 room / temperature | 12 reach for | 13 babbling | 14 fine | 15 striking / amazing / shocking / exquisite / gorgeous | 16 monocracy | 17 dichotomy | 18 tetroxide | 19 pentagram

Voyager

voyage가 '항해'를 뜻하는 것이니, voyager는 '항해자'가 되겠네요. 그런데 이 말을 대문자로 쓰면 대체로 1977년 미항공우주국(NASA: National Aeronautics and Space Administration)에서 쏘아 올린 행성 간 무인 우주탐사선(unmanned interplanetary spacecraft)을 지칭합니다. 지금도 태양계 밖으로 끝도 없이 여행하는 외로운 우주의 '항해자'를 말하는 것이죠.

두 대가 발사되었답니다. 보이저 1호는 발사된 지 거의 2년이 되어갈 무렵 목성(Jupiter)에 도달했고, 이듬해에는 토성(Saturn)을 지나갔습니다. 그러고는 태양계(Solar System) 밖으로 나가버렸지요. 그보다 느린 속도로 뒤따라간 보이저 2호는 1986년과 1989년에 각각 천왕성(Uranus)과 해왕성(Neptune)을 통과하였습니다.

보이저호는 사람들이 그동안 궁금해했던 것들을 밝혀주었습니다(revealed what people have been curious about thus far). 행성들의 구체적인 모습과 특징(specific features of planets)이며 행성을 도는 위성들(satellites going around the planets)에 관한 정보 같은 것들이 그것인데요. 이를테면 목성을 감싸고 있는 여러 가지 구름의 형태와 그 유명한 위성 이오(Io)의 화산활동에 대한 미스테리(mystery about Io's volcanic activity)를 밝혀냈을뿐더러, 토성, 천왕성, 해왕성의 고리(ring)와 자기장(magnetic field) 등에 관한 소중한 자료를 이 친구는 정말이지 열심히도 보내왔습니다.

아무 소리도 없는 그야말로 적막의 공간에서 타버릴 것 같은 열기(burning heat)를 뚫어가며, 수십 년째 묵묵히 앞길을 가는 보이저호…. 괜스레 마음이 무거워지는 것 같습니다. 얼마나 외로울까요? 그리고 앞으로 얼마나 더 갈 수 있을까요? 전문가들의 말에 의하면 보이저호의 동력원(power source)으로 사용하는 원자력(nuclear power)이 고갈될 때까지는 계속해서 우주에 관한 자료를 보낼 수 있다고 합니다.

사실 그다음이 더 궁금합니다. 에너지도 잃어버리고 최소한의 깜박거리는 신호마저 없어져 잠든 것 같은 보이저호는 아마 우주의 미아(missing child)가 되겠지요. 과학이 더 발달해서 어딘가에 홀로 있을 보이저호를 다시 찾는다면 우주 역사박물관에 훈장이라도 하나 주어서 고이 간직해야 하지 않을까 싶네요.

Unit 33

UNIT GUIDE

- ✓ Diagnostic Pretest
- ✓ Words and Expressions
- ✓ Comprehension Checkups
- ✓ English by Context: Too much is as bad as too little!!

—

An empty stable stays clean, but no income comes from there.

Diagnostic Pretest

Correct the grammatical error(s) (* marks), fill in the blank(s), or choose the correct expression in the square.

---

1 그것은 그의 자업자득이다.
That _______ him right.

2 unselfish concern for other people's happiness and welfare
a_______

3 별표(*)로 표시되다
be [denoted / connoted] by an asterisk

4 빚보증으로 집을 담보로 잡히다
borrow money with one's house as _______

5 a nation founded upon the [preposition / proposition] that all men are created equal

6 구석기
the Pa_______ Age

7 긴장시키는 것으로 나를 괴롭히지 마라.
Don't [torture / rupture] me by keeping me in suspense.

Answer

1 serves | 2 altruism | 3 denoted | 4 security | 5 proposition |
6 aleolithic | 7 torture

Words and Expressions

801 **tangle**

✓ 얽히게 하다(entangle, intertwine, complicate, entrap)

1795 The wind ~d her hair.
바람에 머리털이 얽혔다.

1796 get ~d up with some wild associates
품행이 좋지 않은 친구에 휩쓸리다

1797 ~ oneself in one's own snare
자업자득

cf. 그것은 그의 자업자득이다.
He asked for it. That serves him right. It's his own fault.

---

802 **assail**

✓ 공격하다; 괴롭히다

1798 ~ a town with artillery
도시를 대포로 맹렬히 공격하다

1799 The stink ~ed him[his nostrils].
악취가 그의 코를 찔렀다.

1800 He was ~ed with[by] doubts.
그는 갖가지 의혹에 시달렸다.

assault, attack, raid, storm, harass, molest, plague

〈 L. salīre(뛰다→덤벼들다/모욕하다) → assault, insult, salient, result(뛰어서 생긴 상태), exult(기뻐 날뛰다)

---

803 **hedonism**

✓ pursuit of or devotion to pleasure, especially to the pleasures of the senses

debauchery, immoderation, intemperance, self-indulgence, sensualism

---

804 **doctrine**

✓ a set of principles or beliefs, especially religious ones

1801 the doctrine of necessity 숙명론
1802 a religious doctrine 종교의 교의

1803 **repudiate a doctrine** 주의(主義)를 배척하다
1804 **set forth a doctrine** 교의를 세우다

---

805 **altruism**

✓ unselfish concern for other people's happiness and welfare

cf. egoism 이기주의, 자기 본위(egotism, selfishness)

---

806 **denote**

✓ 가리키다, 나타내다

1805 **symptoms that ~ cancer** 암의 징후
1806 **be ~d by an asterisk** 별표(*)로 표시되다

ⓝ denotation

cf. connote 암시하다 (ⓝ connotation 함축, 언외지의)

> denotation(명시적 의미): 단어의 사전적 의미, 즉 직접적이고 핵심적인 의미를 나타낸다. 예를 들어, '집'이라는 단어의 표제어는 '사람이 살기 위해 지은 건물'이다.
> connotation(함축적 의미): 단어가 갖는 더 광범위하고 추상적인 의미, 즉 주관적이거나 문화적인 요소를 포함한 연상적인 의미이다. 예를 들어, '집'이라는 단어의 함축적 의미는 '안전', '편안함', '가족', '사랑' 등이 될 수 있다.

---

807 **promissory note**

✓ 약속어음(note of hand)

cf. 부도 어음 a dishonored[bad] bill[draft]
어음으로 지급하다 pay by draft
어음을 현금으로 바꾸다 get a draft cashed
어음이 만기가 되었다 The bill falls due.

---

808 **default**

✓ (의무, 채무, 출석 등) 불이행(하다)

1807 **go into ~** 채무를 불이행하다
1808 **judgement by ~** 결석 판결
1809 **win by ~** 부전승하다
1810 **He ~ed in his payment.**
그는 지불 의무를 지키지 않았다.
1811 **the ~ed loan** 부실 채권

> 또는 '기본값', 즉 사용자가 개별 설정을 변경하지 않는 경우 시스템이 자동으로 사용하는 표준값이나 설정을 나타냄. 대부분 학습자는 이 뜻으로 먼저 알고 있을 것이다.

809 **vault**

✓ an arched structure, usually of stone, brick, or concrete, forming the supporting structure of a ceiling or roof

✓ an underground room where people's bodies are buried, especially under a church

✓ a strongly protected room in a bank where money, gold, etc. is kept

〈 L. *volere*(roll) → revolve, revolt(뒤로 돌다→등을 돌리다→배반[반란]을 일으키다

---

810 **보증(保證)**

1812 신원 보증
fidelity ***guarantee***

원물(原物)과 똑같음; 사실[신빙]성

1813 빚보증으로 집을 담보로 잡히다
borrow money with one's house as ***security***

1814 3년 보증 제품
an article with a three-year guarantee[***warranty***]

---

811 **hallowed**

✓ sanctified, consecrated, sacrosanct, holy

cf. hollowed 속이 빈

---

812 **인종차별**

✓ racial discrimination, segregation, apartheid(남아공의)

---

813 **quicksand**

✓ deep, wet sand that you sink into if you try to walk on it (유사(流砂))

1815 the quicksand of debt 빚더미

814 **proposition**

✓ 명제

1816 a nation founded upon the ~ that all men are created equal

모든 사람은 평등한 상태로 창조되었다는 명제 위에 세워진 국가

cf. preposition 전치사 (⇔ postposition)

---

815 **religious, devout, pious, sanctimonious**

✓ having or showing a belief in and veneration for God or a divine power

⇔ profane, impious

---

816 **medieval**

✓ 중세의

cf. 고대의 ancient, antique, of antiquity

근현대의 modern and contemporary

구석기 the Paleolithic Age, the Old Stone Age

신석기 the Neolithic Age[Era], the New Stone Age

중석기 the Mesolithic Age

---

817 **provoke**

✓ bring about; enrage, incite

1817 ~ amusement

즐겁게 해 주다

1818 I was ~d at his impudence.

그의 무례함에 화가 났다.

1819 ~ a person to anger

성나게 하다

ⓝ provocation

〈 L. *prō*(앞쪽으로) + *vocāre*(부르다) = 도전하다 → vocal, evoke, invoke

818 **plodding**

✓ 터벅터벅[무거운 발걸음으로] 걷는; 끈기 있게 일[공부]하는

1820 a plodding student 노력형 학생

ⓥ plod

중세 영어의 '물을 통기면서 나아가다'라는 의미의 의성어에서 현대의 '무거운 발걸음으로 걷다, 천천히 나아가다, 터벅터벅 걷다'의 뜻으로 발전.

---

819 **draft**

✓ 초안; 설계도

1821 the first ~ 최초의 초안

1822 a ~ for a machine 기계의 설계도

✓ 징병, 징모; [스포츠] 드래프트제

1823 escape the ~ 징병을 기피하다

✓ 어음

1824 draw a ~ 어음을 발행하다

✓ (퍼낸, 따른) 액체

1825 beer on draft 생맥주(draft beer)

1826 a draft of beer 맥주 한 모금

영국식 철자법으로는 draught

'끌다'를 의미하는 고대영어 dragan에서 → drag, draw

---

820 **quartet**

✓ 4중주, 4중창

cf. 2중주 duet, 3중주 trio, 5중주 quintet, 6중주 sextet

---

821 **clumsy**

✓ 서투른, 둔한

1827 I am ~ about[at, in] paying compliments.
아첨하는 데는 소질이 없다.

1828 a ~ joke[apology]
어색한 농담[변명]

awkward, indelicate, inept, inexpert, tactless

822 **hostage**

✓ 인질

1829 hold[keep] a person (as a) ~
남을 볼모로 잡아 두다

1830 The guerrillas took the ambassador ~.
게릴라들은 대사를 인질로 잡았다.

cf. ransom 몸값

---

823 **botch**

✓ to ruin through clumsiness

spoil, bungle, fumble, muff

✓ a ruined or defective piece of work

1831 The previous Government made a complete botch of local government reorganization.
전 정부는 지방정부의 조직개편을 완전히 망쳐 놓았다.

---

824 **obsess**

✓ 지배하다, 늘 붙어 다니다(beset)

1832 be ~ed by love
사랑의 포로가 되다

1833 Fear of death ~ed him.
그는 죽음의 공포에 사로잡혔다.

ⓝ obsession ⓐ obsessive

---

825 **torture**

✓ 고문하다, 괴롭히다

1834 ~ a confession out of a prisoner
죄인을 고문하여 자백시키다

1835 be ~d by thirst
갈증으로 고통받다

1836 Don't ~ me by keeping me in suspense.
긴장시키는 것으로 나를 괴롭히지 마라.

Comprehension Checkups

[1~20] Follow the directions in each of the questions below. (filling in the blanks, multiple-choice questions, finding grammatical errors (* mark), vocabulary corresponding to the English definition, etc.)

1 그것은 그의 자업자득이다.

He ____ for it. 또는 That _____ him right.

2 **assail** 유의어 3개

_______, _______, _______, _______, _______, _______, _______

3 pursuit of or devotion to pleasure, especially to the pleasures of the senses

he_____

4 주의(主義)를 배척하다

re______ a doctrine

5 unselfish concern for other people's happiness and welfare

al_____

6 별표(*)로 표시되다

be [denoted / connoted] by an asterisk

7 약속어음

a ________ note

8 부전승하다

win by ______

9 a strongly protected room in a bank where money, gold, etc. is kept

____

10 빚보증으로 집을 담보로 잡히다

borrow money with one's house as ______

11 **hallowed** 유의어 3개

sanctified, consecrated, sacrosanct, holy

12 '인종차별' 2개

__________, __________, __________, __________

13 a nation founded upon the [preposition / proposition] that all men are created equal

14 pious 반의어

__________, __________

15 구석기

____________________ 또는 ____________________

16 노력형 학생

a pl_____ student

17 징병을 기피하다

escape the d___

18 생맥주

_________________ 또는 _________________

19 5중주

____

20 긴장시키는 것으로 나를 괴롭히지 마라.

Don't [torture / rupture] me by keeping me in suspense.

Answer

1 asked / serves | 2 assault / attack / raid / storm / harass / molest / plague | 3 hedonism | 4 repudiate | 5 altruism | 6 denoted | 7 promissory | 8 default | 9 vault | 10 security | 11 sanctified / consecrated / sacrosanct / holy | 12 racial discrimination / segregation / apartheid | 13 proposition | 14 profane / impious | 15 the Paleolithic Age 또는 the Old Stone Age | 16 plodding | 17 draft | 18 beer on draft 또는 draft beer | 19 quintet | 20 torture

English by Context

Too much is as bad as too little!!

어릴 적 필자가 다니던 시골의 자그마한 초등학교에는 선생님들이 정성들여 가꾸시는 작은 온실(greenhouse)이 있었습니다. 그때는 조개탄이라고 하는 돌멩이처럼 생긴 석탄(coal)으로 교실 난방을 했는데 그나마도 공급이 충분치는 않아서 오후가 되면 발이 무척 시렸습니다. 그럴 때면 선생님은 몇 안 되는 아이들을 그 작은 온실로 데려가곤 하셨지요.

참 좋았던 기억이 납니다. 특별한 난방장치(heating system)도 없는 그곳은 참 아늑하고 따사로웠습니다. 그래서 그런지 필자에게는 온실이라는 말이 늘 감미로운 촉감과 연결되어 있었던 것이 사실입니다.

최근 지구온난화(global warming)의 주범(chief criminal)으로 지목되면서 온실효과(greenhouse effect)라는 말을 자주 듣게 됩니다. 온실은 너무나도 좋은 느낌이었는데 그게 왜 범죄자 취급을 받는 건지 참 궁금하더군요.

알고 봤더니 우리가 오해해서 그런 것이지, 사실 지구의 온실효과는 없어서 안 될 너무나도 소중하고 자연스러운 현상(natural phenomenon)이라고 합니다. 수증기(water vapor)와 이산화탄소(carbon dioxide)로 구성된 온실가스(greenhouse gases)가 마치 커다란 담요처럼 우리 지구를 춥지도 덥지도 않게 포근히 감싸 안고 있기 때문이죠. 그런 역할을 하는 온실가스가 전혀 없다면 지구는 매우 추운 곳이 될 거라고 하더군요.

그렇다면 대체 뭐가 문제였을까요? 그것은 바로 과유불급(過猶不及, Too much is as bad as too little)의 문제였습니다. 말하자면 공해(air pollution), 매연(exhaust gas) 등 지나친 화석연료(fossil fuel)의 사용으로 인해 온실가스의 농도(concentration)가 너무 진해진 결과, 지구는 그만 불필요할 정도로 지나치게 두꺼운 이불을 덮게 된 것이죠. 즉 문제는 우리가 온실효과를 가지고 있다는 게 아니라, 인간의 활동이 온실효과가 상승하는 결과를 초래하고 있다는 것입니다(The problem is not with the fact that we have a greenhouse effect, but with the fact that human activities are leading to an enhancement of the greenhouse effect).

Unit 34

UNIT GUIDE

- ✓ Diagnostic Pretest
- ✓ Words and Expressions
- ✓ Comprehension Checkups
- ✓ English by Context: Tadpoles

Diagnostic Pretest

Correct the grammatical error(s) (* marks), fill in the blank(s), or choose the correct expression in the square.

---

1 그는 술을 많이 마셔서 속이 울렁거렸다.
Heavy drinking na_______ him.

2 인사나 할 정도의 사이
a nodding ac_______

3 세어보니 그것들은 도합 60이었다.
I [beckoned / reckoned] there were 60 of them.

4 그건 앞에 당신이 한 진술과 어긋나는군요.
That's a [contradiction / valediction] of your last statement.

5 to make or provide from available materials
imp_______

6 *I was happy for the two first years.

7 perspicuous 유의어
[pellucid / perspiring / resilient]

Answer

1 nauseated | 2 acquaintance | 3 reckoned | 4 contradiction | 5 improvise | 6 two first → first two | 7 pellucid

Words and Expressions

826 **distort, twist, deform, contort, warp**

✓ to change and spoil the form or character of something

⇔ straighten, clarify

---

827 **nauseate**

✓ sicken; disgust

1837 Heavy drinking ~d him.
술을 많이 마셔서 그는 속이 울렁거렸다.

1838 His hypocrisy ~s me.
그의 위선적인 태도에는 혐오감을 느낀다.

nausea 구역질, 욕지기 / nauseous 구역질 나는

⟨ Gk. *naus*(ship) → nautical, navy, navigate, nausea(구역질), nauseous(구역질 나는)

---

828 **acquaintance 관련 표현**

✓ make somebody's acquaintance ~를 알게 되다

1839 I am delighted to make your acquaintance, Mrs Parker.
파커 부인, 만나 뵈게 되어 기쁩니다.

✓ of one's acquaintance 자신이 아는

1840 No one else of my acquaintance was as successful.
내가 아는 사람 중 누구도 그 정도로 성공한 사람이 없었다.

✓ on first acquaintance 첫눈에

1841 Even on first acquaintance it was clear that he was not the right type.
첫눈에도 그가 적임자가 아님이 분명했다.

✓ a passing acquaintance 어쩌다 만난 알음

✓ a speaking acquaintance 만나면 말을 건넬 정도의 사이

✓ a nodding acquaintance 인사나 할 정도의 사이

829 **reckon**

✓ (대충) 계산하다; 생각하다

1842 I ~ed (that) there were 60 of them.
세어보니 그것들은 도합 60이었다.

1843 He is ~ed (as[to be]) the leading authority in the field.
그는 그 분야에서 제일인자로 간주된다.

calculate, count, suppose, estimate, guess, consider, deem, regard

---

830 **hard-and-fast**

✓ that cannot be changed

1844 hard-and-fast rules
엄격한 규칙

1845 attempt any hard-and-fast distinction between
~간에 엄밀한 구별을 시도하다

1846 draw a hard-and-fast line
엄격히 선을 긋다

---

831 **spoor**

✓ the marks or substances that an animal leaves behind as it moves along

trace, tack, trail, mark, sign, vestige

---

832 **proviso**

✓ (합의를 보기 위한) 단서[조건]

1847 Their participation is subject to a number of important provisos.
그들의 참가는 몇 가지 중요한 조건을 전제로 한다.

1848 He agreed to their visit with the proviso that they should stay no longer than one week.
그는 그들이 일주일 이상 머물지 않는다는 단서를 달고 그들의 방문에 동의했다.

condition, prerequisite, stipulation

833 **eclipse**

✓ (해·달의) 식(蝕)

1849 a solar[lunar] ~ 일[월]식

1850 a total[partial] ~ 개기[부분]식

covering, darkening, obscuring, shadowing

---

834 **pull, drag, draw, haul, tow, tug**

✓ to cause something to move toward the source of an applied force

1851 pull a sled up a hill

1852 drag furniture across the floor

1853 draw up a chair

1854 haul wood from the forest

1855 a car towing a trailer

1856 tug at the oars

---

835 **frigid**

✓ 추운; 쌀쌀한, 냉담한

1857 a ~ climate
극한의 기후

1858 a ~ conversation
냉담한 대화

1859 a ~ bow
형식적인 인사

chilly, cold, freezing, frosty, icy, cool

→ rigid (추우면 굳으므로)

---

836 **sarcastic**

✓ having or marked by a feeling of bitterness

ironic, caustic, satirical, sardonic, cynical

---

837 **overbearing**

✓ an overbearing person always tries to control other people's behavior and ignores their opinions and feelings

1860 overbearing haughtiness
오만불손

1861 dominating and almost overbearing personality
지배적이고 위압적인 성격

bossy, dictatorial, domineering, imperious

〈 L. *imperāre*(command)
→ imperium(명령권), empire, emperor

---

838 **contradiction** ✓ 모순, 반박

1862 There is a contradiction between the two sets of figures.
그 두 수치의 집합 사이에 모순이 있다.

1863 That's a contradiction of your last statement.
그건 앞에 당신이 한 진술과 어긋나는군요.

discrepancy, disparity, incongruity, inconsistency, variance

---

839 **on the alert** ✓ (방심하지 않고) 감시[경계]하여

1864 on the ~ for a fugitive criminal
도주범을 (체포하려고) 감시하는

attentive, conscious, mindful, vigilant, watchful

---

840 **침체(沈滯)**

1865 침체된 시장
a dull[***slack***] market

1866 선수들의 사기는 완전히 침체되었다
The members of the team were utterly ***depressed[dejected]***

1867 주식 시장이 몹시 침체되어 있다
The stock market is extremely ***dull[stagnant / inactive]***.

1868 이 팀은 최하위에서 침체되어 있다
This team is ***floundering*** at the bottom of the league.

841 **deteriorate**

decay, degenerate, decline, regress, retrogress, worsen, pejorate

⇔ ameliorate, improve, appreciate

---

842 **improbable**

✓ 사실 같지 않은; 별난

1869 an improbable explanation
있을 것 같지 않은 설명

1870 the most wildly improbable happenings
엉뚱하기 짝이 없는 사건

1871 It seems improbable that
~은 사실이 아닌 것 같다

doubtful, dubious, implausible, questionable, unlikely

---

843 **improvise**

✓ to make or provide from available materials

1872 improvised a dinner for the unexpected guests

1873 improvise a makeshift tourniquet
임시변통의 지혈대를 즉석에서 만들다

〈 L. *im*(NOT) + *prō*(forward) + *vidēre*(see) = **준비하지 않고 있는 것으로 임시변통하다** → provide, proviso, provided (that), providing (that)

---

844 **flexible, supple; elastic, resilient, springy**

✓ capable of withstanding stress without injury

flexible과 supple은 '휠 수 있다', elastic, resilient, springy는 '탄성이 있다'라는 의미에서 비유적으로 의미의 확장이 일어난 것

---

845 **cardinal**

✓ 가장 중요한

1874 a matter of ~ importance
매우 중요한 일

✓ 진홍[주홍]색(의)(cardinal red)

✓ 기수(cardinal number)(⇔ ordinal number)

기수와 서수가 동반할 때는 서수가 앞에 옴

I was happy for the first two years. (the + first + two의 어순에 유의)

---

846 **clear, limpid, lucid, pellucid, transparent, perspicuous**

✓ not opaque or clouded

1875 clear, sediment-free claret

1876 limpid blue eyes

1877 lucid air

1878 a pellucid brook

1879 transparent crystal

---

847 **implication**

✓ an indirect indication; a suggestion

connotation, insinuation, association, inference

---

848 **synthesis**

✓ ⇔ analysis

1880 a synthesis of Eastern and Western religions

동서양 종교의 융합

1881 the first synthesis of vitamin C

최초의 비타민 C 합성

blend, combination, composite, compound, fusion, mixture

---

849 **morbid**

✓ of, relating to, or caused by disease; pathological or diseased

1882 from a morbid curiosity

병적인 호기심에서

1883 reach an almost morbid extent

거의 병적인 정도에 이르다

1884 morbid sensitiveness

신경과민

850 **타고나다**

1885 타고난 재능

a ***natural*** talent

1886 그녀의 타고난 예의 바름

her ***innate*** courtesy

1887 타고난 시인

a ***born*** poet

1888 타고난 거짓말 버릇

an ***inborn*** tendency to lie

1889 그의 고집은 타고난 것이다.

He is stubborn ***by nature***.

1890 나는 불운을 타고났다

I was ***destined*** to be miserable.

Comprehension Checkups

[1~20] Follow the directions in each of the questions below. (filling in the blanks, multiple-choice questions, finding grammatical errors (* mark), vocabulary corresponding to the English definition, etc.)

1 **contort** 유의어 3개

__________, __________, __________, __________, __________

2 그는 술을 많이 마셔서 속이 울렁거렸다.

Heavy drinking na______ him.

3 인사나 할 정도의 사이

a nodding ac________

4 세어보니 그것들은 도합 60이었다.

I [beckoned / reckoned] there were 60 of them.

5 엄격히 선을 긋다

draw a h__-and-f__ line

6 the marks or substances that an animal leaves behind as it moves along

sp__

7 그는 그들이 일주일 이상 머물지 않는다는 단서를 달고 그들의 방문에 동의했다.

He agreed to their visit with the pro___ that they should stay no longer than one week.

8 부분 일식

a partial ______

9 **haul** 유의어 3개

__________, __________, __________, __________, __________

10 **frigid** 유의어 3개

__________, __________, __________, __________, __________, __________

11 having or marked by a feeling of bitterness
sar_____

12 오만불손
over______ hau_______

13 그건 앞에 당신이 한 진술과 어긋나는군요.
That's a [contradiction / valediction] of your last statement.

14 도주범을 체포하려고 감시하는
on the al__ for a fug____ criminal

15 이 팀은 최하위에서 침체되어 있다.
This team is flo______ at the bottom of the league.

16 **deteriorate** 반의어
⇔ ame______, imp___, app______

17 to make or provide from available materials
imp_____

18 **supple** 유의어 3개
_________, _________, _________, _________

19 *I was happy for the two first years.

20 **perspicuous** 유의어 3개
_________, _________, _________, _________, _________

Answer

1 distort / twist / deform / contort / warp | 2 nauseated | 3 acquaintance | 4 reckoned | 5 hard / fast | 6 spoor | 7 proviso | 8 eclipse | 9 pull / drag / draw / tow / tug | 10 chilly / cold / freezing / frosty / icy / cool | 11 sarcastic | 12 overbearing / haughtiness | 13 contradiction | 14 alert / fugitive | 15 floundering | 16 ameliorate / improve / appreciate | 17 improvise | 18 flexible / elastic / resilient / springy | 19 two first → first two | 20 clear / limpid / lucid / pellucid / transparent

English by Context

Tadpoles

시골에 사는 필자는 여름철이 오면 가끔 동네 꼬마 녀석들과 함께 근처의 냇가(nearby small stream)로 피라미, 송사리, 모래무지, 지름챙이, 꺽치 (동네 분들이 알려준 이름이라 정확한 표준어인지는 잘 모르겠습니다) 등의 작은 물고기를 잡으러 다니곤 했습니다.

그런데 수풀이나 큰 돌 사이를 막 휘저어 두 개의 막대기 사이에 걸쳐 있는 그물(쪽대?)로 힘차게 밀쳐 올릴라치면 언제나 예상과는 반대로 시커먼 올챙이들(tadpoles)만 잔뜩 걸려 사람들의 실소(fits of laughter)를 자아내는 겁니다. 동네 아이들은 어느새 능숙하게 고기를 잡아 올리는 아저씨들한테 죄다 붙어버려 저는 늘 뙤약볕(burning sun) 아래서 홀로 고독한 투쟁을 해야 했습니다. 오늘은 바로 그 올챙이 얘깁니다.

양서류(amphibian)인 개구리(frog)는 물속에 수천 개의 알을 한꺼번에 낳습니다(lay thousands of eggs at a time). 이 알에서 깨어나는 놈들이 바로 올챙이라는 사실은 잘 알고 계시겠지요? 그런데 이 올챙이는 개구리와 비교해볼 때 서로 완전히 다른 유기체(totally different organism)라고 인식될 만큼 기능적으로 다른 특성들을 가지고 있습니다.

그중에서 가장 중요한 차이점이 바로 올챙이는 허파가 없다는 것입니다(the most important difference is that tadpoles do not have lungs). 그래서 걔들은 개구리처럼 물 밖으로 나올 수가 없습니다. 물 밖으로 나올 수 없으니 당연히 물속의 조류(alga) 같은 것만 먹고살 수밖에 없지요. 그런데 여기서 참말로 오묘한(profound) 신의 조화를 느낄 수 있는 대목은 이 별 볼 일 없는 올챙이들이 수질(quality of water)을 개선하는 데 큰 도움을 준다는 겁니다. 그들이 먹고사는 조류는 그 양이 많아지면 심각한 오염을 초래하여 수중의 생물을 모두 죽일 수 있어서 올챙이는 그야말로 정화 장치(purifying device)의 역할을 훌륭히 수행하는 셈이 됩니다.

큰 머리와 긴 꼬리로 물속을 헤엄쳐 다니는 올챙이는 팔과 다리(limbs)가 없지만 성장을 시작해 꼬리가 들어가고 팔과 다리가 나오게 되면 그것들은 비로소 개구리라는 이름으로 육지로 올라와 작은 곤충을 사냥하는 육식동물로 변해가게 되는 것입니다(it comes to the land under the name of a frog and turns into a carnivore that hunts small insects).

Unit 35

UNIT GUIDE

- ✓ Diagnostic Pretest
- ✓ Words and Expressions
- ✓ Comprehension Checkups
- ✓ English by Context: Watergate Scandal

—

Those who refresh others will themselves be refreshed.

Diagnostic Pretest

Correct the grammatical error(s) (* marks), fill in the blank(s), or choose the correct expression in the square.

---

1 충혈된 눈
blood_____ eyes

2 헐떡이며 계단을 올라가다
[rant / pant] up the stairs

3 한 차례의 번개
a b_____ of lightning

4 Lawrence didn't [flint / flaunt] his wealth; he lived a simple life.

5 a short account of an interesting or humorous incident
_____dote

6 She came an hour late and [spoon / spun] him a yarn about her car breaking down.

7 문화유산
cultural [fortune / heritage]

Answer

1 bloodshot | 2 pant | 3 bolt | 4 flaunt | 5 anecdote | 6 spun | 7 heritage

Words and Expressions

851 **bloodshot**

✓ red and inflamed as a result of locally congested blood vessels

1891 bloodshot[inflamed] eyes 충혈된 눈

---

852 **thrust**

✓ 밀다, 찌르다

1892 ~ one's hands in(to) one's pockets
호주머니에 손을 찔러넣다

1893 ~ one's way through the crowd
군중 속을 밀어제치며 나아가다

1894 ~ a knife into a person's back
남의 등을 칼로 찌르다

1895 ~ oneself[one's nose] into another person's affair
남의 일에 참견하다

1896 be ~ into fame
갑자기 유명해지다

p., pp. thrust

---

853 **pant**

✓ 숨이 차다, 헐떡이다(gasp); 열망하다(yearn)

1897 ~ up the stairs
헐떡이며 계단을 올라가다

1898 ~ for air[breath]
숨을 헐떡이다

1899 The people ~ed after[for] freedom.
사람들은 자유를 갈망했다.

'바지(pants)의'라는 의미도 있음

---

854 **bolt**

✓ a metal bar that you slide across a door or window in order to lock it

✓ ⇔ nut

✓ a flash

1900 a bolt of lightning / a lightning bolt

✓ a sudden movement

1901 He made a bolt for the door.

---

855 **lethargy, lassitude, torpor, torpidity, stupor, languor**

✓ a deficiency in mental and physical alertness and activity

〈 L. *languēre*(약해지다) → languid(활기 없는), languish(쇠약해지다), lag, lax, slack(느슨한)

---

856 **intoxicate**

✓ 취하게 하다

1902 get[be] ~d

술에 취하다[취해 있다]

1903 be ~d with[by] power

권력에 도취하다

'활'을 뜻하는 희랍어 *tóxon*에서(활에 독을 바른 것에 기원) → toxin, toxic, detoxify

---

857 **burn, scorch, singe, sear, char, parch**

✓ to injure or alter by means of intense heat or flames

---

858 **glisten**

✓ to send forth light

flash, gleam, glance, glint, sparkle, glitter, shimmer, glimmer, twinkle, scintillate (철자 gl-로 시작하는 말이 많음)

859 **delirious**

✓ marked by uncontrolled excitement or emotion; ecstatic

1904 a crowd of delirious baseball fans

ⓝ delirium

cf. dereliction 태만, predilection 편애

---

860 **flaunt**

✓ to deliberately try to make people notice your possessions, beauty, abilities, etc.

1905 Lawrence didn't flaunt his wealth; he lived a simple life.

1906 Models flaunted themselves in tight designer jeans.

brandish, exhibit, parade, vaunt

---

861 **경멸(輕蔑)**

1907 경멸적인

scornful, ***disdainful***

1908 경멸적인 표정

a ***contemptuous*** look

1909 이 말은 경멸적인 뜻이 있다

This word has a ***derogatory*** meaning.

1910 가난으로 남을 경멸해서는 안 된다.

You should not ***despise*** a man because he is poor.

hold ~ in contempt, look down on, slight, think meanly of

---

862 **abomination**

✓ 혐오(스러운 짓)

1911 hold snakes in ~

뱀을 몹시 싫어하다

1912 commit an ~

추태를 부리다

abhorrence, aversion, execration, loathing, disgust

〈 L. *sacrāre*(consecrate) → sacred, sacrament(성찬식), sacrifice

863 **till**

✓ until

✓ to prepare (land) for the raising of crops, as by plowing and harrowing

✓ a drawer, small chest, or compartment for money, as in a store

---

864 **perfect, consummate, faultless, flawless, impeccable**

✓ being wholly without flaw

1913 a perfect diamond

1914 a consummate performer

1915 faultless logic

1916 a flawless instrumental technique

1917 speaks impeccable French

---

865 **위조(僞造)**

1918 10만 원짜리 지폐를 위조하다

counterfeit a hundred thousand-won bills

1919 수표를 위조하다

forge a check

위조 수표 a forged check

1920 문서를 위조하다

fabricate a document

1921 위조품

a forged article; a ***sham***; a ***forgery***; a ***fake***; a counterfeit

---

866 **afflict**

✓ 괴롭히다, 학대하다

1922 be ~ed with asthma

천식에 시달리다

1923 I felt much ~ed at[by] the news.

그 소식을 듣고 몹시 괴로웠다.

〈 L. *fligere*(때리다) → inflict(안으로 때리다 → 가하다), conflict(같이 때리다 → 갈등)

867 **목사(牧師)**

1924 침례교 목사
a Baptist ***minister***

1925 김 목사님
Reverend Kim / ***Rev.*** Kim / ***Pastor*** Kim

1926 목사가 되다
enter the ***ministry***

preacher, clergyman, evangelist, parson, rector, vicar

---

868 **anecdote**

✓ a short account of an interesting or humorous incident

account, narrative, story, tale, yarn

---

869 **spin (somebody) a yarn / tale**

✓ tell somebody a story, usually a long one, which is often not true

1927 She came an hour late and spun him a yarn about her car breaking down.

옛날 선원들이 밧줄을 꼬면서 늘어놓는 장황하고 믿기 힘든 이야기에서 유래. 그래서 yarn에 '실'이라는 의미가 있는 것임.

---

870 **후손(後孫)**

1928 왕족의 후손
a ***scion*** of a royal stock

1929 …의 후손이다
be a ***descendant*** of ...

1930 후손에게 전승하다
hand down ~ to one's ***offspring***

posterity, progeny

cf. progenitor(조상)←라틴어 generāre가 '낳다'라는 의미에서 → genus, generate

871 **theorem**

✓ 정리(定理)

1931 이항[다항] 정리
the binomial[multinomial] theorem

1932 피타고라스 정리
the Pythagorean theorem

---

872 **뿔**

1933 송아지에 뿔이 나기 시작했다.
The calf has begun to grow ***horns***.

1934 서구 학자들은 녹용은 아무 입증된 효과가 없다고 한다.
Western scientists say the ***antlers*** have no proven effect.

1935 그는 황소 뿔에 떠받혀 죽었다.
He was ***gored*** to death by a bull.

---

873 **dim**

✓ 어둑한, 희미한

faint, indistinct, dull, faded, lackluster

---

874 **spellbound**

✓ 주문에 걸린, 넋을 잃은

bewitched, captivated, enchanted, entranced, fascinated, mesmerized

---

875 **유산(遺産)**

1936 유산 싸움을 하다
quarrel over the ***inheritance***

1937 그는 딸들에게 막대한 유산을 남겼다.
He left a large ***fortune*** to his daughters.

1938 그가 죽자 아들이 많은 유산을 물려받았다.
On his death, his son received a rich ***legacy***.

1939 문화유산
cultural ***heritage[traditions]***

Comprehension Checkups

[1~21] Follow the directions in each of the questions below. (filling in the blanks, multiple-choice questions, finding grammatical errors (* mark), vocabulary corresponding to the English definition, etc.)

1 충혈된 눈

b______t eyes

2 군중 속을 밀어제치며 나아가다

th___ one's w__ through the crowd

3 헐떡이며 계단을 올라가다

[rant / pant] up the stairs

4 한 차례의 번개

a b___ of lightning

5 stupor 유의어 3개

__________, __________, __________, __________, __________

6 권력에 도취하다

be in________ with power

7 sear 유의어 3개

__________, __________, __________, __________, __________

8 to injure or alter by means of intense heat or flames

__________, __________, __________, __________, __________, __________

9 delirium / dereliction / predilection 구분

__________, __________, __________

10 Lawrence didn't [flint / flaunt] his wealth; he lived a simple life.

11 '경멸(輕蔑)적인' 3개

scornful, disdainful, contemptuous, derogatory

12 abomination 유의어 3개

abhorrence, aversion, execration, loathing, disgust

13 till의 기본 의미 3개

① ~까지 ② 경작하다 ③ 서랍, 돈궤, 금고

14 perfect 유의어

consu____, fa__less, fl__less, impe____

15 '위조품' 3개

________, ________, ________, ________, ________

16 a short account of an interesting or humorous incident

___dote

17 She came an hour late and [spoon / spun] him a yarn about her car breaking down.

18 피타고라스 정리

____

19 그는 황소 뿔에 떠받혀 죽었다.

He was gored to death by a bull.

20 dim 유의어 3개

________, ________, ________, ________, ________

21 문화유산

cultural [fortune / heritage]

Answer

1 bloodshot | 2 thrust / way | 3 pant | 4 bolt | 5 lethargy / lassitude / torpor / torpidity / languor | 6 intoxicated | 7 burn / scorch / singe / char / parch | 8 burn / scorch / singe / sear / char / parch | 9 황홀 / 태만 / 편애 | 10 flaunt | 11 scornful / disdainful / contemptuous / derogatory | 12 abhorrence / aversion / execration / loathing / disgust | 13 ① ~까지, ② 경작하다, ③ 서랍, 돈궤, 금고 | 14 consummate / faultless / flawless / impeccable | 15 a forged article / a sham / a forgery / a fake / a counterfeit | 16 anecdote | 17 spun | 18 the Pythagorean theorem | 19 gored | 20 faint / indistinct / dull / faded / lackluster | 21 heritage

English by Context

Watergate Scandal

정치적으로 나라가 시끄러울 때 접하는 말 중에 '…게이트'라는 게 있습니다. 도대체 '문(門)'을 뜻하는 영어 단어 gate가 정치적인 일과 무슨 관계가 있을까요?

사실 이것은 '워터게이트 스캔들(Watergate Scandal)'로 알려진 미국 정치사(American Political History)의 빼놓을 수 없는 사건에서 유래된 말입니다. 1972년, 당시 대통령(then–President)이었던 리처드 닉슨(Richard Nixon)과 그의 참모들은 일단의 괴한들에게 워싱턴 DC 워터게이트 호텔 내 민주당 전국 위원회 본부에 침입(break–in at the Democratic National Committee headquarters at the Watergate Hotel in Washington, DC)하여 도청 장치를 설치하도록(to plant listening devices) 지시합니다.

처음에는 큰 주목을 받지 못하다가(not drawing much attention at first) 후일 딥 스로우트(Deep Throat)라는 가명(false name)을 쓰는 FBI 고위 관리의 제보와 워싱턴포스트의 새내기 기자 밥 우드워드(Bob Woodward), 칼 번스타인(Carl Bernstein)의 끈질긴 추적으로 사건의 전모(the whole story of the accident)는 서서히 윤곽을 드러내기 시작하였습니다.

대통령을 비롯한 참모진들은 관련설을 완강히 부인했고(tenaciously denied their relations), 이후 2년간 검찰과의 치열한 법정 공방전이 벌어집니다. 그야말로 파워게임이었지요. 백악관의 압력으로 담당 검사가 파면당하기도 했으니 말입니다(the prosecutor was discharged from the pressure of the White House).

진실은 결코 은폐할 수 없었습니다(the truth could never be concealed). 부인할 수 없는 증거가 속속 드러나자 결국 미국 역사상 최초로 닉슨은 미 의회로부터 탄핵(impeachment)을 당하게 됩니다. 미국 정치사의 씻을 수 없는 오점(indelible stain)으로 기록된 워터게이트 사건은 한편으로 의회가 대통령을 올바르게 견제함으로써 민주주의의 본질과 전통을 수호한 사건으로 평가받기도 한답니다.

언어적으로 보면 이후 deep throat가 '정부의 비리를 고발하는 내부고발자(whistleblower who accuses the government of corruption)'를 뜻하는 말로 쓰이게 될 정도이니 당시 그 충격과 파문이 얼마나 컸는지 짐작이 갑니다.

Unit 36

UNIT GUIDE

- ✓ Diagnostic Pretest
- ✓ Words and Expressions
- ✓ Comprehension Checkups
- ✓ English by Context: Cuteness: strategy to survive

Diagnostic Pretest

Correct the grammatical error(s) (* marks), fill in the blank(s), or choose the correct expression in the square.

---

1 홍삼 엑기스
red ginseng _______

2 맥박을 짚다
feel a person's [pulse / purse]

3 M & A
= M_______ and A_______

4 She is well [versed / verse] in classical languages.

5 거기에 대한 변명 말고 솔직하게 말합시다.
No excuse for it, but let's call a s______ a s______, please.

6 convergent 반의어
______gent

7 수표에 배서하다
en______ a check

Answer

1 extract | 2 pulse | 3 Merger / Acquisition | 4 versed | 5 spade / spade | 6 divergent | 7 endorse

Words and Expressions

876 **extract**

✓ 추출하다; 추출물

흔히 '엑기스'라고 하는 것이 바로 이 단어의 일본식 발음에서 유래한다.

abstract, excerpt, selection

ex(밖으로) + *tract*(끌다, 긋다) = 추출하다
→ contract, subtract, abstract, trace, tract, attract, detract

---

877 **pulse**

✓ 맥박; 진동

1940 **feel a person's pulse**
맥박을 짚다; (비유) 의향을 살피다

1941 **stir a person's pulse**
흥분시키다, 설레게 하다

pulsation, throbbing, beat

cf. purse 지갑

---

878 **hitherto**

✓ until this time

1942 **a fact hitherto unknown**
아직 알려지지 않은 사실

1943 **problems hitherto neglected**
지금까지 무시되어 온 문제

1944 **as hitherto**
종전과 같이

1945 **writings hitherto unpublished**
이제까지 공개되지 않은 글

cf. hither 여기에, 이쪽으로 (⇔ thither)
thereto 거기로
thereof, therefrom 그것으로부터
hereafter 지금부터는
thereafter 그로부터
hereinafter (서류 등에서) 아래에(서는), 이하에

879 **merge**

✓ mix, blend, mingle, coalesce, amalgamate

co(함께) + *alesce*(기르다) = 합체하다
→ coalition, adolescent(길러진 사람→어른)

1946 The two parties were ~d in the new government.
두 정당은 새 정부로 합병되었다.

1947 Fear was gradually ~d into curiosity.
두려움은 차차 호기심으로 바뀌었다.

ⓝ merger (M&A는 Merger and Acquisition의 약어)

---

880 **인공(人工)**

1948 인공 수정
artificial insemination [fertilization]

〈 L. *serere*(씨를 뿌리다) → semen(정자), seminal(정자의, 생식의), seminar, seminary, seed, sow, season

cf. 시험관 아기 a (test)tube baby

1949 인공위성
an artificial[a man-made] satellite

1950 인공 지능
artificial intelligence (AI)

1951 인공호흡
artificial breathing[respiration]

man-made, man-created, unnatural

---

881 **docile**

✓ 유순한

manageable, obedient, pliant, submissive

⇔ rebellious, wild, disagreeable

882 **만장일치**
(滿場一致)

1952 법안을 만장일치로 가결하다
pass a bill ***unanimously***[by a unanimous vote]

1953 만장일치의 투표
a ***solid[voice] vote***

1954 우리는 그 정치인을 지지하기로 만장일치의 결의를 하였다.
We decided to support the politician ***with one assent[without a dissenting vote]***.

1955 그들은 이구동성으로 야유회를 가기로 하였다
They decided to go on a picnic ***by common consent***.

---

883 **propaganda**

✓ information, especially of a biased or misleading nature, used to promote a political cause or point of view

ⓥ propagate 선전하다; 번식시키다

brainwashing, indoctrination, distortion, newspeak

(종종 N-) (정부 관리 등이 여론 조작을 위해 쓰는) 일부러 애매하게 말하여 사람을 기만하는 표현법으로서 영국의 작가 G. Orwell의 소설 '1984'에 나오는 조어(造語)

---

884 **psyche**

✓ the human soul, mind, or spirit

1956 His exploration of the myth brings insight into the American psyche.

희랍어에서 유래한 *psych(o)*-는 '영혼'을 뜻하는데, 더 근본적으로는 '호흡'이라는 의미에서 출발하였다. '영혼'을 의미하는 다른 단어 spirit 역시 '호흡'을 뜻하는 라틴어에서 유래한 것이다. → psychology 심리학 psychiatrist 정신과 의사 psychoanalysis 정신분석 psychopath 정신병자

---

885 **용해(溶解)**

1957 화학적 용해
chemical ***solution***

1958 소금은 물에 용해된다.
Salt ***dissolves*** in water.

1959 이 세제는 용해성이 좋다.
This detergent has a high ***solubility***.

1960 그것은 물에 용해된다[용해되지 않는다].
It is ***soluble***[insoluble] in water.

1961 (비유) 계층과 인종이라는 장벽의 소멸
the ***dissolution*** of barriers of class and race

> *cf.* desolation 황폐(시킴)
> (← ⓥⓐ desolate)

---

886 **versed**

✓ knowledgeable or skilled

1962 She is well versed in classical languages.

acquainted, informed, at home, familiar

cf. verse 운문, 시

> versed, verse 모두 '회전'을 의미하는 라틴어 versus에서 출발. 자꾸 돌다 보면 익숙해져서 잘하는 것이고, 구부러져서 만들어진 것이 시의 행을 의미하게 된 것. ⇨ convert, reverse

---

887 **scandalize**

✓ to offend the moral sensibilities of

1963 The whole village was scandalized by her second marriage.

scandal 추문, 불명예(흔히 연예 기사만을 생각하기 쉬운데 꼭 그렇지 않음)

---

888 **agent**

✓ (일정한 권한을 가진) 대리인

1964 a travel ~ 여행 대리업자

agent가 사람을 가리킨다면 agency는 장소에 중점을 둔 표현

✓ 간첩, 첩자

1965 secret ~s of the CIA
미국 중앙 정보국의 비밀 첩보원

✓ (변화를 일으키는) 힘 또는 물질

1966 an oxidizing ~ 산화제

1967 Rain and wind are natural ~s that create scenic beauty.
비와 바람은 아름다운 경치를 창조하는 자연의 힘이다.

889 **grovel**

✓ crouch or crawl abjectly on the ground

cower, cringe, kneel, flatter

---

890 **spade**
관련 표현

✓ call a spade a spade 솔직하게 말하다

1968 No excuse for it, but let's call a spade a spade, please.
거기에 대한 변명 말고 솔직하게 말합시다.

✓ in spades 상당히; 솔직히

1969 He'd got his revenge now, and in spades.
그는 이제 복수를 하였다. 그것도 엄청나게.

1970 He confessed what had done in spades.
그는 한 일을 솔직히 고백했다.

---

891 **서두(序頭)**

1971 이야기의 서두
the ***opening sentence*** of a story

1972 서두를 떼다
make ***introductory[prefatory] remarks***

1973 그는 조크와 함께 연설을 시작했다.
He ***prefaced*** his speech with a joke.

1974 그의 모두 발언은 청중의 반감을 샀다.
His ***opening remarks[words of greeting]*** antagonized the audience.

---

892 **plate tectonics**

✓ the way that large pieces of the earth's surface move slowly around

plate 판
tectonics 구조학

---

893 **lithosphere**

✓ the solid part of the earth

희랍어 *lithos*는 '돌'을 의미 → lithography 석판 인쇄(술), paleolithic 구석기 시대의, neolithic 신석기 시대의

894 **convergent**

✓ ⇔ divergent

Ⓥ converge Ⓝ convergence

895 **convection**

✓ convey하는 과정 혹은 그 행위 → 전달; 대류

convect는 convection으로부터의 역순형성(back-formation)된 동사

896 **ridge**

✓ 융기[돌출]된 것

1975 **a dividing ridge** 분수령
1976 **a ridge nose** 콧날이 선 코
1977 **form into ridges** 이랑을 이루다
1978 **an alveolar ridge** 치경구개

897 **topography**

✓ 지형(학)

희랍어 *topos*는 'place'를 의미 → toponym **지명**(에 유래하는 이름), topos(토포스: 상용되는 (진부한) **주제 · 개념 · 표현**)

898 **흡입(吸入)**

1979 깊은숨을 들이쉬다
inhale deeply

1980 숨을 들이쉬고 그런 다음 내쉬세요.
Breathe in and breathe out.

1981 코카인을 흡입하다
snort cocaine

1982 그는 3년간 본드를 흡입해 왔다.
He's been ***sniffing*** adhesives for three years.

1983 그녀는 최근에 지방흡입술을 받았다
She recently went in for ***liposuction***.

899 **endorse**

✓ 지지하다; 배서하다

1984 ~ a proposal
제안을 지지하다

1985 ~ a check
수표에 배서하다

*dorse*가 '배면(등)'이라는 뜻에서 '뒤에 쓰다' → dorsum, dorsal

---

900 **implicit**

✓ 암묵적인, 내재적인

1986 His smile meant ~ consent.
그의 미소는 무언의 동의를 의미하고 있었다.

implied, tacit, understood

⇔ explicit

동사 implicate에서 출발(얽히게 하다→속으로 파고든)

Comprehension Checkups

[1~20] Follow the directions in each of the questions below. (filling in the blanks, multiple-choice questions, finding grammatical errors (* mark), vocabulary corresponding to the English definition, etc.)

1 홍삼 엑기스
red ginseng _____

2 맥박을 짚다
feel a person's [pulse / purse]

3 아직 알려지지 않은 사실
a fact hi_____ unknown

4 M & A
= M____ and A________

5 시험관 아기
a ________ baby

6 docile 유의어 3개
_________, _________, _________, _________

7 그들은 이구동성으로 야유회를 가기로 하였다
They decided to go on a picnic by c____ c_____.

8 information, especially of a biased or misleading nature, used to promote a political cause or point of view
____ganda

9 정신과 의사
_______ist

10 소금은 물에 용해된다.
Salt dis_____ in water.

11 She is well [versed / verse] in classical languages.

12 산화제

an oxidizing ____

13 crouch or crawl abjectly on the ground

gr___

14 거기에 대한 변명 말고 솔직하게 말합시다.

No excuse for it, but let's call a s___ a s___, please.

15 그는 조크와 함께 연설을 시작했다.

He pre____ his speech with a joke.

16 the way that large pieces of the earth's surface move slowly around

p___ t______

17 convergent 반의어

____gent

18 이랑을 이루다

form into ri___

19 지명(에 유래하는 이름)

___nym

20 수표에 배서하다

en____ a check

Answer

1 extract | 2 pulse | 3 hitherto | 4 Merger / Acquisition | 5 (test) tube | 6 manageable / obedient / pliant / submissive | 7 common / consent | 8 propaganda | 9 psychiatrist | 10 dissolves | 11 versed | 12 agent | 13 grovel | 14 spade / spade | 15 prefaced | 16 plate / tectonics | 17 divergent | 18 ridges | 19 toponym | 20 endorse

Cuteness: strategy to survive

필자는 개(犬)를 무서워합니다. 막다른 골목(dead end of a road)에 개가 왔다 갔다 하면 슬며시 다른 길로 돌아가죠. 그래서 다 좋은데 시골 마을로 이사 와서 가장 불편한 게 있다면 가끔 가게를 갈 때 동네를 제 것인 양 의젓하게 활보하고(stride) 다니는 무시무시한 개들과 마주칠 때가 있다는 것입니다.

그런데 다행스럽고도 또 좀 이상한 게 있습니다. 강아지만큼은 전혀 무섭지 않다는 거죠. 생김새도 그러하거니와(in addition to its physical shape) 그 하는 짓이 얼마나 귀여운지 '왜 내가 개를 무서워할까'라는 의구심이 막 솟구치기도 합니다. 그러고 보면 맹수(wild beast) 중의 맹수인 호랑이와 사자도 그 새끼는 얼마나 예쁩니까? 심지어는 우리 아이들더러 이리와 만져보라고도 하지 않습니까?

그게요, 알고 봤더니 동물(특히 포유류(mammals))의 어릴 적 귀여움(cuteness)과 쾌활함(playfulness)이 일종의 생존전략(strategy to survive)이라고 하네요. 말하자면 동물학(zoology)과 심리학(psychology)이 교차하는 지점(crossing point)에서 발생하는 현상이더군요. 포유류 대부분은 어렸을 때 자기를 방어할 능력(ability to defend itself)이 거의 없다고 합니다. 즉 그들은 살아남기 위해 귀여워야만 한다는 것이지요.

이러한 사실은 비단 같은 종(species) 내에서 일어나는 일만은 아닙니다. 왜 가끔 동물이 자신과 다른 계통(family)의 새끼를 돌보는 모습이 화제가 되고 그러지 않습니까? 사실 사람도 그렇긴 하지요. 그렇게 보면 귀여움이라는 것은 개인이 가지는 하나의 견해(a personal opinion)라기보다는 동물로서 우리가 모두 지니는 일종의 본능적 반응(a kind of instinctive reaction)이 아닐까 하는 생각이 듭니다.

물론 겉모양에 상관없이(regardless of outward appearance) 진정한 사랑의 마음으로 모든 것을 보듬어 안을 수 있는 능력(ability to embrace everything)은 우리 인간만이 가지고 있는 게 틀림없지만, 그래도 귀여움을 과학적인 틀(scientific framework) 안에서 설명할 수 있다는 것은 분명 흥미로운 사실임에 틀림이 없는 것 같습니다.

Unit 37

UNIT GUIDE

- ✓ Diagnostic Pretest
- ✓ Words and Expressions
- ✓ Comprehension Checkups
- ✓ English by Context: Cuteness: Urban Legend

—

If you wait for perfect conditions, you will never get anything done.

Diagnostic Pretest

Correct the grammatical error(s) (* marks), fill in the blank(s), or choose the correct expression in the square.

1 전언(傳言)
a [herbal / verbal] message

2 propinquity
= [simultaneousness / proximity]

3 한국 대 일본의 축구 경기
the soccer game [between / versus] Korea and Japan

4 광장 공포증
________phobia

5 fabrics that [cling / fling] to the body

6 If you describe a small factory as a ________shop, you mean that many people work there in poor conditions for low pay.

7 Only three people, including a policeman, will be [privy / precious] to the facts.

Answer

1 verbal | 2 proximity | 3 between | 4 agoraphobia | 5 cling | 6 sweatshop | 7 privy

Words and Expressions

901 **편견(偏見)**

1987 인종적 편견
racial[color] ***prejudice*** / ***racism***

1988 지역적 편견
localism / ***regionalism***

1989 나의 편견일 수 있다.
I may be ***biased***[prejudiced / ***jaundiced***].

1990 심한 편견
a strongly ***warped view***

---

902 **verbal**

✓ 말[구두]의

1991 a ~ message[communication]
전언(傳言)

oral, spoken, uttered, vocal, lexical, lingual, linguistic

⇔ nonverbal

✓ 동사의

1992 ~ inflections
동사의 굴절

1993 a ~ suffix
동사 파생 접미사

---

903 **conform**

✓ 따르다, 순응하다

1994 Students must ~ to the school dress code.
학생은 학교의 복장 규정에 따라야 한다.

1995 ~ one's taste to one's wife's (tastes)
자신의 취향을 아내의 것에 맞추다

correspond, comply, follow, obey, observe

ⓝ conformity, conformance, conformation

con(함께) + *form*(형성하다) → 같은 모양으로 형성하다 → deform(변형하다), reform

904 **proximity**

✓ 근접, 가까움

1996 a house in the proximity of the motorway
고속도로에 가까이 있는 주택 (공간적)

1997 the death of two members of her family in close proximity
그녀의 가족 중 두 사람의 연이은 죽음 (시간적)

closeness, nearness, propinquity, neighborhood, vicinity

〈 L. *proximus*(nearest)
→ approximate, approach

---

905 **~대(對)**

1998 자본주의 대 공산주의
capitalism ***versus[vs.]*** communism

1999 한국 대 일본의 축구 경기
the soccer game ***between*** Korea ***and*** Japan

2000 우리는 그 축구 경기를 2 대 1로 이겼다.
We won the soccer game two ***to*** one.

---

906 **열정(熱情)**

2001 열정가
an ***ardent[passionate]*** person

2002 열정적인 시
an ***impassioned*** poem

2003 개혁에 대한 열정
zeal for reform / ***flames*** of reform

---

907 **compatible**

✓ able to exist or be used together without problems or conflict

ⓝ compatibility

agreeable, congruous, harmonious, appropriate, fitting, suitable

908 **commit, consign, entrust, confide, relegate**

✓ to give over to another for a purpose such as care or safekeeping

2004 The patient was committed to the hospital.

2005 The owner consigned the paintings to a dealer for sale.

2006 The task was too important to be entrusted to a child.

2007 She confided her plans to her family.

2008 Some scientists relegate parapsychology to the sphere of quackery.

parapsychology 초심리학, quackery 사기

---

909 **consummate**

✓ showing great skill and flair(재주)

2009 a consummate liar

능숙한 거짓말쟁이

2010 a consummate literary artist

훌륭한 문예가

perfect, gifted, superb, talented, complete

---

910 **recur**

✓ 되풀이되다

2011 ~ring attacks of dizziness

재발하는 현기증의 발작

2012 Past experiences ~red to his mind.

과거의 경험이 그의 마음속에 되살아났다.

2013 Let's ~ to our previous topic.

앞의 얘기로 돌아가지요.

ⓝ recurrence ⓐ recursive, recurrent

re(뒤로) + *cur*(달리다) → 되돌아가다

→ current(달리고 있는 → 현재의), curriculum

911 **implication**

✓ the implicit conclusion that can be drawn from something

2014 What are the implications of this statement?
이 진술의 뜻[함의]은 무엇인가?

✓ a likely consequence

2015 The development of the site will have implications for the surrounding countryside.
그 지역의 개발은 주위 시골 지역에 영향을 미칠 것이다.

✓ the action or state of being involved

2016 He resigned after his implication in a sex scandal.
그는 성추문에 연루된 후 사임했다.

'안으로 말아 넣다'라는 라틴어에서 유래. 겉으로 드러난 게 아닌 '암시하는 행위, 그것으로 인해 발생할 수 있는 숨은 뜻 혹은 결과, 또는 연루시키는 행위'를 의미하게 되었다.

---

912 **agoraphobia**

✓ 광장 공포증

⇔ claustrophobia 밀폐 공포증

agora(시장) + phobia(공포)

---

913 **blue 관련 표현**

2017 once in a ~ moon
극히 드물게

2018 drink till all is ~
취해 곤드라지도록(←끝까지) 마시다

2019 out of (the) ~
뜻밖에, 불시에

2020 I've told you so till I am ~ in the face.
귀에 못이 박히도록(←얼굴이 창백해지도록 끝까지) 네게 말했다.

---

914 **평가(評價)**

2021 공정한 평가를 내리다
make a reasonable[fair] ***appraisal***

2022 좋은 평가를 받다
receive a favorable ***evaluation***

2023 높은 평가를 받다
receive high ***praise***
2024 직무 평가
job ***assessments***
2025 실적 평가
performance evaluations
2026 상대 평가
relative evaluations (⇔ absolute ~)
2027 나는 그녀를 높이 평가한다.
I ***think highly of*** her.
2028 자신의 잣대로 남을 평가하지 마라.
Don't ***judge*** others by your own standard.
2029 세계 최고라는 평가
high ***marks*** as being the world's best

---

915 **fascinating, compelling, gripping, absorbing**

✓ interesting and attracting the fancy of people

⇔ drab, dull, monotonous, prosaic

---

916 **fraught**

✓ filled or charged

2030 an incident fraught with danger
2031 an evening fraught with high drama

freight(화물)와 동일 어원

---

917 **congruent**

✓ in harmony

2032 an organization whose values are congruent with my own

corresponding, similar, compatible, congruous

ⓝ congruence, congruency, congruity

918 **reminiscence**

✓ the act or process of recollecting past experiences or events

recollection, retrospection, reflection

ⓐ reminiscent

re(다시) + *min*(마음) → 다시 마음에 떠 올리기
→ 회상 → remember, remind, memory

---

919 **crucifix**

✓ an image or figure of Jesus on the cross

ⓥ crucify ⓝ crucifixion

---

920 **cling**

✓ adhere

2033 fabrics that cling to the body

2034 We clung together in the storm.

---

921 **sweatshop**

✓ 노동력을 착취하는 작업장[공장]

2035 If you describe a small factory as a sweatshop, you mean that many people work there in poor conditions for low pay.

---

922 **중재(仲裁)**

2036 강제[임의] 중재
compulsory[voluntary] ***arbitration***

2037 제삼자에 의한 중재 신청
mediation by a third party

2038 그의 중재로 그 문제는 해결되었다.
The matter was settled privately through his ***intercession***.

2039 그 문제를 해결하기 위해 마침내 장관이 중재에 나서게 되었다.
The Minister finally ***intervened*** to solve the problem.

923 **corpus**

✓ (언어) 자료

2040 a large ~ of research notes
연구 노트의 방대한 자료

✓ (사람, 동물의) 몸; 시체

라틴어 *corpus*는 원래 body를 뜻하는 말. →
incorporate(하나의 몸으로 하다 → 합체하다, 병합하다, 구체화하다, 주식회사로 하다), corpse(시체), corps(군단)

---

924 **the Enlightenment**

✓ a philosophical movement of the 18th century that emphasized the use of reason to scrutinize previously accepted doctrines and traditions and that brought about many humanitarian reforms

cf. Renaissance: the humanistic revival of classical art, architecture, literature, and learning that originated in Italy in the 14th century and later spread throughout Europe (← re(다시) + nais(태어나다 → natal))

---

925 **privy**

✓ allowed to know about something secret

2041 Only three people, including a policeman, will be privy to the facts.

〈 L. *prīvus*(single) → private, deprive
(공동[공용]이 아닌 상태로 하다→빼앗다)

Comprehension Checkups

[1~20] Follow the directions in each of the questions below. (filling in the blanks, multiple-choice questions, finding grammatical errors (* mark), vocabulary corresponding to the English definition, etc.)

1 심한 편견

a strongly [warped / whipped] view

2 전언(傳言)

a [herbal / verbal] message

3 학생은 학교의 복장 규정에 따라야 한다.

Students must c_____ to the school dress c__.

4 propinquity

= [simultaneousness / proximity]

5 한국 대 일본의 축구 경기

the soccer game [between / versus] Korea and Japan

6 able to exist or be used together without problems or conflict

__patible

7 The owner [cosined / consigned] the paintings to a dealer for sale.

8 훌륭한 문예가

a __summate literary artist

9 앞의 얘기로 돌아가지요.

Let's [occur / recur] to our previous topic.

10 이 진술의 뜻[함의]은 무엇인가?

What are the im________ of this statement?

11 광장 공포증

____phobia

12 귀에 못이 박히도록 네게 말했다.
I've told you so till I am [blue / red] in the face.

13 **interesting 반의어 3개**

__________, __________, __________, __________

14 an incident [fright / fraught] with danger

15 **congruent 유의어 3개**

__________, __________, __________, __________

16 the act or process of recollecting past experiences or events
remi_______

17 an image or figure of Jesus on the cross
_____ix

18 fabrics that [cling / fling] to the body

19 If you describe a small factory as a ________, you mean that many people work there in poor conditions for low pay.

20 Only three people, including a policeman, will be [privy / precious] to the facts.

Answer

1 warped | 2 verbal | 3 conform / code | 4 proximity | 5 between | 6 compatible | 7 consigned | 8 consummate | 9 recur | 10 implications | 11 agoraphobia | 12 blue | 13 drab / dull / monotonous / prosaic | 14 fraught | 15 corresponding / similar / compatible / congruous | 16 reminiscence | 17 crucifix | 18 cling | 19 sweatshop | 20 privy

Urban Legend

urban legend[myth]란 근거 없이 떠도는 소문이나 진실로 추정되어 사람들의 입에 자주 오르내리는 이야기(often-repeated story assumed to be true)를 일컫습니다. 그 대표적인 것 중의 하나가 미국의 유명한 두 전직 대통령(former president) 링컨과 케네디에 얽힌 흥미로운 얘기입니다. 내용인즉슨 케네디가 링컨의 환생(reincarnation, rebirth)이라는 건데요, 사람들은 그 근거로 다음과 같은 것들을 댑니다.

① 두 명의 국회 선출(election to congress)이 각각 1846년과 1946년으로 백 년의 차이를 두고 있다는 것.
② 그로부터 둘 다 정확히 14년 후 대통령이 되었다는 것.
③ 두 대통령을 승계한 부통령(succeeding vice president)의 이름이 모두 Johnson이었다는 것.
④ Lincoln, Kennedy 두 이름 모두 7개의 철자로 되어 있다는 것.
⑤ Lincoln의 비서는 Kennedy였고, Kennedy의 비서는 Lincoln이었다는 것.
⑥ 둘 다 인권(civil right)에 깊은 관심을 두었다는 것.

놀랍지요? 그러나 후대의 학자들은 이것이 무언가를 완성하고자 하는 인간의 심리적 욕구(human being's psychological desire for completeness)에서 비롯된 그저 우연의 일치(just coincidence)일 뿐, 주장을 뒷받침하기에는 의미가 없는(meaningless in supporting the basic argument) 가십거리에 불과하다고 합니다. 게다가 일부는 멋진 모양새를 완성하기 위해 살짝 조작되었다고 하는데, 가령 Lincoln에게는 실제로 Kennedy라는 비서가 없었다고 합니다. 또, 두 대통령의 인권에 관한 관심 역시 개인적 휴머니즘에 근거한다기보다는 당시의 정세가 그들을 그렇게 할 수밖에 없도록 했다는 겁니다. 남북전쟁(Civil War) 당시 북군을 지휘하던 링컨은, 농장이 경제의 중심을 이루어서 노예제를 찬동했던 남군의 반대급부를 주창할 수밖에 없었지요. 필자도 학생 시절 노예 폐지론(antislavery)을 옹호할 수밖에 없었던 링컨의 당시 상황에 대한 뒷얘기에 좀 어리둥절했던 기억이 납니다. 어릴 적 링컨은 너무나 닮고 싶은 위인전의 주인공(hero)이었는데 좀 아쉬운 면이 있었죠. 물론 우리가 누군가를 위인으로 존경한다는 것은 그들이 이룩한 위업(great achievement) 때문이라기보다는, 다 놓아버리고 싶은 그야말로 어려운 순간마다 자신과 싸워 이겨낸 그 수많은 전쟁에서의 값진 승리 때문이긴 하지만 말이죠.

Unit 38

UNIT GUIDE

- ✓ Diagnostic Pretest
- ✓ Words and Expressions
- ✓ Comprehension Checkups
- ✓ English by Context: Cuteness: Great Depression

Diagnostic Pretest

Correct the grammatical error(s) (* marks), fill in the blank(s), or choose the correct expression in the square.

1 소아과 의사
_______trician

2 결혼기념일
the wedding [anniversary / adversary / adversity]

3 무술
________ art

4 바다는 천연자원의 보고다.
The sea is a rich [respiratory / repository] of natural resources.

5 buildings in need of [renovation / innovation / revolution]

6 환율
c________ r_____

7 어떻게 지내십니까?
How [fares / fairs] it with you?

Answer

1 pediatrician | 2 anniversary | 3 martial | 4 repository | 5 renovation | 6 currency / rate | 7 fares

Words and Expressions

926 **paparazzo**

✓ photographers who follow famous people around, hoping to take interesting or shocking photographs of them

이탈리아어에서 차용된 말이며 흔히들 알고 있는 파파라치(paparazzi)는 복수형

---

927 **pediatrician**

✓ 소아과 의사(pediatrist)

pedia–(← *pa(e)do–*)는 '어린이'를 뜻함
→ p(a)edology(육아학, 소아과(학)), pediatrics(소아과(학)), pedologist(아동학자), pedodontics(소아 치과(학)), pedophilia(소아애(어린이에 대한 이상 성애))

---

928 **bully**

✓ 불량배

2042 play the
~ 약한 자를 괴롭히다

2043 I ran into a ~ in an alley and was robbed.
골목길에서 깡패를 만나 돈을 빼앗겼다.

---

929 **adversity**

✓ 역경, 불운

cf. adversary 적, 상대(foe, opponent)
anniversary 기념일

---

930 **martial art**

✓ 무술

martial 전쟁의, 군인의

→ Mars(화성, 전쟁의 신)

931 **indelible**

✓ unable to be removed or forgotten

2044 an indelible stain
지워지지 않는 얼룩

2045 indelible shame
잊어서는 안 될 수치

2046 fix indelible stigma
씻기 어려운 오명을 입히다

lasting, memorable, permanent, unforgettable

〈 L. *dēlēre*(wipe out) → delete

---

932 **predator**

✓ an animal that preys on others; a person who exploits others

ⓐ predatory

---

933 **mesmerize**

✓ capture the whole attention of

hypnotize, bewitch, captivate, enchant, enthrall, spellbind

---

934 **vessel**

✓ 배; 항공기

2047 a passenger
~ 여객선

✓ 용기, 그릇

2048 consecrated ~s
(성찬용 빵이나 포도주에 직접 닿는) 성기(聖器)

✓ 관(管)

2049 a blood ~ 혈관

---

935 **보고(寶庫)**

2050 지식의 보고
a ***storehouse[mine]*** of information

2051 광물과 식량의 보고
a ***treasure house*** of minerals and food

2052 바다는 천연자원의 보고다.
The sea is a ***rich repository*** of natural resources.

---

936 장애(障碍)

2053 언어 장애
a speech ***impediment[defect]***

2054 갱년기 장애
a menopausal ***disorder***

2055 장애인
a ***handicapped[disabled]*** person

- disabled: 사회적, 물리적, 환경적 장벽으로 인해 제한받는 상황
- handicapped: 능력이나 상황으로 인해 개인이 경쟁에서 불리하게 되는 상황
- 따라서 disabled가 장애인을 지칭하는 데 일반적으로 사용되는 더 적절한 말

---

937 innovation, renovation, revolution

✓ **innovation: the act of introducing something new**

2056 an unheard-of innovation
공전의 개혁

✓ **renovation: the act of restoring by repairing or remodeling**

2057 buildings in need of renovation
보수가 필요한 건물들

✓ **revolution: a sudden or momentous change in a situation**

2058 the outbreak of the French Revolution
프랑스 혁명의 발발

---

938 harbor

✓ **숨기다, 피난처를 제공하다; (마음속에) 품다(cherish)**

2059 ~ refugees
피난민에게 숙소를 제공하다

2060 ~ smuggled goods
밀수품을 은닉하다

2061 ~ suspicion against a person
남에 대해 의심을 품다

939 **quirk**

✓ a peculiar behavioral habit

idiosyncrasy, oddity, peculiarity, aberration

ⓐ quirkish

---

940 **'정당(政黨)' 관련 표현**

2062 정당 a (political) party

2063 정당 정치
party politics

2064 정당의 강령
a party platform

2065 정당의 수뇌
the soul[leader] of a party

2066 정당의 분열
a break[split, collapse] in a party

2067 보수[급진, 진보] 정당
a conservative[radical, progressive] party

---

941 **우세(優勢)**

2068 초반부터 우세인
in the lead from the start

2069 그의 견해가 우세해지고 있다.
His opinion has gained ***predominance***.

2070 그들이 우리보다 수적으로 우세했다.
They were ***superior*** (to us) in numbers.

2071 의회에서는 보수당이 우세를 차지하고 있다
The Conservative Party ***holds sway*** in the National Assembly.

---

942 **currency**

✓ 통화; 통용

2072 paper ~ 지폐

2073 foreign ~ 외화

2074 gain ~ 통용되다, 일반에 퍼지다 (↔ lose ~)

2075 ~ rate 환율(~ exchange)

2076 ~ unit 통화 단위

2077 ~ value 통화 가치

2078 ~ reform 화폐 개혁

2079 reference ~ 기준 통화

943 **fare**

✓ (얻어) 먹다 → 살아가다 → (일이) 되어 가다

2080 How ~s it with you?
어떻게 지내십니까?

2081 It ~s well with me.
잘 지냅니다.

2082 It has ~d ill with me.
일이 여의찮아요.

'작별'을 뜻하는 farewell이라는 말이 바로 이 의미의 fare you well(잘 먹고, 잘 살아)이라는 말에서 나온 것임. 또 살아가려면 삶이란 여정의 '요금, 운임'을 내야 하는 것임. 원래는 '여행하다'를 의미하는 고대영어 *faran*에서 비롯된 말이므로.

---

944 **crisscross**

✓ 십자(의), 교차(하는); 교차하다, 종횡으로 움직이다

2083 a ~ pattern 십자 무늬

2084 the ~ of opinions 의견의 엇갈림

2085 Things go ~. 일이 잘되지 않는다.

2086 ~ the country 동분서주하다

---

945 **prerogative**

✓ 특권(privilege), 특전

2087 the ~ of mercy
사면권

2088 the ~ of legislature
입법부의 특권

2089 exercise the parental ~
친권을 행사하다

---

946 **부양(扶養)**

2090 가족을 부양하다
support one's family

2091 그는 부양가족이 없다
He has no ***dependents***.

2092 부양가족 수당
a ***dependency*** allowance

2093 그는 부양가족이 많다
He has many ***mouths to feed***.

947 **dyslexia**

✓ a disorder involving difficulty in learning to read or interpret words

cf. alexia 독서 불능증, 실독증(失讀症)

lexi–는 '말'을 뜻함 → lexicon, lexical

---

948 **신경(神經)**

2094 신경과(전문) 의사 a ***neurologist***

2095 신경 세포 a ***nerve*** cell

2096 신경 안정제[진정제] a ***tranquilizer***

2097 신경 정신 의학자 a ***neuropsychiatrist***

2098 신경학 ***neurology***

---

949 **cognitive**

✓ 인식[인지]의

2099 cognitive grammar
인지문법

2100 a child's cognitive development
아동의 인지 발달

---

950 **provision**

✓ 공급

2101 public ~ for the poor
빈민에 대한 공공 식량 지급

✓ 조항, 규정

2102 the ~s of lease
임대차 규정

✓ 준비

2103 ~ for the advent of war
전쟁의 발발에 대한 대비

✓ 〈~s〉 식량, 양식

2104 lay up[in] ~s
양식을 저장하다

2105 run out of[short of] ~s
식량이 떨어지다

이렇게 보면 뜻이 많은 것 같지만, 어원적으로 분석해서 보면 pro(미리)와 vision(보는 것)의 합성이다. 즉, 앞을 내다보는 것은 준비하는 것이고, 미리 계획하는 것이니 조항과 규정이 되는 것이고, 더 나아가 미래를 대비한 식량과 양식이 되는 것이다.

Comprehension Checkups

[1~20] Follow the directions in each of the questions below. (filling in the blanks, multiple-choice questions, finding grammatical errors (* mark), vocabulary corresponding to the English definition, etc.)

1 소아과 의사
____trician

2 골목길에서 깡패를 만나 돈을 빼앗겼다.
I ran into a b___ in an alley and was robbed.

3 결혼기념일
the wedding [anniversary / adversary / adversity]

4 무술
______ art

5 지워지지 않는 얼룩
an [infallible / indelible] stain

6 mesmerize 유의어 3개
_________, _________, _________, _________, _________, _________

7 혈관
a b___ v____

8 바다는 천연자원의 보고다.
The sea is a rich [respiratory / repository] of natural resources.

9 갱년기 장애
a meno_____ disorder

10 buildings in need of [renovation / innovation / revolution]

11 남에 대해 의심을 품다
[harass / harbor] suspicion against a person

12 진보 정당

a p________ p___

13 의회에서는 보수당이 우세를 차지하고 있다.

The Conservative Party h___ s__ in the National Assembly.

14 quirk

= alteration / aberration / adjuration

15 환율

c______ r__

16 어떻게 지내십니까?

How fares / fairs it with you?

17 동분서주하다

criss____ the coun__

18 친권을 행사하다

exercise the parental ___ogative

19 그는 부양가족이 없다.

He has no depe_____.

20 a disorder involving difficulty in learning to read or interpret words

dys____

Answer

1 pediatrician | 2 bully | 3 anniversary | 4 martial | 5 indelible | 6 hypnotize / bewitch / captivate / enchant / enthrall / spellbind | 7 blood / vessel | 8 repository | 9 menopausal | 10 renovation | 11 harbor | 12 progressive / party | 13 holds / sway | 14 aberration | 15 currency / rate | 16 fares | 17 crisscross / country | 18 prerogative | 19 dependents | 20 dyslexia

Great Depression

1914년부터 4년 동안 일어난 제1차 세계대전 이후 미국 경제는 표면적으로 안정을 찾아가는 듯 보였습니다(seemed to be stabilized). 그렇지만 그 이면에 항상 도사리고 있었던 지나친 과잉생산(overproduction)과 꾸준한 실업의 증가(steady increase in unemployment)로 인해 어쩐지 뭔가 큰일이 터질 것만 같은 분위기가 감지되었던 것도 사실입니다.

이런 불길한 예감은 결국 1929년 10월 미국 주식시장의 붕괴(stock market crash)를 가져왔으며 그 이후 거의 10년간 미국과 전 세계는 심각한 경기 하락(economic downturn)을 겪게 되는데, 이게 바로 대공황(Great Depression)이라는 겁니다. depression이라는 단어가 대문자로 시작해서 나오면 필시 이것을 가리키는 것이니 '우울증'으로 착각하지 않기를 바랍니다. 뭐, 경제적 공황 상태가 우울한 것이기는 합니다만 말입니다.

기업의 도산으로 말미암아 거리는 실업자들로 넘쳐흘렀고, 은행 앞에서는 난투극(free-for-all, brawl)이 벌어지는가 하면, 어수선한 시대의 분위기를 반영이라도 하듯 갑자기 난무하기 시작하는 정치적 격변(political upheaval)은 사람들을 좌우의 진영으로 갈라놓았습니다(pushed people to the left or right). 민주주의는 수세에 몰렸고(democracy was on the defensive) 극단적 선동 가치를 내세우는 히틀러(Hitler), 스탈린(Stalin), 무솔리니(Mussolini) 같은 독재자들이 득세하기 시작했습니다(began to gain power).

대공황은 이처럼 이념적 혼란을 초래하더니 결국에는 1939년에 발발하여 종국에는 극동(far east)으로까지 번져 1945년에야 비로소 끝나게 되는 그 엄청난 제2차 세계대전을 일으키는 주요한 원인이 되고야 말았습니다(helped set the stage for World War II).

그런데 참 이상한 게 있습니다. 전쟁이라고 하면 온 나라가 쑥대밭이 되어버리는 그런 것이 상상되는 게 우리네 정서가 아닙니까? 아이러니하게도 대공황으로 야기된 제2차 세계대전은 다시금 미국의 군수산업(war industry)을 비롯한 각종 생산 활동을 재가동시켜 결국 미국을 대공황에서 탈출시키는 결정적 계기가 되기도 합니다. 그래서 미국 근대사와 관련된 글을 읽다 보면 이 시기에 다시 호황을 띠기 시작하는 미국 경제의 여러 모습이 심심찮게 나옵니다. 심지어는 문화와 예술 분야에 이르기까지 활기찬 모습이 자주 그려지게 되는 거죠.

대공황이 전쟁을 초래했는데 그 전쟁이 다시 대공황을 끝냈다(the Great Depression brought about a war, which in turn ended the Great Depression)? 필자의 짧은 식견으론 이해하기 힘든 일입니다. 뭔가 더 어마어마한 내막이 있는 걸까요? 음... 아무튼 저는 여기까지만.

Unit 39

UNIT GUIDE

- ✓ Diagnostic Pretest
- ✓ Words and Expressions
- ✓ Comprehension Checkups
- ✓ English by Context: Cuteness: Cuban Missile Crisis

—

The fastest runner doesn't always win the race, and the strongest warrior doesn't always win the battle. It is all decided by chance, by being at the right place at the right time.

Diagnostic Pretest

Correct the grammatical error(s) (* marks), fill in the blank(s), or choose the correct expression in the square.

---

1 지진아
a mentally re______ed child

2 곡예사; (굽 · 손잡이가 없는) 컵
tu______

3 dousing
= ducking / duckling

4 an automobile that is sure-footed / sure-handed on curves

5 artfulness
= guile / gargle

6 a rest or nap after the midday meal
______ta

7 a learned person
bandit / pundit

Answer

1 retarded | 2 tumbler | 3 ducking | 4 sure-footed | 5 guile | 6 siesta | 7 pundit

951 **retarded**

✓ 발달이 늦은; (지능 등이) 뒤진

2106 a physically[mentally] retarded child
신체적[지적] 발육이 늦은 아이

ⓥ retard (⇔ accelerate) ⓝ retardation

← tardy 느린, 더딘; 지각한

---

952 **vigilante**

✓ [vìdʒəlǽnti] 〈~s〉 people who organize themselves into an unofficial group to protect their community and to catch and punish criminals

2107 vigilante patrols

← vigilant 자지 않고 지키는, 방심하지 않는

---

953 **분류(分類)**

2108 분류 목록
a ***classified*** catalogue

2109 분류학
taxonomy; ***taxology***

2110 쓰레기를 분류하다
separate garbage

2111 우편은 목적지에 따라 분류된다.
Mail is ***sorted*** according to destination.

2112 이 가게에는 효율적인 방식으로 물건을 고를 수 있도록 분류해 놓고 있다.
This store ***arranges*** items in an efficient way.

---

954 **wrath**

✓ violent anger, indignation

2113 the ~ of God
신의 노여움, 천벌

2114 be slow to ~
여간해서는 화를 내지 않다

2115 incur a person's ~
아무의 노여움을 사다

2116 A soft answer turns away ~.
유순한 대답은 분노를 돌아 세우는 법이다.

anger, fury, ire, rage

---

955 **rod**
관련 표현

2117 lightning rod
피뢰침(lightning conductor)

2118 fishing rod
낚싯대

2119 welding rod
용접봉

2120 curtain rod
커튼을 거는 막대

2121 rod and line
낚싯줄을 맨 낚싯대

2122 steel rod
철골

2123 make a rod for your own back
화를 자초하는 짓을 하다[매를 벌다]

---

956 **demonic**

✓ befitting a demon

2124 ward off demonic influence
악마를 쫓다

devilish, diabolical, fiendish, satanic

---

957 **bow**

✓ 인사하다, 절하다

2125 bow back to a person
남에게 답례하다

2126 He bowed to his boss.
그는 상사에게 머리 숙여 인사했다.

✓ 활

2127 a bow and arrows
활과 화살

2128 draw a bow
활을 당기다

✓ 선수(船首), 뱃머리 (↔ stern)

'구부리다'를 의미하는 고대영어 *būgan*에서 온 말. 인사도 구부려야 하고, 활도 구부러진 것이며, 뱃머리도 굽은 것.

958 **harness**

✓ 마구(馬具)(를 채우다)

2129 **harness a horse to a carriage**
말을 마차에 매다

2130 **in harness**
근무 중인 (↔ out of harness)

2131 **in double harness**
결혼한(married)

> double harness가 '쌍두마차용 마구'라는 뜻에서

✓ (하천·바람 등 자연력을 동력으로) 이용하다

2132 **harness water power [nuclear energy]**
수력[원자력]을 동력으로 이용하다

> 물리적 장비를 묘사하는 원래의 의미에서 추상적인 개념으로 발전. 하네스를 사용하여 말이나 가축의 힘을 이용하는 것과 같이, 어떤 종류의 자원이나 능력을 이용하여 특정 목표를 달성하는 것을 묘사하는 데 사용. 원뜻은 '전투 준비'에서 유래.

---

959 **tumble**

✓ 넘어지다; (굴러) 떨어지다

- 우리가 흔히 '덤블링'이라고 하는 것으로 '텀블링(tumbling)'이 맞음
- tumbler 곡예사; (굽·손잡이가 없는) 컵 (ⓐ tumblerful 큰 컵 한 잔(의 양))
- tumbler switch (손잡이를 위아래로 조작하는) 스위치

> toggle switch라는 표현이 더 좋음

---

960 **ducking**

✓ 오리 사냥

✓ 물속에 처박기(dousing); 흠뻑 젖기(soaking)

2133 **give him a ~**
그를 물속에 처박다

2134 **get a good ~**
흠뻑 젖다

- *cf.* duckling 오리 새끼

> '오리'의 duck도 어원적으로는 고대영어 '잠수하다(dive)'는 의미에서 출발.

961 **slimy**

✓ [sláimi] 진흙(투성이)의; 끈적끈적한, 미끈둥한

greasy, oily, scummy, sludgy

ⓝ ⓥ slime

---

962 **sure-footed**

✓ 발을 단단히 딛고선, 자빠지지 않는; 틀림없는(sure-fire)

2135 an automobile that is sure-footed on curves

---

963 **doorpost**

✓ 문설주(doorjamb)

2136 (as) deaf as a doorpost
아주 귀가 먹어

2137 between you, me and the doorpost[lamppost, gatepost, etc.]
우리끼리 얘긴데

---

964 **blunder**

✓ (큰) 실수(를 하다)

2138 commit[make] a grave ~
중대한 실책을 범하다

2139 ~ about[around] in the dark
어둠 속에서 우왕좌왕하다

error, faux pas [fóupɑ́:], gaffe, mistake

faux는 '잘못된, 가짜의'를 의미하며, pas는 '발걸음'을 의미. 프랑스에서 사회적인 교제에 있어서의 잘못된 행동을 설명하는 데 사용. 이후 다른 언어, 특히 영어로 전달되었고, 이제는 전 세계에서 사회적 실수를 묘사하는 데 널리 사용

스칸디나비아어에서 온 말로 blind와 관계가 있음.

---

965 **guile**

✓ 교활; 간계(奸計)

ⓐ guileful 교활한, 음험한 guileless 순수한(frank)

tact, artfulness, cunning, deceit, shrewdness, wiliness

966 **pier**

✓ 부두, 선창(wharf, dock)

2140 **moor a ship at the pier**
배를 선창에 정박시키다

2141 **comfortable landing arrangements alongside the pier**
부두에 설치된 편리한 상륙 설비

---

967 **siesta**

✓ a rest or nap after the midday meal

라틴어 *sexta*(여섯 번째 시각)에서 유래된 말로 오늘날의 정오에 해당.

숫자(1~10)를 의미하는 접두어

	희랍어(Greek) → 영어		라틴어(Latin) → 영어	
1	Ενα (Ena)	Mono- (Monolith)	Unus	Uni- (Unicycle)
2	Δύο (Dyo)	Di- (Dichotomy)	Duo	Bi-, Du- (Bicentennial, Duple)
3	Τρία (Tria)	Tri- (Trilogy)	Tres	Tri- (Triangle)
4	Τέσσερα (Tessera)	Tetra- (Tetrahedron)	Quattuor	Quadri-, Quart- (Quadrilateral, Quarter)
5	Πέντε (Pente)	Penta- (Pentagon)	Quinque	Penta- (Pentagon)
6	Έξι (Eksi)	Hexa- (Hexagon)	Sex	Hexa- (Hexagon)
7	Επτά (Epta)	Hepta- (Heptagon)	Septem	Sept- (September)
8	Οκτώ (Okto)	Octa- (Octagon)	Octo	Octo- (Octopus)
9	Εννέα (Ennea)	Ennea- (Enneagon)	Novem	Nona- (Nonagon)
10	Δέκα (Deka)	Deca- (Decagon)	Decem	Deca- (Decade)

희랍어와 라틴어에 비슷한 단어가 있는 느낌이 드는 이유는 고대 로마 사회에서 희랍어가 학문, 철학, 예술, 과학 등의 주요 언어로 사용되었기 때문.

968 **산책(散策)**

2142 거리를 산책하다
stroll through a street

2143 멀리 산책하러 가다
take[go for] a long ***walk***

2144 산책로
a ***promenade***, a walk, an ***esplanade***

---

969 **proceeds**

✓ the amount of money derived from a commercial or fundraising venture

gain, income, net, profits, receipts, revenue

---

970 **middleman**

✓ 중간 상인

2145 the profiteering of the ~
중간 상인의 폭리 취득

agent, broker, dealer, arbitrator, go-between, intermediary

---

971 **potluck**

✓ 평소대로의 음식

2146 take ~
(손님이) 평소의 음식을 대접받다

✓ 참가자 각자가 음식을 갖고 오는

2147 a ~ picnic[party, dinner, supper, etc.]

---

972 **casket**

✓ (귀중품·보석 등을 넣는) 작은 상자, 손궤; 관(coffin)

case와 동일 어원

---

973 **pundit, pandit**

✓ a learned person

974 **apprentice**

✓ a person learning a trade from a skilled employer

apprenticeship 도제(徒弟) 제도

〈 L. *prehendere*(붙잡다)
→ comprehend, apprehend

---

975 **thatch**

✓ 짚(으로 지붕을 이다)

✓ a ~ed roof 초가지붕

thatcher 지붕 이는 사람 (*cf.* Thatcher 영국의 여류 정치가; 수상(1979–90))

Comprehension Checkups

[1~20] Follow the directions in each of the questions below. (filling in the blanks, multiple-choice questions, finding grammatical errors (* mark), vocabulary corresponding to the English definition, etc.)

1 지진아
a mentally re___ed child

2 V______s are people who organize themselves into an unofficial group to protect their community and to catch and punish criminals.

3 분류학
___nomy 또는 taxology

4 wrath 유의어 3개
_________, _________, _________, _________

5 매를 벌다
make a r__ for your own back

6 악마를 쫓다
w___ off de______ influence

7 bow의 뜻
① 인사하다 ② 활 ③ 뱃머리, 선수

8 married
= in double [harness / hairless]

9 곡예사; (굽·손잡이가 없는) 컵
tu______

10 dousing
= [ducking / duckling]

11 slimy 유의어 3개
_________, _________, _________, _________

12 an automobile that is [sure-footed / sure-handed] on curves

13 우리끼리 얘긴데
b_______ you, me and the _____post

14 어둠 속에서 우왕좌왕하다
[blunder / plunder] about[around] in the dark

15 artfulness
= [guile / gargle]

16 배를 선창에 정박시키다
m____ a ship at the p____

17 a rest or nap after the midday meal
_____ta

18 산책로
a [lemonade / promenade]

19 the amount of money derived from a commercial or fundraising venture
____ceeds

20 a learned person
[bandit / pundit]

Answer

1 retarded | 2 Vigilantes | 3 taxonomy / taxology | 4 anger / fury / ire / rage | 5 rod | 6 ward / demonic | 7 ① 인사하다, ② 활, ③ 뱃머리, 선수 | 8 harness | 9 tumbler | 10 ducking | 11 greasy / oily / scummy / sludgy | 12 sure-footed | 13 between / doorpost | 14 blunder | 15 guile | 16 moor / pier | 17 siesta | 18 promenade | 19 proceeds | 20 pundit

Cuban Missile Crisis

미국의 현대 외교사에서 빼놓을 수 없는 사건 중에 쿠바 미사일 위기(Cuban Missile Crisis)란 게 있습니다. 이 사건은 1962년 10월 불과 약 2주 동안 있었던 상황으로, 소련이 쿠바에 핵미사일을 배치함으로써 벌어졌던 대치 국면을(a confrontation between the Soviet Union and the United States regarding the Soviet deployment of nuclear missiles in Cuba) 이르는 것입니다.

지금에 와서야 '그런 일이 있었나 보다'하며 편안히 들추어 보는 거지, 당시 세계는 핵전쟁 일보직전까지 갔다고 합니다(the world was closer to nuclear war than it had ever been).

그러니 미국 사람들이 얼마나 불안에 떨었겠습니까? 그때 바로 미국인들이 그렇게도 사랑했던 대통령 John F. Kennedy가 있었습니다.

그는 2주간 피를 말리는 소련과의 외교적 협상을 통해 마침내 당시 소련 공산당 서기장인 흐루시초프로부터 기지의 철수를 선언받기에 이릅니다(Soviet Premier Khrushchev announced that the installations would be dismantled).

그리고 이튿날 그는 TV에 나와 다음과 같이 역사에 남을 유명한 말을 한마디 합니다.

"어제 한줄기 빛이 어둠을 가르고 지나갔습니다(Yesterday, a shaft of light cut into the darkness)."

2002년에는 사건 발발 40주년을 맞아 당시 양국의 안보 담당 고위 관리들이 모여 비밀 문건(secret documents)을 공개하며 당시의 상황을 재구성(reconstruction)해 보았다고 합니다. 놀랍게도 이때 밝혀진 새로운 사실들은 우리가 역사를 통해 알고 있는 것과 많은 차이가 있다고 하네요. 하지만 이런 사실이 정사(正史, authentic history)로 자리 잡기에는 아직 좀 시일이 필요할 듯합니다.

Unit 40

UNIT GUIDE

- ✓ Diagnostic Pretest
- ✓ Words and Expressions
- ✓ Comprehension Checkups
- ✓ English by Context: Cuteness: Black Holes

Diagnostic Pretest

Correct the grammatical error(s) (* marks), fill in the blank(s), or choose the correct expression in the square.

---

1 자격을 갖춘 의사[변호사]
a qualified [confectioner / practitioner]

2 expertise 유의어
[specialization / treatise / advertise]

3 대뇌반구
the cere______ hemi______

4 His good manners [predispose / indispose] people in his favor.

5 머리가 벗겨지기 시작한
[balding / baldish / baldy]

6 만일의 경우에는, 유사시에는
if[when] it comes to the [peach / pinch / parch]

7 집세가 연체되다
the rent is in arr______

Answer

1 practitioner | 2 specialization | 3 cerebral / hemisphere | 4 predispose | 5 balding | 6 pinch | 7 arrears

Words and Expressions

976 **plowman**

✓ plow(쟁기로 갈다) + man → 농부 (英 ploughman)

자작농은 farmer, 소작농은 peasant, tenant farmer라고 함

977 **budding**

✓ 싹이 트기 시작한; 신진의

2148 a ~ beauty
꽃봉오리(한창 젊은 미소녀)

2149 a ~ author
신진 작가

burgeoning, sprouting

cf. blooming, blossoming 만개한, 한창 핀

978 **practitioner**

✓ one who practices something, especially an occupation, a profession, or a technique

여기서 practice는 '연습'이 아니라 '전문업에 종사하다'라는 의미

2150 a general practitioner~
일반 개업의(開業醫)

2151 dental practitioners
치과 의사들

2152 a qualified practitioner
자격을 갖춘 의사[변호사]

2153 the greatest practitioners of science fiction
저명한 현역 공상 과학 소설 작가들

979 **physic**

✓ 의술; 약 / 약을 먹이다, 치료하다

'의사'를 뜻하는 physician 이 이 말에서 나온 것

physicist는 '물리학자'라는 뜻이지만 어원적으로는 '자연'이라는 동일 어근으로부터 출발

980 **(idiot) savant**

✓ a mentally retarded person who exhibits genius in a highly specialized area, such as mathematics or music

← savant: a learned person; a scholar

〈 L. *sapere*(to be wise) → Homo sapiens, sapient(아는 체하는), sage

---

981 **expertise**

✓ expert advice or opinion

know–how, proficiency, skill, specialization

---

982 **prodigious**

✓ 거대한, 막대한; 비범한, 놀라운

ⓝ prodigy 천재, 신동; 경이(wonder)

enormous, gigantic, exceptional, extraordinary

---

983 **latent**

✓ 잠재성의; 잠복의

2154 ~ **snobbery** 숨어 있는 속물근성

2155 ~ **period** (병원균 등의) 잠복 기간

2156 ~ **heat** 숨은열, 잠열(潛熱)

ⓝ latency

dormant, inert, quiescent [kwaiésənt], potential, undeveloped

---

984 **unaffected**

✓ 젠체하지 않는, 있는 그대로의

naive, genuine, natural, unfeigned

✓ 영향을 받지 않는

unconcerned, undisturbed, untouched

---

985 **low-frequency**

✓ 저주파 (⇔ high frequency)

frequency가 '빈번, 빈도'라는 의미에서 '주파수'라는 의미로 확장

986 **hemisphere**

✓ 반구(半球)

2157 the northern/southern hemisphere
북반구/남반구

2158 the left/right cerebral hemisphere
좌/우대뇌반구

hemi– 절반 → hemialgia(몸의 반쪽만 아픈 통증), hemicycle(반원)

---

987 **predispose**

✓ to make (someone) inclined to something in advance

2159 His good manners predispose people in his favor.

✓ To make susceptible or liable

2160 conditions that predispose miners to lung disease

ⓝ predisposition 경향, 성질

pre(미리) + *dis*(떨어져) + *pose*(놓다)

---

988 **autism**

✓ a mental condition characterized by great difficulty in communicating with others and in using language and abstract concepts

ⓐ autistic

---

989 **balding**

✓ 머리가 벗겨지기 시작한

cf. baldish 약간 벗어진

---

990 **gaunt**

✓ 수척한, 몹시 여윈; 눈이 퀭한

emaciated, haggard, skeletal

991 **pinch**

✓ (꼬)집기 → (집은) 조금의 양 → (꼬집었으므로) 통증, 고난, 위급

2161 My feet feel the pinch of shoes.
나는 구두가 꽉 끼어 발이 아프다.

2162 a ~ of snuff
(손가락으로 집은) 한 줌의 코담배

2163 a ~ of malice
약간의 악의

2164 the ~ of poverty
가난의 고통

2165 if[when] it comes to the ~
만일의 경우에는, 유사시에는

---

992 **warped**

✓ 왜곡된, 비뚤어진

distorted, contorted, twisted

---

993 **dilettante**

✓ [dìlətάnt] a person who has a superficial interest in a subject but lacks real knowledge of it

amateur, layman

→ delight

---

994 **derogatory, derogative**

✓ 경멸적인, 가치를 떨어뜨리는

ⓥ derogate [dérougèit]

belittling, contemptuous, disparaging

---

995 **hanging**

✓ 매달린

2166 a ~ light 매단 전등

✓ 교수형 감인

2167 a ~ offense 죽을죄

✓ 미결[미정]의; 임박한

2168 a ~ **gale** 체납

gale (집세·이자의) 정기 지급

2169 a ~ crisis 임박한 위기

---

996 **연체(延滯)**

2170 집세가 ~ 되다
rent is in ***arrears***

2171 가스 대금이 ~ 되어 있는
behind[late] in paying gas bill

2172 ~ 대출금
overdue loans

2173 ~료 late fee

2174 ~자 a ***delinquent***

'의무를 다하지 않는'다는 뜻에서
→ juvenile delinquent 비행 소년

---

997 **추상화(抽象化)**

✓ abstract painting, abstraction

cf. 초상화 portrait, 정밀화(세밀화) miniature, 풍경화 landscape (painting)

---

998 **luminescent**

✓ 발광성의

2175 ~ diode 발광 다이오드

glowing, illuminating, incandescent, refulgent

---

999 **묘사(描寫)**

2176 그는 영화에서 악당으로 묘사되고 있다
He is ***portrayed*** as a villain in the movie.

2177 이 작품은 중산층의 생활상을 묘사하고 있다
This work ***depicts*** the life of the middle class.

2178 그는 그 광경을 생생히 묘사했다
He gave a vivid ***description*** of the scene.

2179 정밀 묘사
detailed ***sketching***

1000 **admonish**

✓ 훈계하다

advise, censure, chide, reprimand, reproach, reprove

*-monish*는 monitor와 동일 어원으로부터 출발하였으며 '경고하다'라는 의미

Comprehension Checkups

[1~20] Follow the directions in each of the questions below. (filling in the blanks, multiple-choice questions, finding grammatical errors (* mark), vocabulary corresponding to the English definition, etc.)

1 소작농

pea___ 또는 te___ farmer

2 신진 작가

a bu____ author

3 자격을 갖춘 의사[변호사]

a qualified [confectioner / practitioner]

4 a mentally retarded person who exhibits genius in a highly specialized area

(idiot) sa___

5 expertise 유의어

[specialization / treatise / advertise]

6 prodigious 유의어 3개

__________, __________, __________, __________

7 잠복 기간

l____ p____

8 고주파

high fre_____

9 대뇌반구

the cere___ hemi_____

10 His good manners [predispose / indispose] people in his favor.

11 a mental condition characterized by great difficulty in communicating with others and in using language and abstract concepts

[autism / baptism /cultism]

12 머리가 벗겨지기 시작한

balding / baldish / baldy

13 gaunt 유의어

emaciated / daunted / emancipated

14 만일의 경우에는, 유사시에는

if[when] it comes to the peach / pinch / parch

15 warped 유의어

warmhearted / contorted / technological

16 a person who has a superficial interest in a subject but lacks real knowledge of it

___ttante

17 derogatory 유의어

disparaging / encouraging / interrogatory

18 집세가 연체되다

the rent is in arr___

19 발광 다이오드

lumin_____ diode

20 admonish 유의어

planish / chide / punish

Answer

1 peasant / tenant | 2 budding | 3 practitioner | 4 savant | 5 specialization | 6 enormous / gigantic / exceptional / extraordinary | 7 latent period | 8 frequency | 9 cerebral / hemisphere | 10 predispose | 11 autism | 12 balding | 13 emaciated | 14 pinch | 15 contorted | 16 dilettante | 17 disparaging | 18 arrears | 19 luminescent | 20 chide

English by Context

Black Holes

'은하철도999'를 비롯해 필자의 어린 시절 만화들은 우주를 배경으로 한 것이 많았습니다(many cartoons have the universe or space as their basic settings). 아이들은 용감했습니다. 지구와 우주의 평화를 지키기 위해 출동하는 것은 언제나 무기력한 어른이 아닌 생동감에 넘치는 아이들이었죠. 그뿐입니까? 때로는 시공을 초월하여 다른 세상으로 가서 문제의 근원을 해결하고(solve the source of the problem) 오기도 다반사였습니다. 주먹을 불끈 쥐며(clenching fists) 때로는 웃기도 하고, 때로는 극도로 흥분하기도 하면서 TV 앞에서 넋을 놓았던(completely absorbed in TV) 기억이 납니다.

이때 빼놓지 않고 등장했던 것이 블랙홀(Black Hole)입니다. 저도 그랬지만 사람들은 이것을 다른 차원으로 통하는 시간여행의 통로(time-travelling tunnels to another dimension), 혹은 모든 것을 다 빨아들이는 우주의 진공청소기(cosmic vacuums sucking up everything) 같은 것으로 알고 있더군요.

하지만 사실 블랙홀은 거대 항성의 진화 마지막 단계(the evolutionary end point of massive stars)를 언급하는 것이라고 합니다. 최소 태양의 열 배 이상 가는 항성(stars at least ten times as massive as the Sun)이 수명이 다하여 불안정해지면 폭발을 일으키게 됩니다. 이때 사멸해가는 별은 부피가 0이고 밀도가 무한대인 한 점(the point of zero volume and infinite density)을 향해서 줄어들게 되는데 그렇게 되면 내부의 중력이 너무나 커져서 심지어 빛도 그곳에서 탈출할 수 없게 됩니다(even light cannot escape from there). 그것이 바로 우리가 블랙홀을 눈으로 확인할 수 없는 이유입니다(that's why black holes can't be seen). 블랙홀 내부를 벗어나기 위한 탈출속도가 빛의 속도보다 크기 때문에 빛이 밖으로 나올 수 없게 되는 것이죠. 다만 우리가 블랙홀의 존재를 알 수 있는 것은 이웃한 항성들의 물질이 블랙홀로 빨려 들어가는 순간에 방출하는 X-ray를 포착함으로써 어디쯤 블랙홀이 있겠다고 추정하는 정도입니다.

때로 과학은 어린 시절 우리의 상상력을 너무나 현실적인 것으로 무참히 깨뜨리기도 합니다. 예쁜 숙녀를 태운 기차는 우주의 어디에도 다니지 않을뿐더러, 어딘가에서 그들의 무시무시한 제국을 건설하고 있는 악의 무리도 없어 보입니다. 그러나 우리의 이런 상상력이 없었다면(if it had not been for our this kind of imagination) 누구도 그것을 확인하려 하지 않았을 것입니다. 결국 눈에 보이지 않는 것을 찾으려고 시도하지 않았을 테니 말입니다. 그러고 보면 아이들이 가끔 공상 과학 만화를 보고 이상한 말을 하는 것 같아도 우리의 어린 시절을 생각하며 같이 맞장구(words of agreement) 한 번 쳐주는 것도 괜찮을 성싶습니다. 그 아이가 자라서 정말로 우주의 신비를 벗겨낼지도(reveal the mystery of the universe) 모르는 일이니 말입니다.

수고 많았습니다!
그대의 앞날에
무한한 영광과
건승을 기원합니다.

—

이광희

이광희 _ 언어학 박사
한양대학교 교육혁신처 창의융합교육원 교수
영어학, 한국어학, 교직, 교양 교과목 강의
교과서, 단행본, 수험서 등 18권 집필

VOCABULARY VOYAGER
: An Expedition into English Words

펴낸날 2023년 9월 30일 초판 1쇄
지은이 이광희 ● **펴낸이** 이기정
펴낸곳 한양대학교출판부 ● **출판등록** 제4-7호(1972.2.29)
주소 서울 성동구 왕십리로 222 ● **전화** 02.2220.1432-4 ● **팩스** 02.2220.1435
홈페이지 press.hanyang.ac.kr ● **이메일** presshy@hanyang.ac.kr
편집·본문디자인 김민지 ● **표지** 안광일 ● **인쇄** 네오프린텍

값 **30,000원**

ISBN 978.89.7218.786.8 (93740)